La guerre est une ruse

Frédéric Paulin

La guerre est une ruse

Agullo

Pour Gaspar et Basile

Al Harb Khoudaa, *tu sais ce que ça veut dire ?*
Ça veut dire, la guerre est une ruse.
Mohamed Merah,
à un agent de la DCRI lors du siège de son appartement,
le 21 mars 2012

Les humiliations infligées par mon pays me sont
plus douloureuses que celles qu'il peut subir.
Simone Weil,
dans une lettre à Georges Bernanos
(1938)

www.agullo-editions.com

Conception graphique : WIPbrands

1992.

Depuis la mosquée Émir-Abdelkader encore en chantier, le muezzin appelle au *dhuhr*, la prière de midi. Constantine s'apaise sous le soleil, les rues se vident, c'est comme si la ville reprenait son souffle.

Là-bas, le Français est assis à la terrasse du petit café face à l'université Mentouri. Comme d'habitude. Il sirote un *lekhchef*, comme d'habitude.

Le capitaine Albin Stein est l'agent traitant de la DGSE en poste à Constantine, il connaît bien l'Algérie. Il a des racines séfarades, paraît-il. Mais lui, il n'est pas juif comme son nom pourrait le laisser penser. D'ailleurs, un jour, il a dit qu'il ne croyait pas en Dieu, en aucun dieu. Mais tout cela n'intéresse pas le commandant Djaber. Ce qui l'intéresse, c'est de savoir si la France est capable de s'opposer aux plans de ses chefs à lui. La France est-elle capable de sauver l'Algérie du péril qui la menace ? La France est-elle capable, devant l'horreur à venir, de ne pas considérer l'Algérie uniquement comme une partie de son pré carré africain ? Djaber ne trahit pas pour de l'argent, ni même pour des convictions politiques. Il trahit parce qu'il n'en peut plus de voir son pays aux mains de gens corrompus, ses chefs, de voir ces morts, cette violence. Il en est à espérer que la France, le colonisateur, l'ennemi d'hier qui a tué son père dans les Aurès, sauvera l'Algérie d'elle-même.

La violence s'est abattue sur l'Algérie il y a bien longtemps. Et lorsque les Français ont été chassés du pays en 1962, la violence a continué avec la prise de pouvoir du colonel Boumédienne, en 1965. Mais la violence qui inquiète le commandant Djaber est née à la fin des années quatre-vingt.

En 1989, l'adoption d'une nouvelle constitution et l'apparition de nombreux partis politiques, dont le Front islamique du salut (FIS), devaient pourtant ouvrir le pays à la démocratie. C'est ce que le pouvoir a proclamé. L'année suivante, les premières élections locales remportées par le FIS augurèrent pourtant du pire. En décembre 1991, au premier tour des élections législatives, les islamistes, avec à leur tête Abassi Madani et Ali Belhadj, ont remporté 47% des suffrages. Pour éviter le raz de marée, l'armée a mis un terme brutal au processus électoral. C'est là que Djaber s'est tourné vers la France, en tout cas vers l'un de ses fonctionnaires, le capitaine Stein. Djaber ne savait que faire des renseignements qu'il avait récupérés. Le Français a tout de suite compris qu'il était un honorable correspondant – comme on dit dans les services de renseignements français – exceptionnel.

À l'ombre des murs de l'université, Djaber attend encore quelques minutes en jetant discrètement des regards alentour, dissimulé derrière ses lunettes noires. C'est inutile, sans doute, parce que les hommes de la sécurité militaire sont bien entraînés et savent disparaître dans la foule.

Il traverse la rue et vient s'asseoir à la table voisine de celle de Stein en espérant que la chance sera avec lui.

Les deux hommes ne se regardent pas. Comme d'habitude.

— Bonjour, commandant, dit le Français sans lever les yeux de son journal.

Djaber commande un café. Lui, il n'aime pas le *lekhchef* : l'eau de rose, la fleur d'oranger, la cannelle… tout ça dans une seule boisson, c'est trop d'Algérie. Trop de clichés algériens pour le commandant Djaber.

Lorsque le garçon dépose la tasse devant lui, il paye immédiatement.

— Vous avez quoi pour moi, commandant ? fait Stein, une fois qu'ils sont seuls.

La main devant sa bouche, Djaber continue de lancer des coups d'œil inutiles à droite et à gauche, derrière ses verres fumés.

— Bon, voilà : les généraux veulent mettre sur pied une action d'infiltration massive des maquis.

Stein note sur son journal, à la page des mots croisés, ce que vient de lui dire son honorable correspondant.

— Les généraux, qui exactement ?

— Smaïl, Médiène, Nezzar et d'autres encore, les janviéristes, quoi. Ils espèrent délégitimer les islamistes du FIS.

Stein a un rapide rictus, il passe une main dans ses cheveux blonds.

— Je ne comprends pas : comment ça, délégitimer les islamistes ?

— Ils veulent placer des hommes à eux au sein même des maquis pour que leurs crimes salissent le FIS et tous les islamistes.

Stein se racle la gorge, visiblement mal à l'aise.

— Vous dites que les généraux veulent commettre des assassinats en les faisant passer pour ceux du FIS ou de l'AIS ? Vous avez des preuves ?

— On m'a demandé d'établir une liste de personnalités de la société civile à éliminer. Une liste destinée à être transmise aux islamistes, sans que ceux-ci sachent que nous l'avons établie.

Le Français cesse d'écrire et ne peut s'empêcher de tourner les yeux vers le commandant Djaber.

— Arrêtez ça tout de suite, intime Djaber sans lever le ton. Vous voulez qu'on me repère ou quoi ?

Stein se penche à nouveau sur ses mots croisés, repousse son verre.

— Franchement, commandant, vos chefs ne sont pas

des anges, je veux bien l'admettre. Mais de là à jouer au docteur Frankenstein…

Il sourit. Ce con de Français sourit.

Soudain, un éclair passe dans son champ de vision. Djaber ne tourne pas la tête, mais il a le temps d'apercevoir un homme à l'arrière d'une voiture bleue garée non loin du café, qui utilise une longue-vue ou un appareil photo. Putain ! Quelqu'un le file.

— Je vous laisse, murmure-t-il en se levant.

— Qu'est-ce qui se passe, commandant ? répond l'autre, sans élever la voix et sans cesser de remplir sa grille de mots croisés.

— C'est moi qui vous recontacterai.

— Il me faut des preuves, commandant, sinon jamais mes chefs….

Djebar quitte la terrasse sans écouter. Il ne se demande plus si la France est capable de sauver l'Algérie, il se demande seulement combien il lui reste, à lui, à vivre.

***

C'est là-bas, au fond d'un tunnel creusé dans le Tan Afella, que la bombe a explosé.

C'était il y a trente ans, le 1er mai 1962.

Le ciel était gris, la montagne a tremblé comme si le granit s'était changé en gelée.

Cette bombe, on l'a appelée le tir Beryl. Enfin, les Français l'ont appelée comme ça. Les Algériens, eux, n'avaient rien à dire. Sa puissance était quatre fois celle de la bombe que les Américains avaient lâchée sur Hiroshima, à la fin de la Seconde Guerre mondiale.

Moussa Ahmed Chaouch se souvient seulement de la lumière insoutenable et du souffle qui les a jetés au sol, lui et ses deux frères, alors qu'ils se trouvaient à plus de deux kilomètres de l'explosion. Ils ont rigolé, il avait à peine plus de dix ans.

Après trois ou quatre jours, les Français se sont contentés de boucher la sortie de la galerie avec une dalle de béton. Aucun curetage, aucune décontamination. Son père et l'un de ses oncles ont travaillé sur le chantier.

Les Français ont quitté l'Algérie quelques semaines plus tard, le pays venait de gagner son indépendance après une longue guerre et beaucoup de malheurs. Désormais, les Algériens étaient maîtres de leur destin : Benkhedda, Belkacem, Ben Bella et Boudiaf allaient y veiller.

Son père et son oncle sont morts dans l'année qui a suivi.

Moussa avait douze ans, mais il se souvient de leur corps décharné, de leurs gémissements et de leur lente agonie. Ses frères, eux, sont morts du cancer avant leur trentième année. Lui, il a échappé aux radiations. Il ne sait pas pourquoi, mais il a eu cette chance. Dans la région, beaucoup sont morts jeunes et beaucoup de jeunes souffrent de maladies inconnues. L'une de ses filles, Maïssa, la benjamine est atteinte de poliomyélite. Depuis ses quatre ans, elle est clouée sur un fauteuil roulant. Sa femme pleure souvent la nuit. Lui, il ne pleure pas, il demande seulement à Allah d'aider Maïssa.

Moussa Ahmed Chaouch ne sait pas pourquoi il a échappé aux radiations, mais il sait, comme tout le monde ici, que les habitants souffriront toujours des poussières mortelles que transportent les vents du Sahara. Il rajuste son chèche blanc autour de sa tête comme pour se protéger et se dit qu'un jour, peut-être, lui aussi sera touché. Parfois le ciel est gris : on affirme que ce sont les retombées radioactives. Ça n'empêche pas les pouvoirs publics de vouloir faire d'Aïn M'guel l'un des centres agricoles du sud de l'Algérie. Une folie, songent Moussa et ceux qui ont assisté au tir Beryl.

Aïn M'guel est une petite ville de l'Ahaggar, dans le bled *er rili,* le pays du vent. Cent trente kilomètres plus au sud, c'est Tamanrasset et le désert, le bled *el ateuf.* Le pays de la soif, semi-désertique, à la végétation presque inexistante ; une autre Algérie. Alger se trouve à presque 2000 kilomètres au nord. Le pouvoir est loin. Moussa Ahmed Chaouch a trouvé du travail à la prison. Depuis le début de l'état d'urgence, le camp d'Aïn M'guel ne désemplit pas. On y entasse les islamistes et d'autres opposants politiques. On y interroge aussi, à coups de matraque, à coups de gégène. Souvent on entend hurler les détenus, souvent on emmène les corps la nuit. On raconte que des fosses communes ont été creusées quelque part dans le désert. Personne ne sait trop où. Moussa ne veut pas savoir. Il fait le ménage dans les cellules vides, passe la serpillère sur les flaques de sang ou d'urine lorsque les occupants sont partis. C'est la seule manière de gagner sa vie, ici.

On dit que du camp d'Aïn M'guel, on ne sort que pour être enterré sous le sable du Sahara. Pourtant, certains détenus vont et viennent. Ahmed Chaouch ne parle pas aux prisonniers. Sauf il y a quelques jours : l'un d'eux lui a dit qu'il faisait chaud, beaucoup trop chaud pour la saison. Moussa a répondu d'un signe de tête embarrassé. L'autre a dit quelque chose comme « Votre travail doit être pénible sous cette chaleur ». Un garde leur a jeté un coup d'œil mauvais, mais étonnamment il n'est pas intervenu. Moussa a baissé la tête et repris son travail, il a eu beaucoup de chance.

Aujourd'hui, tôt le matin, un colonel aux lunettes de soleil cerclées d'or est arrivé dans une voiture sombre. Accompagné de deux civils, il a extrait le jeune Zitouni de sa cellule et ils sont tous repartis. Les officiers qui dirigent le camp n'ont même pas assisté au départ, ils n'ont rien à dire lorsque les « politiques » viennent se servir.

Pour ce qu'en savent Moussa Ahmed Chaouch et ses collègues de l'entretien, Djamel Zitouni n'a pas trente ans, c'est un vendeur de poulets du sud d'Alger, un petit voyou, surtout. On dit qu'il est allé se battre contre les Soviétiques en Afghanistan, il n'a pourtant pas l'air d'être un des chefs du FIS ou des maquis. Les rumeurs du camp racontent aussi que le jeune homme a des mœurs contre-nature avec d'autres prisonniers. De telles rumeurs pourraient lui valoir un coup de couteau entre les omoplates. Mais le fait que le colonel aux lunettes noires cerclées d'or le ramène vivant et même sans une égratignure sur le visage étonne ceux qui ont l'habitude de voir partir les prisonniers pour un aller sans retour. Peut-être Djamel Zitouni est-il vraiment quelqu'un d'important…

Moussa Ahmed Chaouch termine de nettoyer la cellule. Il ramasse une dent sanguinolente et la jette dans un sac poubelle. C'est étrange : aujourd'hui, le prisonnier qui lui avait parlé de la chaleur quelques jours auparavant lui a dit espérer revoir bientôt sa fiancée, à Alger. Moussa sait que de nombreux détenus s'inventent des histoires pour continuer à vivre. Ces histoires ne le regardent pas et s'en occuper pourrait aussi lui valoir un coup de couteau, il en est conscient.

Comme il est conscient qu'Aïn M'guel a perdu son âme le 1er mai 1962. Dès lors, le camp d'internement n'est que le prolongement de cette damnation. Et s'il fallait une preuve scientifique de l'existence du malin, de Šayṭān, l'un des djinns, certains détenus ont développé des cancers foudroyants. Moussa Ahmed Chaouch sait que ce sont les poussières grises qui donnent le cancer. Il connaît cette sourate qui est vérité, ici, à Aïn M'guel : « Quant aux djinns, nous les avions créés, auparavant, d'un feu d'une chaleur ardente. » (Coran 15-27).

La proximité du diable, Moussa Ahmed Chaouch s'y est résigné. Comme beaucoup d'Algériens.

***

L'idée, c'est de ne pas se tirer une balle dans la bouche dans un moment de trop grande déprime. Tedj Benlazar n'y pense pas chaque matin. Mais de temps en temps, ça le prend : il se demande si un jour l'angoisse l'emportera et lui fera commettre l'irréparable.

Benlazar ne peut pas y penser tous les jours, il a d'autres choses dans la tête. Ça fait huit ans qu'il est à la DGSE et deux qu'il vit en Algérie. Parfois, il se dit que c'est son métier qui l'empêche de se faire sauter le crâne. Tant de compromissions, de dégueulasseries et de morts violentes font passer l'envie de son propre sang. Il paraît que les soldats, au front, sont moins atteints par des maladies telles que le cancer ou la sclérose en plaques, que les civils à l'arrière. C'est lorsqu'ils rentrent chez eux qu'ils en souffrent. Peut-être que c'est ainsi : ses angoisses ne le pousseront pas au fond du précipice tant qu'il continuera son travail, ici.

Il se dit ça en remontant le boulevard de la Gare.

Blida est écrasée par le vent chaud qui court sur la plaine. La chaleur vient de la Méditerranée, à une vingtaine de kilomètres de là, et s'amasse au pied des contreforts du Petit Atlas, un peu plus au sud, sans pouvoir se disperser. La ville est une cuvette bouillante. La chaleur fait exploser les odeurs des agrumiers – les orangers et les citronniers regorgent de fruits lustrés. Il n'y a pas grand monde dans les rues, alors que Blida est la cinquième ville la plus peuplée d'Algérie. Là-bas, le souk et l'ancienne ville sont même étrangement silencieux. Autrefois, les cris et les coups de Klaxon faisaient monter une joyeuse rumeur du dédale de ruelles, et certains jours jusqu'à la place Toute. Rien à voir avec la chaleur : ce qui empêche les habitants de sortir de chez eux, c'est la peur.

La peur de mourir ou de perdre des proches dans un attentat. La peur qu'à force de violence aveugle, le retour à la normalité soit impossible.

Deux jours plus tôt, le 26 août, un attentat à l'aéroport d'Alger a causé la mort de neuf personnes et en a blessé plus de cent vingt. Une boucherie. La télévision a diffusé en boucle les images de corps mutilés et de victimes hurlant de douleur. Une femme enceinte et sa famille auraient été déchiquetées.

Peut-être la peur a-t-elle encore augmenté jusqu'à toucher les plus hautes sphères du pouvoir. Une demi-heure après l'explosion, le chef du gouvernement, Belaïd Abdesslam, a déclaré que la main de l'étranger était à l'œuvre – façon de masquer la panique des autorités, mais aussi de rassembler le peuple tout aussi effrayé. Quelques jours plus tard, quatre islamistes étaient exécutés après un procès expéditif. On évoqua vaguement quelque puissance étrangère qui pouvait en effet financer les terroristes, puis le dossier fut clos.

Benlazar et ses chefs, à Paris, n'ont pas sourcillé, mais ils savent que l'enquête est allée trop vite. Et qu'elle n'a pas levé l'ombre qui plane sur divers éléments troublants du dossier. Un coup de téléphone a averti les autorités une dizaine de minutes avant l'attentat, mais aucune évacuation n'a été organisée ; huit jours avant l'attentat, le présumé instigateur, Saïd Soussene, avait été arrêté ; la déclaration des inculpés, au début de leur procès, affirmant que leurs aveux avaient été extorqués sous la torture – on dit que l'un des accusés a été castré ; et le savoir-faire des terroristes, soudainement devenus des professionnels de l'explosif.

Mais Benlazar et ses chefs n'ont rien dit. Il paraît que le jeu qui se joue en Algérie est un billard à deux ou trois bandes, que la France sait ce qu'elle fait.

La peur a pris le contrôle du pays, des rues, des Algériens.

La peur explique beaucoup de choses dans ce pays, depuis longtemps. Peut-être depuis 1945 et Sétif… Le lieutenant Benlazar n'en sait rien, à vrai dire. De l'Algérie avant 1990, il ne connaît pas grand-chose. Son père a sans doute combattu dans les rangs de l'ALN lors de la guerre d'indépendance, mais il n'en a jamais parlé. Même à sa femme. Tedj croit savoir que son père a fui en France, où il a rencontré sa mère, une Française. Dès lors, il n'a plus jamais parlé de l'Algérie. Tedj Benlazar a été élevé comme un Français. Bien sûr, son nom rappelle parfois ses origines, mais il lui a peut-être permis d'évoluer dans son métier. Parfois les noms et l'Histoire ont des coïncidences étranges. Il se trouve qu'à la fin des années quatre-vingt, l'Algérie s'est à nouveau agitée. L'Algérie est devenue un pays que le gouvernement français souhaitait « aider ». Benlazar sourit involontairement : aider, oui, c'est ça, aider.

Son père ne lui a transmis qu'une chose, sa langue. C'est pourquoi il parle l'arabe parfaitement, c'est pourquoi il est considéré comme un élément particulier au sein de son service.

Une dernière bouffée de la Gitane et il se met au volant de la Renault 21 grise. Une femme et deux gamins se pressent sur le trottoir. La femme a l'air grave, inquiet, la petite fille et le petit garçon rigolent. Benlazar pense à sa femme et à ses deux filles. Elles vivent heureusement en France. Elles croient qu'il est détaché en tant que consultant sécurité pour une multinationale du gaz – comme si les agents de la DGSE jouaient les chefs de chantier...

Il ment à sa femme depuis deux ans : jamais Évelyne ne l'aurait laissé continuer si elle savait. Alors il lui a promis que son travail n'avait rien de dangereux, sa vie en Algérie est celle d'un expatrié : hôtels de luxe, soleil et parfois inspection de gazoducs, mais il sort rarement d'Alger. Promis. D'ailleurs, leurs rares échanges téléphoniques ne portent que sur Vanessa et Nathalie, leurs études, et puis fin de la conversation. C'est comme ça entre eux depuis un peu plus de deux ans. Mentir, même à sa femme, ça ne dérange pas Benlazar. Le mensonge fait partie de son métier, il est même souvent une condition *sine qua non* pour rester en vie. Pour rester en vie, il se ment aussi à lui-même.

Il lance sa voiture sur la Transaharienne en direction de l'ouest, de Chiffa. À la sortie de Blida se trouve le Centre territorial de recherche et d'investigation (CTRI) de la première région militaire algérienne. On dit aussi « Haouch-Chnou ».

Haouch-Chnou est en réalité l'un des principaux lieux où le département de renseignement et de sécurité (DRS, les services secrets algériens, autrement dit) fait parler ses suspects. On dit aussi « centre de torture ».

On dit beaucoup de choses que le lieutenant Benlazar a du mal à entendre. Mais entendre et oublier, ça aussi, ça fait partie de son métier. Et peut-être qu'en cette fin 1992, c'est aussi une condition *sine qua non* pour rester en vie.

Peu de véhicules circulent. Depuis que les militaires ont pris le pouvoir en janvier, l'état d'urgence est rigoureux. Les opposants politiques se sont tus et les autres, qui refusent de se taire, risquent d'être confondus avec les « terroristes » pourchassés sans pitié.

À l'entrée principale de la caserne, un soldat vient vers lui. Benlazar tend sa carte de la DGSE. Le soldat fronce les sourcils, le Français montre alors son laissez-passer aux couleurs du DRS et l'homme le salue, les doigts sur la tempe.

La Renault 21 franchit le portail à côté duquel trois autres soldats sont en faction. Ils paraissent tendus, l'un d'eux tapote nerveusement son fusil mitrailleur en bandoulière.

Tedj Benlazar connaît le chemin, il le parcourt plusieurs fois par mois depuis deux ans. Il longe les jardins intérieurs et va se garer sur le parking entre l'infirmerie et les locaux du Groupement d'intervention spéciale (GIS), les troupes d'assaut du DRS. Trois blindés stationnent devant le mur d'enceinte nord.

Il s'allume une autre cigarette. « Ça te tuera dans d'atroces souffrances », lui répète Évelyne. Chaque fois il se tait, mais il aimerait lui répondre que l'angoisse le tuerait plus rapidement encore s'il n'avait pas la cigarette pour l'endormir quelques instants.

Il remonte la longue allée de graviers blancs sur laquelle le soleil se réverbère en éclairs aveuglants. Une fragrance de géranium, ou peut-être de galant de nuit, lui énerve les narines. Il cherche autour de lui d'où peut provenir cette senteur : on appelle le galant de nuit *mesk ellil*, le parfum nocturne, mais à Haouch-Chnou aucune fleur ne pousse.

Il pénètre dans le bâtiment qui abrite les services Greffe et Audition. Il tend à nouveau son laissez-passer à un garde puis s'engage dans le hall aux bureaux toujours déserts. Le silence presque total, les rares silhouettes de quelques fonctionnaires qui passent, le mutisme nerveux des soldats en faction donnent au lieu un air de gare désaffectée.

Mais le silence est brusquement rompu par un cri terrible. Les soldats et les fonctionnaires présents se raidissent à peine. Ce n'est pas le premier cri qu'ils entendent, leurs nerfs sont régulièrement sollicités. Ici, des prisonniers, des suspects sont questionnés et ils finissent toujours par raconter ce qu'on veut qu'ils racontent.

Le cri venait du fond du bâtiment, là où les portes des cellules de détention et des salles d'interrogatoire sont toujours fermées. Seule celle où le lieutenant doit se rendre est ouverte. Ce n'est jamais la même.

Un garde lui indique la porte entrebâillée.

Benlazar la pousse.

Au milieu de la pièce, un homme nu est allongé sur une table, les mains liées dans le dos. Sans doute a-t-il déjà subi la simulation de noyade, car un chiffon sale imbibé d'eau gît au sol. Des électrodes ont été placées sur ses couilles et sur le lobe de ses oreilles. Il vient de recevoir une décharge électrique et son corps est encore secoué de petits tremblements.

Tedj Benlazar ravale le peu de salive qu'il lui reste dans la bouche. Il se laisse glisser dans cet état étrange et difficile à décrire qu'il a développé depuis qu'il travaille en Algérie. Un état dans lequel il se réfugie chaque fois qu'il doit assister à un tel spectacle. Une décontraction des muscles, une absence de pensées perturbantes, une manière de méditation ou de déni total : il entend et voit puis oublie immédiatement ce qu'il doit oublier. Un état qui lui permet de ne pas devenir fou.

La première fois qu'il a observé un interrogatoire, c'était deux ans auparavant, au CTRI d'Oran, le Centre Magenta, comme ils l'appellent. Là-bas, la spécialité du colonel Abdelwahab est le « cercle de la mort » : l'interrogé est entouré par des hommes qui le battent avec des matraques et du fil de fer électrifié. Le cercle de la mort peut durer toute une journée. Lorsque Benlazar a dû en être témoin, il a failli s'enfuir en hurlant, mais une main invisible s'est saisie de lui, et toute peur, toute colère, tout dégoût l'ont quitté. Il est devenu un autre, complètement détaché de la violence qui s'abattait juste devant lui, incapable de ressentir la moindre empathie. Ça l'a sauvé de la folie et peut-être de la mort. Quelques jours plus tard, il a vu un homme se faire violer à l'aide d'une bouteille avant qu'on lui casse les genoux et les mains à coups de marteau. Il s'est à nouveau laissé envahir par cet état de détachement total. L'idée, là aussi, c'était de ne pas se tirer une balle dans la tête.

« Toufik » est présent, assis sur une chaise, fumant une cigarette, à deux mètres de l'homme allongé sur la table. *Qu'est-ce qu'il fout là ?* songe Benlazar. Le général Mohamed Lamine Médiène, dit Toufik, est le tout-puissant patron du DRS. Il ne se charge jamais de la sale besogne, son domaine de compétence est bien plus politique. Peut-être joue-t-il pour son clan, peut-être joue-t-il son propre jeu… Peut-être tous les haut gradés algériens jouent-ils, d'une certaine manière, leur propre jeu. Pour ce qu'en sait le lieutenant Benlazar, la politique algérienne est un bordel sans nom.

Médiène paraît complètement imperturbable, mais lui, il attend des réponses. Il adresse un léger salut de la tête à l'officier français. Nos amis français sont là, semble dire son regard ironique.

Sa présence, celle du chef du centre de Blida, le commandant Mehenna Djebbar, ainsi que celles de trois autres haut gradés témoignent de l'importance de l'interrogatoire.

Djebbar s'approche de Benlazar.

— Bonjour, lieutenant, dit-il d'une voix sympathique.

Lui aussi apprécie la présence des amis français. Benlazar serre la main qu'il lui tend.

Dans un coin de la cellule, un homme jeune est debout. Il est vêtu d'une djellaba et n'a pas l'air vraiment en forme, ses yeux sont cernés et ses joues émaciées. Il se frotte les poignets lentement, comme s'il avait été menotté trop longtemps. C'est peut-être un membre du FIS, un indic du DRS sans aucun doute. À son côté, un homme en uniforme de colonel du renseignement militaire, portant des lunettes à monture dorée, lui lance quelques regards qu'on croirait réconfortants. Benlazar ne le connaît pas, mais il a l'étrange impression que, dans cette cellule, cet homme est le plus à l'aise.

Deux soldats assis à une autre table prennent des notes.

— Ce terroriste vient de nous confirmer que le FIS a créé un nouveau groupe armé. Son nom, c'est Jama'ah al-Islamiyah al-Musallaha, explique le commandant Djebbar à mi-voix. On parlera de GIA.

Comme si c'était une nouveauté, pense Benlazar. Certains islamistes manient les armes depuis longtemps, et tout le monde savait qu'une fois les dirigeants du FIS emprisonnés, l'action terroriste prendrait le pas sur l'action politique. Les premiers maquis regroupés sous l'acronyme MIA, Mouvement islamique armé, semblent avoir repris leurs actions peu après l'interruption du processus électoral, mais eux ont refusé leur allégeance au FIS. D'où la création de ce GIA.

Le soldat qui mène l'interrogatoire saisit un pichet et en jette le contenu sur le visage du terroriste. Celui-ci râle doucement.

— Encore quelques noms, Medhi, ordonne le général Médiène d'une voix calme, impassible.

L'homme allongé n'ouvre même pas les yeux, son corps tremble encore.

La cellule n'est pas sale comme celles de certaines gendarmeries qui font office de chambre d'interrogatoire, à Oran ou même à Alger. Les murs ont été repeints récemment et l'odeur ne doit pas être insupportable en temps normal – sauf que Medhi s'est pissé dessus et que sa sueur est aigre, elle pue la peur. La peur de mourir force les gens à rester terrés chez eux ; la peur de souffrir, elle, délie les langues.

L'homme dit :

— Mansouri Meliani.

Puis il dit :

— Abdelhak Layada.

Et il ouvre les yeux, implorant le général.

— C'est eux, les chefs, mon général. Moi je suis personne.

Benlazar connaît ces noms : Mansouri Meliani a sans doute combattu en Afghanistan dans les années quatre-vingt. Revenu au pays à la tête de ceux qu'on a alors surnommés les Afghans, il a mis en place les premières guérillas islamistes en Algérie. Abdelhak Layada, lui, est un ancien garagiste, carrossier peut-être. Il fut l'un des chefs du Mouvement islamique armé première période, dans les années quatre-vingt, puis se rapprocha de l'appareil dirigeant du FIS en 1989, lorsque le MIA refusa de se soumettre au FIS.

Le général Médiène esquisse un mouvement vers Tedj, peut-être veut-il lui donner une tape amicale sur l'épaule, mais il arrête son geste et se lève. Il jette un rapide coup d'œil au soldat qui tient le pichet vide à la main ; celui-ci hoche la tête. Et Médiène sort sans un mot.

Le prisonnier à la djellaba reste immobile contre le mur. Il ne paraît pas effrayé, il semble seulement connaître son rôle et savoir que, s'il ne s'y tient pas scrupuleusement, il pourrait bien prendre la place de l'homme couché sur la table. Le colonel, à côté, veille à la mise en scène, songe Benlazar en évitant de croiser son regard abrité derrière les lunettes d'or. D'ailleurs, le mystérieux personnage commence à discuter à voix basse avec le prisonnier.

Les autres officiers suivent le général Médiène à l'extérieur de la cellule.

— Venez avec nous, lieutenant, glisse celui-ci à Benlazar en passant à sa hauteur.

Dans la cellule, le colonel aux lunettes d'or dit au jeune homme à son côté :

— Tu m'attends ici, Djamel.

Merde ! Djamel quoi ? s'interroge Benlazar en essayant de trouver quelque signe distinctif sur le visage de ce Djamel.

Les soldats dans le hall se redressent au passage de leurs chefs.

Dans la cour de la caserne, l'un des officiers, le plus jeune, distribue des cigarettes Rym à ses collègues. C'est l'adjoint de Djebbar, le capitaine Abdelhafidh Allouache, dit Hafidh. Benlazar refuse en montrant son paquet de Gitanes. L'officier a un sourire ironique.

Tout le monde a l'air tranquille.

— Donc, voilà où nous en sommes, résume le commandant Djebbar. Le GIA est présentement dirigé par Abdelhak Layada qui en est l'émir national…

Il sort un petit calepin de la poche de son pantalon.

— … et on peut supposer que Mansouri Meliani, Omar Chikhi, Djaâfar al Afghâni et Sid Ahmed Lahrani font partie de la direction.

Le général Médiène tire une longue taffe sur sa cigarette.

— Vous connaissez mes instructions. Au travail, messieurs.

Les deux officiers s'éloignent. Seuls restent Médiène, Djebbar et Allouache, le général, le commandant et son second. Ils terminent tranquillement leur clope.

Benlazar se retient de demander quelles sont ces « instructions ».

Une voiture déboule en trombe dans la cour. Elle s'arrête devant l'immeuble des services Greffe et Audition. De l'arrière du véhicule sortent deux hommes en civil encadrant un troisième aux yeux bandés. Lui aussi porte une djellaba, ses poignets sont entravés par des menottes. Les deux flics saluent le général Médiène qui leur adresse quelques mots discrets, puis ils entrent dans le bâtiment.

Le général écrase son mégot sous la pointe de sa chaussure et se tourne vers Djebbar.

— Ces deux officiers vont s'occuper de l'ami du colonel Bourbia. Ils le ramèneront à Aïn M'guel. Le colonel Tartag est au courant…

Médiène a une hésitation presque imperceptible et jette un regard rapide à Benlazar. Pendant un instant, on pourrait croire qu'il s'aperçoit soudain de la présence de l'officier français. Ses yeux sont ceux d'un homme qui vient de voir apparaître un fantôme. Ou de trop parler.

Un instant seulement, car il hausse vaguement les épaules et s'éloigne à son tour. Une voiture et deux motards de la sécurité militaire l'attendent un peu plus loin.

Djebbar et Allouache se dirigent vers le bâtiment. Eux, ils ne haussent pas les épaules, peut-être évitent-ils même de croiser le regard de Benlazar. Ils disparaissent derrière la lourde porte.

La voiture du général Médiène et les deux motos quittent la caserne en trombe, soulevant un nuage de poussière blanche.

Benlazar se retrouve seul. Un petit sourire amer lui déforme les lèvres. Un prisonnier islamiste qu'on remet au colonel Bachir Tartag, l'un des chefs de la lutte antiterroriste, un prisonnier qu'on laisse assister à un interrogatoire et qui repart vivant ? Il a du mal à assembler ces éléments sans ressentir ce qu'il ressent depuis qu'il travaille avec le DRS. Encore une fois, Médiène, Djebbar, Allouache et tous les autres se sont foutus de sa gueule. Depuis deux ans, en fait, ils se foutent de sa gueule. Ils magouillent en secret dans un but qui échappe encore complètement à Benlazar. Peut-être que ses chefs à la « Boîte » ou les gens du Quai d'Orsay comprennent, eux, ce qui se passe. Mais lui, il n'est qu'un témoin idiot, un fonctionnaire obéissant. Sauf que cette fois, il a entendu Toufik parler de Tartag et d'Aïn M'guel… Surtout, le regard troublé du général est la preuve que quelque chose se trame.

Et ce colonel Bourbia qui a l'air si intime avec le prisonnier, qui est-il ?

Benlazar a déjà entendu parler d'Aïn M'guel. Jamais pourtant, il n'a accordé de crédit à la légende d'un immense camp de concentration, là-bas dans le désert, au sud de l'Algérie. Des rumeurs disent que ceux qui y sont enfermés n'en ressortent jamais, que les alentours sont truffés de fosses communes. Les Français n'ont jamais pu rassembler quelque preuve prouvant l'existence du camp d'Aïn M'guel. Et là, Toufik vient de lâcher le morceau…

Benlazar rejoint sa voiture d'un pas neutre, mais il a déjà pris sa décision. Il sort d'Haouch-Chnou et s'arrête devant la première cabine téléphonique.

— Décroche, bordel, décroche, grogne-t-il, le combiné coincé entre son oreille et son épaule.

Son œil droit est collé à une petite jumelle d'approche. Là-bas, au fond de l'avenue, il fixe la porte du CTRI.

— Chokri, c'est Tedj. J'ai besoin de toi. Tu prends ta bagnole, oui, la neuve. Tu fais le plein. Prends des bouteilles de flotte aussi, et de la bouffe.

La porte de la caserne s'ouvre : la Peugeot 505 break des deux officiers en civil sort lentement. À l'arrière se trouve le prisonnier. Et à ses côtés, toujours, le colonel aux lunettes cerclées d'or, Bourbia.

— Ta gueule, Chokri ! Tu fais ce que je t'ai dit et tu

me retrouves à l'entrée de Médéa, au rond-point à l'entrée de…

La voiture s'éloigne sur l'avenue.

— Chokri, merde ! Tu me retrouves à l'entrée de Médéa, compris ? Tu files immédiatement, putain !

Benlazar raccroche et rejoint sa Renault 21. Son plan ne vaut pas grand-chose, il en est conscient : il espère que le prisonnier soit bien trop « encombrant » pour être transféré par avion ; que seul un voyage par la route lui soit autorisé. Que les deux officiers et le colonel aux lunettes cerclées or le mènent bien à Aïn M'guel.

La Peugeot prend en effet la direction du Sud. Elle va s'engager sur la nationale 1, la Transaharienne. Chokri dispose désormais de trois quarts d'heure pour rallier Médéa. Après, ils feront la route ensemble. Benlazar sait que le périple va être long : pour ce qu'il s'en souvient, Aïn M'guel doit se trouver à une centaine de kilomètres au nord de Tamanrasset.

Il repense à la gueule de Toufik lorsqu'il s'est aperçu de son erreur, de celles de Djebbar et d'Allouache aussi. Ils le prennent vraiment pour le dernier des cons. Ils doivent bien se marrer en parlant de lui comme du « flic » moitié algérien moitié français que l'on embobine sans difficulté. Cette fois, il va pouvoir marquer des points, il le sent.

Devant lui, il y a un minibus et devant le minibus il y a la 505 banalisée. Les types assis à l'arrière du minibus semblent presque immobiles. Ils sont droits comme des i sur les deux petites banquettes. Benlazar sait comment suivre une bagnole, même sur une route au milieu de la plaine. Le seul hic, c'est qu'il aurait aimé prévenir quelqu'un à Alger – Bellevue ou Gombert –, que quelqu'un de la DGSE sache qu'il fonce vers le Sahara… à la poursuite d'officiers du renseignement algérien ! Soudain, ça lui apparaît comme une folie.

Il ralentit et laisse l'espace entre le minibus et sa voiture augmenter. Les deux silhouettes du minibus se retournent.

Benlazar devine un long tube sombre entre eux : le canon d'un fusil peut-être !

— Merde de merde… grogne-t-il en comprenant que la 505 qui transporte le prisonnier jusqu'au camp d'internement est suivie par une escorte : la demi-douzaine d'hommes dans le minibus.

Et ils l'ont repéré ! Sa Renault 21 est clairement identifiée par les gens d'Haouch-Chnou. Merde de merde, il s'est fait avoir comme un bleu !

Dans son rétroviseur, une Renault 12 break surgit et le double comme si le conducteur avait le diable sur les talons. Benlazar reconnaît Chokri, affublé de sa casquette de cuir bleu. D'une certaine façon, Chokri Saïdi-Sief a le diable sur les talons. D'une certaine façon, tous les honorables correspondants de la DGSE en Algérie, les indics qui balancent pour de l'argent, et parfois, on peut l'espérer, pour des raisons plus idéologiques (voire patriotiques), ont le diable sur les talons.

Chokri conduit bien, c'est pour ça que Benlazar l'a appelé. Là, il vient de doubler le minibus apparemment sans éveiller l'attention du chauffeur et il s'apprête à dépasser la 505 où se trouve le prisonnier.

Chokri Saïdi-Sief doit avoir un peu plus de trente ans, une femme et trois fils. Il a été proche du FIS jusqu'à l'interdiction du parti islamiste en janvier dernier. Lorsque le président Chadli Bendjedid a été poussé à la démission par les militaires, et que ceux-ci ont pris le pouvoir sans plus se cacher, Chokri a trouvé que le jeu risquait de ne pas en valoir la chandelle – c'est ce qu'il dit à Benlazar pour expliquer sa marche arrière. Peut-être croit-il vraiment que son pays va mal et qu'en aidant la France à y voir plus clair il fait acte de patriotisme. La DGSE, comme beaucoup d'autres services de renseignements de pays occidentaux, a recruté de nouveaux indics pendant cette période. Au bout du compte, les indics, les honorables correspondants répondent tous à l'un des composants de cet anglicisme acronymique, MICE – *money, ideology, corruption, ego*. Tous s'engagent auprès de la DGSE pour l'une ou l'autre de ces raisons, parfois plusieurs. Disons que Chokri Saïdi-Sief bosse pour l'argent et l'idéologie.

Le lieutenant Benlazar n'a jamais forcé ses indics à travailler pour lui. La corruption, le chantage en fait, ça ne fonctionne jamais très longtemps. Il arrive toujours un moment où le correspondant cherche la rédemption par l'aveu et se met dans la tête que s'il avoue sa trahison à son camp, il sera pardonné. En général, on le retrouve assassiné dans le désert ou sur une plage, au petit matin.

S'il faut être franc, c'est surtout les billets que lui donne Benlazar en échange de ses « services » qui motivent Chokri Saïdi-Sief. Il est comme beaucoup d'Algériens aujourd'hui : il vit et fait vivre sa famille d'expédients. L'Algérie crève de peur, mais elle crève la dalle aussi. Chokri n'est pas le plus antipathique des indics de Benlazar, il est intelligent et débrouillard.

Benlazar laisse le minibus prendre de l'avance. Les hommes sur la banquette arrière se retournent de nouveau vers lui, mais un pick-up d'une société d'extraction minière le double en klaxonnant et s'interpose entre lui et l'escorte. Il se laisse encore distancer, sort le bras par la vitre de sa portière, fait voir qu'il fume nonchalamment. Peut-être que les flics, là-bas, croiront au hasard.

Il finit par perdre de vue la 505 et le minibus, c'est parfait : comme il arrive à un barrage à la sortie du parc montagneux de Chréa, il ne risque pas de se retrouver collé à eux. Il fume une autre cigarette, nonchalamment toujours, en attendant les soldats qui vérifient les papiers d'identité et les coffres des véhicules. Eux aussi ont l'air nonchalant, jetant de rapides coups d'œil dans les voitures à l'arrêt. Mais ce n'est pas de la nonchalance, c'est de la peur. Benlazar connaît ces œillades fuyantes qui disent « Islamistes, terroristes ou autres, allez vous faire exploser ailleurs, loin de nous », chacun sa merde, en somme.

Le Français laisse son regard se perdre quelques instants vers l'ouest, sur les contreforts de l'Atlas tellien et ses forêts inextricables de cèdres centenaires.

Un militaire lui fait signe d'avancer jusqu'au cheval de frise qui barre la route. Benlazar se demande s'il ne va pas se faire embarquer par des nervis du DRS. Il tend son laissez-passer algérien, ça suffit : le soldat hoche la tête, nonchalamment. Il fait signe à ses deux collègues qui libèrent le passage, et Benlazar reprend sa route. En accélérant en direction de Médéa, il se dit qu'il devrait peut-être rejoindre Évelyne et ses deux filles en France. Ce qui se passe dans ce foutu pays n'est pas de son ressort. Ce foutu pays n'est plus ce qu'il n'a jamais été.

À l'entrée de Médéa, au bord de l'immense rond-point, la Renault 12 de Chokri est garée. Benlazar s'arrête à la hauteur du chauffeur dans un concert de Klaxons et d'insultes.

— Venez vite, lieutenant ! Ils sont passés il y a moins de dix minutes, on peut les rattraper rapidement mais faut pas tarder.

Benlazar a un instant d'hésitation : comment Chokri sait-il quels véhicules il suivait ?

Chokri comprend et rigole :

— Faut pas être un génie pour voir que vous suivez la 505 break avec les quatre hommes dedans, lieutenant. Désolé…

OK, Chokri n'est pas un imbécile, mais Benlazar sait que les sbires du DRS ne sont pas stupides non plus. Il est donc repéré, et bien repéré. Il ne craint pas pour sa sécurité, mais si ses collègues algériens se croient suivis, jamais ils n'emmèneront le prisonnier à sa destination finale, c'est certain. Et jamais il ne saura où se trouve le camp.

— Je ne viens pas, dit-il.

Chokri Saïdi-Sief ouvre de grands yeux.

— Toi, tu rattrapes la 505 et le minibus qui la suit,

d'accord ? Dans la 505, à l'arrière, il y a un prisonnier : je veux savoir où ils l'emmènent.

De la boîte à gants, Benlazar a sorti un appareil photo. Il le lance dans l'habitacle de la voiture de Chokri.

— Il faut que tu prennes des photos. Il nous faut des preuves.

— Attendez, lieutenant, ça, c'est pas tellement dans mes attributions.

Benlazar sort son portefeuille et jette quelques billets à l'intérieur de la Renault 12.

L'honorable correspondant continue à grimacer en empochant l'argent.

— Il y en aura autant à ton retour. Et enlève cette casquette, on ne voit qu'elle. Fonce, maintenant !

Dans son regard, Benlazar croit voir une lueur d'inquiétude, quelque chose qu'il n'a jamais vu auparavant. Puis Chokri offre un large sourire et retire sa casquette qu'il balance sur le siège passager. Il se fond dans la circulation, reprend immédiatement ses dépassements risqués, déclenchant un nouveau concert de Klaxons. *C'est bon, c'est parfait*, pense Benlazar : lui, le témoin idiot, le fonctionnaire obéissant, le « flic » moitié algérien moitié français que l'on embobine sans difficulté, il va mettre les points sur les i !

***

Khaled doit bien l'avouer : au début, les frères, l'arabe, l'islam, le Coran, les leçons, c'était surtout pour éviter que les autres prisonniers lui cherchent la merde. On l'avait prévenu : ici, les petits jeunes comme lui, qui ont fait des études en plus, servent toujours de putes aux caïds.

Jamais il ne servira de pute. Il s'est donc rapproché des religieux.

Et il a rencontré Khélif. C'est Khélif qui lui a vraiment appris la prière. Il lui enseigne aussi la musculation. Si, si, ça peut aller de pair, le Coran et la muscu. C'est Khélif aussi qui lui a conseillé de faire profil bas devant la juge d'application des peines. La JAP est jeune, plutôt jolie, et Khaled l'embrouille : il lui répète qu'il regrette les braquages à la voiture-bélier, qu'il regrette surtout de s'être laissé influencer par ses potes. Ce n'est pas difficile de lui faire comprendre qu'il vit très mal la prison, et que les juges lui ont mis quatre ans parce qu'il est arabe et qu'il vit à Vaulx-en-Velin. Il lui dit de parler avec sa famille, avec le proviseur et les profs du lycée La Martinière, ou même avec les matons, ici : tout le monde l'aime bien. Oui, il l'embrouille.

Ce matin, il a appris que la juge avait accepté sa demande de libération conditionnelle. Il devrait sortir cet été.

C'est bien, l'été, pour sortir de prison, sourit-il.

***

Ça fait trois jours que Chokri Saïdi-Sief s'est engagé sur la Transaharienne à Médéa. Trois jours qu'il n'a plus donné signe de vie.

Tedj Benlazar s'est retenu de se rendre chez lui et d'interroger sa femme. Ce n'est pas dans le protocole, les agents de la DGSE doivent éviter autant que possible de mouiller les familles de leurs correspondants. Benlazar se tient à cette règle : les rencontres ont lieu dans des endroits neutres et discrets, dans des bars ou des parkings, tard le soir. Comme il n'est pas sous couverture, à l'instar de certains officiers de la DGSE, et qu'il travaille ouvertement avec le DRS et les services de sécurité algériens, il doit prendre beaucoup de précautions pour rencontrer ses indics.

Le week-end a passé. Le lieutenant Benlazar doit se rendre à Haouch-Chnou, comme chaque début de semaine. Suivre le protocole, quoi… Le lundi matin, il s'entretient avec Djebbar et Allouache. C'est en général follement passionnant : ils parlent de la pluie et du beau temps, de tout et de rien. De rien, surtout. On lui donnera quelques chiffres, peut-être un ou deux comptes-rendus inutiles qu'il rapportera à l'ambassade à Alger. À l'ambassade, Bellevue haussera les épaules et remettra ces documents à l'une des secrétaires en demandant qu'ils soient classifiés. Classifier ou foutre à la poubelle, c'est souvent pareil.

Le téléphone sonne.

— Lieutenant, faut m'aider !

Quelque chose dans la voix de Chokri tord les intestins de Benlazar, peut-être ce quelque chose qu'il a croisé dans son regard lorsqu'il s'est lancé à la poursuite du prisonnier et du colonel aux lunettes d'or.

— Tu es où ?

— Sur la route de Tamanrasset.

Le silence qui suit lui tord encore plus les entrailles.

— Chokri ?

— Faut que je vous laisse, lieutenant…

— Chokri, le prisonnier, ils l'ont emmené à Aïn M'guel avec les barbus du FIS ?

— Oui, mais je crois que…

— Tu as vu le camp, Chokri ?

Et la tonalité sonne occupé.

Benlazar sort machinalement une Gitane, l'allume et raccroche le combiné. À la DGSE, les Français savent ce qu'il en est de la sécurité de leurs honorables correspondants : leur vie n'est garantie que s'ils restent incognito. Dès le moment où ils sont démasqués, l'officier traitant sur le terrain doit rompre les liens et se protéger – en réalité protéger la DGSE et la France. Benlazar a un peu honte, mais il se demande si Chokri tiendra sa langue. Il n'a guère de doutes pourtant : après avoir assisté à tant d'interrogatoires, il sait que les gars du DRS feraient parler n'importe qui.

Il pense pourtant que Chokri tiendra un petit moment. Il s'efforce de calmer sa respiration qui s'accélère. Il lui reste une heure avant de se rendre au CTRI. Peut-être devrait-il filer à Alger, à l'ambassade, et demander son exfiltration ? Il se sert une nouvelle tasse de café, fume une autre cigarette et parvient à se détendre. *Tout va bien, pour l'instant, tout va bien*, se répète-t-il.

Le soleil apparaît au-dessus des toits de l'immeuble, de l'autre côté de la rue. Benlazar se laisse baigner le visage par la lumière aveuglante. Tout va bien, pour l'instant.

Il prend les clés de sa voiture et un quart d'heure plus tard il montre son laissez-passer au planton qui tient la casemate à l'entrée d'Haouch-Chnou. Il faut juste faire semblant que ce lundi matin est un lundi matin comme les autres, aussi ennuyeux, aussi long que d'habitude.

La Renault 21 laisse le portail derrière elle et vient se garer sur le parking près de l'infirmerie. Comme d'habitude. Il n'y a plus que deux blindés en stationnement le long du mur d'enceinte nord.

Il s'allume une autre cigarette en espérant dénouer la boule au ventre qui menace de se changer en angoisse. Il pense à Évelyne et à ses mises en garde. Comme d'habitude.

Puis il s'engage dans la longue allée et écoute ses semelles grincer sur le gravier blanc. Il hume le *mesk ellil*, mais toujours aucune trace du galant de nuit. Il entre dans le bâtiment des services Greffe et Audition. Il tend à nouveau son laissez-passer à un garde. Le silence l'accueille. Comme d'habitude.

Le garde observe le laissez-passer, lève les yeux vers lui, les replonge vers un registre, et ça, ce n'est pas habituel. Chokri aurait-il déjà lâché son nom ? Le type décroche un téléphone :

— Il est là.

De l'un des bureaux, de l'autre côté de l'immense salle, sort alors le capitaine Allouache. Son pas est rapide, son regard noir et arrogant. Benlazar sait que le responsable en second d'Haouch-Chnou ne l'aime pas. Allouache déteste les Français et tous les étrangers qui se croient en mesure de dicter sa conduite à l'Algérie.

— Le commandant Djebbar est absent, il n'y aura donc pas d'entrevue, dit-il seulement d'un air las en s'approchant du Français.

Benlazar et lui échangent un vague salut sur le front.

— On a eu un petit pépin dans le Sud.

Benlazar reste impassible : la boule dans son estomac est de lave. Il fait un pas en arrière, s'apprête à dire : « Je vous laisse, j'ai des choses à faire. » Mais Allouache sourit.

— Rien de bien grave : un espion qui suivait nos hommes.

— Ah bon ? commence Benlazar en se faisant violence pour que rien ne transparaisse du chaos qui a pris possession de son cerveau et de son corps.

Putain ! Ils ont chopé Chokri. Et cet enfoiré d'Allouache me le fait comprendre.

Allouache continue de sourire et, étrangement, son sourire est le même que celui qu'il lui adresse chaque fois qu'ils se croisent.

— Rien de bien grave, mais quand même : imaginez-vous que le type a suivi nos hommes depuis Blida jusqu'à une prison à l'entrée du Sahara ! Vous vous rendez compte du nombre de kilomètres ?

Pourquoi il me dit ça ? Il sait et il joue avec moi ? Ou il est complètement à la rue et se fout de ma gueule comme à son habitude ?

— Maintenant, il va falloir savoir si cet homme est un terroriste et comment il sait ce qui se passe au CTRI de Blida.

Mais qu'est-ce qu'il a à me raconter tout ça ? Jamais il ne m'a adressé plus de deux phrases d'absolue politesse.

Allouache se raidit et cesse de sourire.

— Et puis, si ce n'est pas un terroriste, il est forcément à la solde de l'étranger…

Puis il salue d'un signe de tête et rejoint son bureau.

La porte claque et Benlazar a la sensation de s'émietter, de s'effondrer de l'intérieur. Il reprend lentement son souffle et sort du bâtiment. Ses jambes ne tremblent pas, il est entraîné et a trop d'expérience pour avoir la tremblote. Mais il sent l'acide lactique lui brûler les muscles des cuisses.

Il remonte dans sa voiture et sort calmement de la caserne.

Est-ce de la paranoïa ou le soldat dans sa casemate, devant la porte d'entrée, vient-il de lui faire un clin d'œil ironique ?

Benlazar sait qu'il lui faut désormais affranchir ses chefs, à Alger et à Paris. Et il ne dispose plus de beaucoup de temps. Sa vie en dépend peut-être. Au volant de la Renault 21, lorsqu'il s'engage sur la nationale en direction du centre-ville de Blida, il sent que pour la première fois sa vie est peut-être réellement en danger. Les islamistes n'y sont pour rien. Enfin, pas directement. C'est de ses confrères algériens qu'il se méfie.

Alors, il ne s'arrête pas devant son appartement du boulevard de la Gare, décide plutôt de dormir cette nuit à l'ambassade de France. Il a une idée étrange : ça serait con de ne pas se réveiller demain matin. Voilà, la peur l'a saisi, lui aussi. La boule angoissée dans l'estomac, les cuisses ravagées par l'acide. Personne, pas même un officier de la DGSE française, n'est à l'abri en Algérie.

Il fonce à travers la Mitidja. La route est parfois bordée de grandes haies, des tamaris ou des thuyas entourent les vastes plantations d'agrumes. Les odeurs se mélangent, d'habitude Benlazar aime qu'elles lui piquent le nez. Au-delà des plantations, c'est la plaine immense entre Blida au sud et Alger au nord.

Il croise des convois militaires qui descendent vers le sud. Les soldats assis à l'arrière des transports de troupe paraissent jeunes, très jeunes.

Au-dessus d'Alger, le ciel est parfaitement bleu. Sous le

soleil, les murs blancs des bâtiments renvoient une lumière aveuglante. Certains jours, Benlazar aime s'asseoir face à l'un de ces murs et se laisser saouler par cette lumière, entraîner jusqu'à un sentiment complet de sérénité. Cette sensation, il ne l'a jamais éprouvée ailleurs qu'en Algérie. Une sensation qui calme ses angoisses, refoule l'idée du canon de son pistolet entre ses dents. C'est le soleil sur son visage qui lui fait encore aimer l'Algérie, qui l'empêche peut-être de traverser la Méditerranée pour retourner auprès des siens. Mais aujourd'hui, il ne lézardera pas au soleil. Lorsqu'il quitte la nationale 5, il voit une berline sombre dans son rétroviseur. Elle lui est familière : peut-être était-elle déjà derrière lui à la sortie de Blida. Peut-être la peur le pousse-t-elle à voir des voitures qui le suivent. Quand il arrive sur les hauteurs d'Hydra, au-dessus d'Alger, la berline se gare non loin de l'ambassade. Personne n'en sort.

Benlazar pénètre dans l'enceinte du parc Peltzer. Cette fois, il n'a que sa carte de la DGSE à montrer au gendarme, à l'entrée de la légation française. Le type porte sa main ouverte à son front avec un franc sourire. Quatre autres gendarmes, Famas en bandoulière, le saluent d'un signe de tête.

La Renault 21 s'arrête devant les bâtiments de la mission militaire. La boule à l'estomac se fait plus légère. Il en est donc là : se sentir en sécurité au milieu de ce morceau de France. Depuis quelques semaines, l'ambassade est en alerte, on n'est pas loin d'être dans un camp retranché. Rien d'officiel, mais selon la sécurité militaire algérienne les ressortissants français pourraient être ciblés par les terroristes.

Le commandant Rémy de Bellevue l'attend sur le perron du bâtiment. Son regard est dur, comme toujours. Lui, il bourlingue en Afrique depuis trente ans, les profonds sillons sur ses joues et sur son front en témoignent. Sa carrière a commencé au Togo en 1963, il a participé au renversement du président Octaviano Olympio. C'était la première fois que la France faisait tomber un président élu.

Il dirige aujourd'hui le renseignement à la mission militaire de l'ambassade de France. Il attend sa retraite qui devrait arriver dans quelques années, dommage qu'il doive se fader ces années qui s'annoncent merdiques, ici, en Algérie. Il l'a répété souvent à Benlazar : en Algérie, c'est différent, la France risque gros, très gros. Plus que partout ailleurs en Afrique. Pendant trois décennies, le « Vieux » s'est efforcé de sauvegarder les intérêts français, à son niveau. Après le Togo, il a été en poste en Côte d'Ivoire, au Tchad et au Mali. Son job, c'était de consolider la présence française dans les anciennes colonies. L'Afrique, il l'a aimée comme on aime une femme jeune et vigoureuse. L'autre jour, il a confié à Benlazar qu'il commençait à se faire vieux pour l'aimer aussi fort. Et d'ailleurs, sa santé n'est pas très bonne, ces derniers temps.

Bellevue et Benlazar parlent, parfois. C'est-à-dire, parfois ils parlent d'autre chose que du boulot. Bellevue essaye même d'enseigner l'Algérie à Benlazar, et Benlazar, le moitié français, moitié algérien, l'écoute. Il l'écoute mais ne le comprend pas toujours.

— Qu'est-ce que tu fous ici ?

Benlazar n'a pas pour habitude de traîner à l'ambassade ou autour des piscines des hôtels de luxe de la capitale. Il parle l'arabe, vit au milieu des Algériens : c'est sa façon de bosser. Bellevue lui reconnaît ce professionnalisme, même s'il lui a déjà reproché de trop s'isoler.

— Il me faut une liaison sécurisée avec la Boîte, lance Benlazar en serrant la main de son supérieur.

— Comme ça ? Maintenant ?

Le regard de Bellevue s'adoucit.

— Tu as des emmerdes, Tedj ?

Le visage de Benlazar se tord d'une grimace, celle d'un gosse qui ne sait pas trop s'il vient de faire une bêtise.

— Médiène et Nezzar sortent des prisonniers

d'un camp d'internement et les y ramènent après je-ne-sais-pas-trop-quoi.

Bellevue a un sourire qu'on pourrait penser de fierté.

— Ah ! Tu as entendu parler de ce truc, les camps d'internement où les islamistes seraient enfermés ?

— Et exécutés, oui ! On ne parle pas seulement de camps d'internement mais de camps de concentration. Peut-être de camps d'extermination, Rémy.

— D'extermination ? Putain, Tedj…

— J'y ai envoyé un de mes correspondants.

Bellevue fronce méchamment les sourcils : coller des indics aux fesses du DRS, ça frise la démence, ça augure d'embrouilles diplomatiques, surtout. Benlazar continue :

— Tu connais le GIA, Rémy ? Ça te dit quelque chose ?

Bellevue hausse les épaules.

— Ouais, ça te dit quelque chose, hein ? reprend Benlazar. Eh bien, Médiène et ses sbires interrogeaient un type qui leur a balancé les noms de tous les dirigeants du GIA, vendredi dernier, au CTRI de Blida. Il y avait un prisonnier qui assistait à l'interrogatoire. Toufik était là, c'est lui qui a ordonné qu'on ramène le prisonnier à Aïn M'guel.

Cette fois, Bellevue passe une main sur son cou et entraîne Benlazar avec lui.

— Aïn M'guel ? C'est de ça qu'on n'a aucune preuve, Tedj…

Les deux hommes entrent dans la mission diplomatique.

— Tu as envoyé un de tes indics à Aïn M'guel ? fait Bellevue à voix basse.

— Oui. Mais je crois qu'il s'est fait choper par le DRS.

Le commandant aux cheveux gris, aux rides creusées par trente années d'Afrique s'immobilise et lâche un petit rire étrange.

— Putain, Tedj, il t'a balancé ? Ton correspondant t'a balancé ?

— Je ne sais pas.

Les deux hommes s'installent dans le bureau de commandement. Bellevue se verse un verre de whisky, il n'en propose pas à son subordonné, car celui-ci ne boit pas d'alcool avant que la nuit soit tombée – tout le monde le sait.

— Il est fiable, ton correspondant ? Je veux dire, il peut tenir un interrogatoire ?

— Tu sais bien qu'on n'apprend ce genre de choses que lors de l'interrogatoire.

Bellevue en convient d'une grimace, boit cul-sec le fond du verre et reprend :

— C'est pour ça que tu veux parler à la direction ?

Benlazar a de nouveau cette moue d'incertitude enfantine et se laisse tomber au fond du fauteuil.

— Peut-être.

— Pourquoi tu joues au plus fin avec Médiène et le DRS, Tedj ? Tu es devenu suicidaire ou quoi ?

— Merde, mais tu ne comprends pas, Rémy : il y a des camps d'extermination, ou tout comme, dans le sud de ce foutu pays !

Le poing de Bellevue s'abat sur la table. Le vieux a encore une force de jeune homme : la table vibre, le verre s'écrase au sol.

— Putain, merde ! s'étrangle-t-il en frappant à nouveau sur le bureau. Je comprends, Tedj, mais tu as une preuve de ça ? De l'existence d'un tel camp à Aïn M'guel ?

— Mon indic…

— Ton indic, s'il s'est fait choper, à mon avis, il est mort à l'heure qu'il est.

— S'il est vivant, il faut que je le retrouve. Ou que je trouve un autre témoin.

La porte du bureau s'ouvre et la tête du capitaine Sylvain Gombert apparaît.

— Tout va bien, les gars ?

Bellevue lui lance un regard éteint.

— Ce con de Tedj vient de se foutre le DRS à dos, dit-il en prenant un autre verre sur la desserte derrière lui. En tout cas, il y a de grandes chances…

Gombert pénètre dans le bureau et referme la porte à sa suite.

— Qui, au DRS ?

— Je sais pas, moi, dit Bellevue en se servant un autre whisky : Médiène et Nezzar. C'est ça, hein, Tedj ?

— Le capitaine Allouache aussi.

Gombert s'assied sur le coin du bureau en sifflant entre ses dents. Il replace quelques dossiers et redresse un pot à stylos.

— Allouache, je ne l'aime pas beaucoup, lui. Djebbar, c'est autre chose, il est capable de faire passer la politique avant ses inimitiés personnelles.

Benlazar s'allume une Gitane en s'efforçant de rester impassible.

— Il y avait aussi un mec, un colonel du DRS que je n'avais jamais vu.

— Son nom ? fait Gombert.

— Bourbia, je crois. Il avait des lunettes brillantes, la monture était dorée, pétante.

Gombert secoue la tête.

— Ça ne me dit rien.

— C'est lui qui a ramené le prisonnier à Aïn M'guel. Dans ce putain de camp d'Aïn M'guel.

— Mais, bon sang, Tedj ! s'emporte Bellevue, je te le répète pour la millième fois : c'est pas notre problème. Tu crois que la direction, à Paris, va te dire : t'as raison, lieutenant, faut que ça change, la France ne peut plus fermer les yeux sur les saloperies de ces messieurs Nezzar, Médiène ou Tartag ? Les camps de concentration – ou même d'extermination, si tu y tiens –, ce n'est pas bien, on rompt immédiatement nos relations avec les autorités algériennes ! Vivent les droits de l'homme et la francophonie !

Bellevue et Gombert restent un instant silencieux.

Gombert demande :

— Tu as une preuve ou un témoin de ces camps de… enfin, de concentration ou d'extermination ?

— Son témoin est mort, répond Bellevue en haussant les épaules.

Gombert retient un gloussement.

— Pas sûr, répond Benlazar sans réussir à mettre de la conviction dans sa voix. Rien ne dit qu'il est mort.

— Arrête, Tedj, siffle Bellevue devant son verre vide.

— Avec ça, raille Gombert, c'est certain que la Boîte et l'Élysée vont immédiatement changer leur fusil d'épaule avec les Algériens.

La main de Bellevue hésite un instant devant la bouteille de whisky avant de se reposer sur le bureau. Le regard du Vieux redevient noir.

— Il faut te couvrir, par contre, dit-il. Si ces camps existent vraiment et que certains des mecs du DRS se sentent sur la sellette, ils sont capables de t'emmener faire un tour dans le Sahara.

La ride qui traverse son front se creuse davantage.

— Je vais joindre la Boîte, toi tu la joues profil bas. Reste à l'ambassade cette nuit et les jours suivants.

Il se tourne vers le capitaine Gombert.

— Tu t'arranges pour faire savoir à Tartag et à Médiène qu'on est plutôt sereins, que la situation nous semble parfaitement maîtrisée par le président Kafi, et que Paris est satisfait de la tournure des événements. Enfin, tu vois, quoi… Essaye aussi de les sonder sur cette histoire d'indic et d'Aïn M'guel.

Gombert adresse un sourire confiant à Benlazar. Celui-ci n'aime pas ça.

— Et s'ils te demandent quelque chose à propos de ce qui s'est passé au CTRI de Blida, tu la joues étonné : le lieutenant Benlazar n'a rien noté de particulier.

Il fixe Benlazar avec un air cynique.

— Ils te prennent pour un fonctionnaire incompétent. Qu'ils continuent à le croire et tout ira pour le mieux dans le meilleur des mondes.

Gombert se gratte le menton.

— Le Tartag, faut quand même s'en méfier. Il a été formé par le KGB et il a les dents longues. Mais bon, on va la lui faire à l'envers, à lui aussi.

Il envoie une tape amicale sur l'épaule du « fonctionnaire incompétent » et quitte le bureau.

Bellevue et Benlazar restent face à face.

— Là, maintenant, tu vas prendre des vacances, Tedj. Tu restes un peu ici, à l'ambassade, ou à Alger, si tu veux, pour ne pas attirer l'attention avec un départ précipité. Mais à la fin de la semaine, tu retournes en France pour des congés bien mérités. C'est un ordre, ne t'avise pas de refuser.

Le Vieux ne rigole pas.

— Tu prendras soin d'Évelyne et des filles, et ici tout rentrera dans l'ordre.

Benlazar hausse les épaules.

— Je prendrais bien un verre.

Bellevue éclate de rire.

— Voyez-vous ça !

Il s'en sert un aussi. Le troisième avant le coucher du soleil, mais lui n'a pas les principes de Benlazar.

— Je sais que c'est moche, ce qui se passe dans le coin. Mais Nezzar et consorts savent ce qu'ils font. En face, ils ont des types qui ne veulent rien d'autre qu'instaurer la Charia. Une putain de république islamiste juste en face de la France, tu imagines ? Alors les militaires tentent de maintenir l'ordre.

Benlazar se tait, il regarde l'alcool dans son verre, pense à sa femme. Il ne croit pas que des vacances en sa compagnie arrangeront la situation. Peut-être que le DRS l'oubliera, continuera de le considérer comme un fonctionnaire incompétent, juste bon à assurer la présence de la France à leurs côtés. C'est possible. Mais s'il est honnête, il craint de se retrouver face à Évelyne si longtemps. Ça ne lui est plus arrivé depuis deux ans. Et les filles, ses filles ? Franchement, sois sérieux : tes filles, tu ne les connais même pas, elles ont quoi ? dix-sept, dix-huit ans ? C'est quand la dernière fois que tu as passé plus de dix minutes seul avec elles ?

— Va voir ta famille et pense à autre chose pendant un moment.

Benlazar ne finit pas son whisky. Il se lève et repousse de la pointe du pied un morceau du verre qui s'est brisé.

— Va te reposer, Tedj. Tu verras : il ne restera rien de tout ça dans quelque temps.

Bellevue transpire beaucoup. Benlazar se demande si sa situation en est la cause.

***

Les deux officiers ont alpagué le type dans une cabine téléphonique, non loin du camp. Ils l'ont sorti sans ménagement. L'un d'eux a aboyé à la petite foule, dont quelques mécontents, qui était en train de se constituer :

— Police, écartez-vous !

Les quelques mécontents ont fait profil bas.

Les deux officiers ont ramené le type à la voiture et l'ont poussé sur la banquette arrière.

Le colonel Bourbia l'a observé derrière ses lunettes dorées : il a vu qu'il avait très peur. Inutile d'être grand psychologue pour comprendre que cette peur n'était pas seulement due à l'arrestation musclée. Ce type était en mission, il savait qu'il s'était planté et qu'il risquait sa peau.

— Blida, c'est loin pour une petite balade, non ?

— Qu'est-ce que j'ai fait ? a tenté le type.

Comme s'il fallait avoir fait quelque chose en Algérie pour risquer sa vie.

— On a des questions à te poser.

L'officier qui conduisait a pris la direction de la sortie de la ville, vers le désert. Bourbia n'a même pas donné d'ordre. Chez lui, c'est instinctif, le désert : un non-lieu où l'on peut discuter, où l'on peut apprendre des choses, où l'on disparaît souvent, aussi.

— Vous vous trompez, je ne fais rien de mal, pitié…

L'autre officier s'est retourné sur le siège passager et a frappé le type avec la crosse de son pistolet. L'arcade sourcilière a explosé, mais le type a immédiatement fermé sa gueule.

Ils ont alors quitté la route nationale et se sont engagés dans le désert.

Quelques heures plus tard, le colonel Ghazi Bourbia a pris un avion militaire pour rejoindre Alger. Son corps est encore moite de la chaleur du désert, il rêve d'une douche froide et d'un uniforme propre. Mais il a un rapport à terminer. Il hésite encore à parler de l'incident : ce type, cet islamiste qui a soutenu avoir reçu l'ordre de suivre la 505 et le minibus depuis Haouch-Chnou, n'a pas révélé pourquoi on lui avait donné cette mission. Peut-être disait-il la vérité, peut-être ses chefs devaient-ils reprendre contact avec lui quand il serait arrivé à Aïn M'guel… Tant pis s'il racontait des mensonges, s'il agissait pour d'autres que pour les barbus : dans son rapport, Bourbia écrira qu'un jeune membre du FIS a reconnu par hasard le prisonnier juste avant sa réincarcération au camp et qu'il a dû s'en débarrasser. Rien que de très courant, en somme.

Bourbia nettoie ses lunettes de cette façon compulsive qui caractérise les moments où il doute. Il n'arrive pas vraiment à savoir de quoi il doute. Bien sûr, il a vérifié si le type appartenait au FIS et, de fait, les flics d'Alger l'avaient dans leurs dossiers. En terminant son rapport, il reconnaît pourtant à part lui qu'il a peut-être tiré un peu trop vite une balle dans la nuque de ce Chokri Saïdi-Sief.

Et puis, il y a cet officier, ce lieutenant Benlazar, qui lui a paru étrange au CTRI de Blida. Là non plus, il n'arrive pas à savoir pourquoi il lui a fait cette drôle d'impression. Mais il sait qu'il ne pourra ignorer aucune drôle d'impression : dans le plan que ses chefs lui ont demandé de mettre en place, une personne étrange n'a pas sa place. Le colonel Bourbia sait qu'il doit tout maîtriser.

***

Le commandant Bellevue reste assis derrière son bureau un long moment après la sortie de Benlazar.

Il a besoin de reprendre son souffle. Ça lui arrive de plus en plus souvent. Oui, décidément, il se fait trop vieux pour sa maîtresse l'Afrique. Il boit trop de whisky, c'est certain. Mais il transpire tellement la nuit, et l'eau a un goût tellement amer qu'il faut bien boire un peu, sourit-il tristement. Et puis il perd du poids ces derniers mois. Dans quelques semaines, lui aussi rentrera en France. Il fera un check-up, les toubibs lui diront ce qui cloche dans son vieux corps.

Bellevue proposera le mariage à Fadoul. Ils en ont déjà discuté : c'est la seule solution pour la mettre à l'abri. Lorsqu'il prendra sa retraite, Bellevue ne veut pas continuer à vivre en Algérie, et Fadoul devra le suivre.

Il ne veut pas continuer à vivre en Algérie parce que le chaos s'annonce.

Le lieutenant Benlazar n'est pas un fonctionnaire incompétent comme le croient les agents du DRS. Il a du nez, il sent venir les emmerdes. Il faut dire qu'il est à moitié algérien, son sang est en partie celui de ses ennemis. Et de ses soi-disant amis, les militaires au pouvoir. Si les militaires ont ouvert des camps où croupissent et meurent les islamistes et que ça s'ébruite, le chaos va être encore plus terrible qu'il ne pouvait l'imaginer.

Cette fois, il pourra sans doute sauver la mise à Benlazar : Gombert sait s'y prendre avec les mecs du DRS, il va donner le change et Benlazar n'aura pas d'ennuis. Mais Bellevue est inquiet, il n'est plus certain de pouvoir assurer la protection de ses hommes bien longtemps. Le pouvoir en Algérie lui fait l'impression d'un cheval fou lancé au galop, qui a désarçonné son cavalier. Paris croit peut-être encore pouvoir lui tenir la bride, mais Bellevue a trop d'expérience de l'Afrique pour se voiler la face. C'est peut-être la présence de la France en Afrique, celle de l'après-décolonisation, celle de Foccart et des gaullistes, qui meurt, ici, en Algérie. Il sait ce qu'il pense : il y a pris part plus d'une fois, à ce maintien de la présence française.

Le Togo, la Côte d'Ivoire, le Tchad, le Mali, c'était la bonne époque. C'était encore le temps béni des colonies, comme chantait l'autre idiot. Bellevue sourit et range la bouteille de whisky sur l'un des plateaux de la desserte. Il en a bu, des bouteilles, sous le tropique du Cancer, il en a aimé, des femmes à la peau sombre. Il a tué quelques hommes aussi, il en a fait tuer plus encore, c'était son job.

L'Algérie, ça n'a plus rien à voir. Alger est au nord du tropique du Cancer, d'ailleurs. Ici, il enregistre ce qu'on veut bien lui dire et le transmet à Paris. C'est tout. Il a rapidement appris à fermer sa gueule lorsque les amis algériens le mènent en bateau. Il peut simplement constituer ses dossiers, peut-être serviront-ils, un jour, lorsque le chaos sera là.

Son souffle revient. Il essuie la sueur qui macule son front et sa nuque.

Lorsqu'il est arrivé en Algérie en 1988, il ne faisait pas si chaud, croit-il se souvenir. Un vent nouveau semblait souffler sur le pays. Certains on même cru à la démocratie.

À la fin des années quatre-vingt, 90 % des ressources de l'Algérie provenaient de son sous-sol : le gaz et le pétrole auraient dû en faire un pays riche. Mais lorsque le cours des hydrocarbures s'est écroulé, les produits de première nécessité, importés de l'étranger, ont commencé à manquer. Paris a senti venir le coup : il fallait s'assurer que le pouvoir algérien restait solide. On croyait encore que la France était dans son pré carré.

La DGSE a envoyé le commandant Rémy de Bellevue à Alger. L'officier était alors en poste à N'Djamena. Il avait suivi et accompagné la prise de pouvoir d'Hissène Habré puis préparé l'opération Manta. Là-bas, les soldats français ont combattu l'armée libyenne jusqu'à l'offensive victorieuse de 1987. Du beau boulot, lui a-t-on signifié à la Boîte. C'est à N'Djamena qu'il a rencontré Fadoul. Elle l'a accompagné en Algérie.

À Alger, en 1988, le président Chadli Bendjedid a donné des gages aux islamistes dont l'emprise sur l'opinion était grandissante. Paris a froncé les sourcils un peu plus. Pas parce que les femmes algériennes étaient désormais des mineures à vie, selon le nouveau code de la famille ; plutôt parce que si une république islamiste voyait le jour de l'autre côté de la Méditerranée, les exportations d'hydrocarbures dont dépendaient la France pourraient s'en trouver affectées.

Une semaine après son arrivée en Algérie, Bellevue a assisté à l'embrasement du pays. Les Algériens, les jeunes, surtout, sont descendus dans la rue pour dire leur refus du parti unique, le FLN, et leur désir de changement. Au début, en tout cas, les manifestations étaient spontanées.

C'était le 5 octobre 1988. Bellevue a dit à Fadoul de s'enfermer dans le petit appartement d'El Biar. L'ambassade de France est passée en alerte rouge et les ressortissants français ont cessé de sortir aussi tranquillement le soir. Bellevue et ses hommes ont vite compris que le pouvoir manipulait les jeunes qui hurlaient leur colère. D'honorables correspondants ont commencé à faire remonter des informations troublantes : si les locaux du FLN avaient été incendiés, peut-être cela permettait-il au pouvoir de se réaffirmer ? De fait, le président Chadli n'a pas tardé à appeler l'armée. Les soldats du général Nezzar se sont déployés dans la capitale, et cinq jours d'affrontements violents ont suivi. Selon la DGSE, il y eut cinq cents morts, des civils, de nombreux adolescents. Les cas de torture et d'exécutions sommaires se sont aussi multipliés.

Et puis les honorables correspondants se sont mis, eux aussi, à avoir peur. L'armée, c'était une chose ; les islamistes, c'en était une autre, plus dangereuse encore. Ceux-là ont finalement réussi à récupérer la révolte à leur compte. Dès le 7 octobre, les plus radicaux des imams sont descendus à leur tour dans la rue.

Puis Chadli Bendjedid a assumé le bilan de la répression en annonçant de grands changements. Apparemment, en coulisse, c'était Mouloud Hamrouche, le chef du gouvernement, qui pilotait. Les Français ont pensé que Hamrouche était capable de réformer en profondeur sans déstabiliser l'État, donc sans remettre en cause les accords franco-algériens. C'était un cheval sur lequel Paris pouvait miser. À la fin novembre, Bendjedid s'est fait réélire lors du sixième congrès du FLN. La tension est un peu retombée.

Bellevue a conseillé à ses chefs, à Paris, de se méfier : si des promesses non tenues venaient s'ajouter aux morts des manifestations, le pays exploserait en guerre civile. On lui a conseillé en retour de ne pas s'affoler, qu'Alger n'était pas N'Djamena.

Bellevue ferme son bureau de la mission militaire. La nuit ne va pas tarder à tomber, le ciel est d'un bleu foncé strié par les derniers rayons du soleil. Que les ciels sont beaux dans ce foutu pays ! Fadoul et lui dîneront sur la petite terrasse de l'appartement. En se penchant un peu, on aperçoit la Méditerranée. « C'est toujours ça de pris », lui a dit un jour Fadoul, qui n'avait jamais vu la mer avant de s'installer à Alger.

Il quitte l'ambassade au volant de la Peugeot 405. Ses plaques minéralogiques sont algériennes, mais lui n'a pas une gueule d'Algérien, ça ne trompe personne. Bellevue a déjà dit à ses chefs que ça rendait plutôt les Algériens méfiants, une voiture trop neuve immatriculée en Algérie, avec un Européen au volant. On lui a de nouveau répondu qu'Alger n'était tout de même pas N'Djamena.

Il allume une cigarette et roule lentement. Son temps en Afrique est compté, bientôt la retraite et le retour en France. Peut-être finira-t-il ses jours en montagne. Il sait que Fadoul aimerait voir de la neige, l'hiver.

Au début de 1989, la démocratie semblait l'avoir emporté. Mouloud Hamrouche est devenu chef du gouvernement. Une nouvelle constitution autorisait le multipartisme, mettant fin à presque trente années d'hégémonie du FLN sur la vie politique. Soixante partis sont nés presque du jour au lendemain : Hocine Aït Ahmed, le héros de l'indépendance, est rentré d'exil et a relancé le Front des forces socialistes ; le Rassemblement pour la culture et la démocratie a été créé, et tant d'autres à sa suite.

Et puis Abassi Madani et Ali Benhadj sont parvenus à fédérer les islamistes au sein du al-Jabhah al-Islāmiyah lil-Inqādh, le Front islamique du salut.

Le FIS a immédiatement déclaré que la démocratie était impie et que le djihad était une obligation pour tous les croyants. La *salat-ul-joumou'a*, la prière du vendredi, mêlait désormais religion et politique. À l'époque, Bellevue a tenté encore d'alerter ses chefs : selon lui, les élections à venir seraient un plébiscite en faveur du Coran. Il a ajouté qu'à N'Djamena les femmes ne se faisaient pas vitrioler en pleine rue parce qu'elles refusaient de porter le voile.

Fadoul vient d'une famille animiste. Elle a laissé sa religion et sa famille au Tchad. Elle doit être à peu près aussi croyante que son amant : quelque chose doit bien exister quelque part, là-haut ou partout autour, mais ça ne sert à rien de le savoir précisément. Elle a aussi laissé un emploi qui lui tenait à cœur : elle travaillait comme formatrice dans une association qui luttait contre l'analphabétisation des jeunes femmes. Presque quinze ans à espérer voir les inégalités se réduire entre femmes et hommes. C'était un combat auquel elle tenait. Mais elle tenait plus encore à son Rémy.

À Alger, sa peau très noire n'est jamais très bien passée. Les Noirs sont les populations du Sud, on ne les aime pas, ici. Des gamins ont déjà jeté des pierres à Fadoul en lui criant « *Kahlouch !* », Bellevue en a été témoin. Alors, sa compagne accepte parfois de porter le voile lorsqu'elle sort, ça la rassure. Mais comme les plaques minéralogiques algériennes de la bagnole de Bellevue, son voile ne trompe pas certains hommes. Au contraire, ça les rendrait même plus agressifs.

Sa peau noire a sans doute empêché aussi qu'elle retrouve un emploi. À son arrivée à Alger, elle a bien tenté de répondre à quelques annonces, mais il y a déjà peu d'emplois pour les Algériens, alors pour les *kahlouch*... Au bout de quelques mois, elle a renoncé à chercher.

Le 12 juin 1990, le FIS a remporté les élections municipales. Kamal Guemazi est devenu maire d'Alger. Pour l'appareil d'État, l'armée et la majeure partie de la classe politique, c'était intolérable. Chadli Bendjedid a nommé le général Nezzar ministre de la Défense nationale.

À la fin de l'année, un rapport top secret a atterri sur le bureau de Bellevue : Nezzar recommandait à Bendjedid d'interdire le FIS. Paris lui a ordonné de s'assurer de l'authenticité du document. Lorsqu'il a appelé le ministère de la Défense algérien, on lui a affirmé que ce rapport n'avait jamais existé. L'interlocuteur a ajouté, amusé, que le ministre l'avait d'ailleurs refusé.

Paris n'a pas voulu voir l'évidence, mais Bellevue a tout de suite compris que la France n'avait plus beaucoup de poids de ce côté de la Méditerranée. L'Afrique, c'est fini pour elle. Grâce à quelques multinationales, elle pourra péniblement s'y maintenir encore une ou deux décennies, mais le pré carré africain est révolu.

Le FIS n'a pas été interdit, comme le préconisait le ministre de la Défense. Cependant, une modification du découpage électoral a brisé son élan. Dans de nombreuses circonscriptions, les députations que les islamistes escomptaient furent purement et simplement supprimées. En coulisses, les rôles se redistribuaient : le gouvernement s'allia avec Hocine Aït Ahmed ; le FLN et le Front des forces socialistes se partageraient le pouvoir.

Ce fut à ce moment que le lieutenant Tedj Benlazar débarqua. La direction de la DGSE croyait en lui : il était à moitié algérien, parlait couramment l'arabe et ses états de service étaient impeccables. On lui attribua une Renault 21 neuve (avec plaques minéralogiques algériennes) et un appartement dans le centre-ville de Blida. Lui, il comprendrait ce qui se passait réellement en Algérie, confia-t-on à son supérieur direct. Bellevue ravala sa bile. « Parce que moi, je suis une truffe », se retint-il de répondre avant de se servir un verre de whisky. C'est aussi de cette époque que lui vient la mauvaise habitude de boire lorsqu'il est mal.

Au premier abord, il s'est méfié de Benlazar. Le réflexe idiot du vieux briscard : un Algérien, même un demi-Algérien, ça pouvait toujours basculer de l'autre côté. Dans son métier, Bellevue a toujours eu la hantise de l'agent double, de la taupe. Mais Benlazar et lui ont commencé à parler. À parler d'autre chose que du boulot ; d'ailleurs Benlazar partageait son sentiment qu'un agent traitant de la DGSE est souvent un simple pion posé sur l'échiquier, servant une tactique de jeu qui le dépasse. Il a aussi senti qu'ils avaient en commun la fuite. Le travail à l'étranger, à la limite de la légalité, parfois à côtoyer le danger, c'était une manière de fuite. Benlazar fuyait sa femme et ses filles, lui il fuyait son passé. Tous les deux savaient pourtant qu'ils devraient tôt ou tard affronter leurs démons.

Enfin, c'est ainsi que Bellevue réécrit l'histoire au volant de sa voiture, en tirant sur sa cigarette comme il pénètre dans El Biar. Les choses sont peut-être moins littéraires, en réalité : deux fonctionnaires de l'État français qui préfèrent ne pas assumer leurs obligations et vivre au soleil, protégés par des statuts quasi diplomatiques – les ambassades à travers le monde sont remplies de ce genre d'individus.

Le lieutenant Tedj Benlazar a été affecté au suivi des activités du DRS dans sa lutte souterraine contre les islamistes. Déjà les militaires considéraient le FIS et toutes ses émanations, armées ou non, comme l'ennemi à traquer. Benlazar a obtenu un laissez-passer lui permettant de pénétrer dans des lieux fermés à beaucoup de monde. Bellevue a été étonné qu'il tienne le coup et qu'assister aux interrogatoires, patauger dans les méandres de la politique sécuritaire, être considéré ouvertement comme un fonctionnaire incompétent par ses homologues algériens ne le brise pas complètement. Benlazar avait des ressources insoupçonnées. Quelque chose comme une revanche à prendre. Mais sur quoi ? Sur qui ? Bellevue est seulement certain qu'il ne travaille pas pour le rayonnement de la France. Pour autre chose, mais il ne saurait dire quoi exactement.

Benlazar et lui sont devenus proches. Ensemble, ils ont senti monter les tensions au sein de l'appareil d'État. Lorsque, le 11 janvier dernier, le président Bendjedid a annoncé sa démission tandis que les généraux prenaient le pouvoir, ils n'ont pas été plus étonnés que ça.

Bellevue gare sa Peugeot dans le parking sombre au pied de l'immeuble, rue Mustapha Ali Khodja. Au cinquième étage, les fenêtres de l'appartement sont éclairées, Fadoul a peut-être préparé le repas. Il traverse les rangées de voitures et il aperçoit les trois silhouettes.

Ce ne sont pas des voisins qui rentrent tard le soir.

Ces types savent à qui ils ont affaire : ils ont attendu qu'il s'éloigne de sa voiture. Ils sont au courant que les agents de la DGSE ne portent pas d'arme sur eux, son Pamas G1 est sous le siège conducteur.

L'entrée de l'immeuble est trop éloignée et, même s'il parvenait à y pénétrer, la cage d'escalier pourrait s'avérer le pire des pièges. Bellevue ne fait pas confiance à son souffle, il ne court plus très vite. Il pourrait crier, mais ce serait du temps perdu : personne ne viendrait, pas ici, pas en ce moment. Des attentats et des assassinats ont lieu si souvent qu'aucun n'habitant du quartier ne se risquera à intervenir. Et puis crier serait mettre en danger Fadoul qui, elle, est capable de descendre.

Bellevue n'a pas son 9 mm sur lui, mais il n'est pas suicidaire, il a conscience du péril constant qui règne en Algérie : il plonge la main dans la poche arrière de son pantalon et en tire un couteau à cran d'arrêt.

Il fait jaillir la lame, et le clic immobilise quelques secondes les trois silhouettes.

L'une d'elles, un homme très grand portant une barbe courte, tente sa chance. Bellevue saisit la sienne, il sait qu'il ne faut pas hésiter à tuer un homme immense qui se précipite sur vous dans un parking sombre. Pas ici, pas en ce moment, en tout cas. La lame pénètre au niveau du sternum, sans doute déchire-t-elle l'atrium droit, car le type s'écroule dans un faible borborygme.

— À qui le tour, mes salauds ! crie le Français.

Les deux autres hommes l'observent – ces cons n'ont pas de flingues, ce sont des demi-sels.

— Qu'est-ce que vous voulez ? J'ai pas de fric !

Il fait un pas dans leur direction et lève le couteau devant lui.

— Je vais vous crever…

Les deux silhouettes reculent puis s'enfuient en courant. Elles disparaissent au-delà du parking.

Bellevue reste debout dans l'obscurité. Ces mecs se sont débinés comme des gamins. Il n'aurait jamais cru ça possible. Pas ici, pas en ce moment. Peut-être en voulaient-ils seulement à son portefeuille, en fin de compte.

Il lève les yeux vers l'immeuble : tout est calme, personne aux fenêtres.

Dans les poches du cadavre se trouvent un chapelet, un trousseau de clés et une carte d'identité. L'homme s'appelait Larbi Gasmi, il avait vingt-cinq ans. L'adresse indique une rue à Blida. Rien d'autre.

En laissant retomber le corps sur le sol, Bellevue entend un bruit métallique. Il retourne le cadavre sur le ventre et soulève le sweat-shirt : un Makarov PM est coincé dans la ceinture. Putain ! Ces mecs étaient armés. *Qu'est-ce que c'est que ce bordel ?* fulmine Bellevue. Le Makarov n'est pas un flingue de demi-sel, justement. C'est une arme particulièrement prisée des services de sécurité locaux. Les nervis du Groupement d'intervention spécial, les « Ninjas » du DRS, sont dotés de telles armes.

Il essuie la lame du couteau sur la manche du cadavre. Sa respiration devient douloureuse, ses muscles gourds. Il avertira ses contacts dans la police, ceux-là lui diront de ne pas s'inquiéter, que les morts violentes sont tellement courantes que personne ne cherchera à savoir ce qui s'est vraiment passé. Pas ici, pas en ce moment.

Bellevue a quand même une étrange sensation, entre l'inquiétude et le dégoût. La dernière fois qu'il a tué un homme de ses mains, c'était au Tchad, en 1987.

Il monte lentement les escaliers, son souffle lui manque encore. Son corps est en train de le lâcher, il le sent, quelque chose merde, là, au fond de lui.

En 1987, il était en pleine possession de ses forces lorsque les Tchadiens ont lancé une attaque contre les cinq mille soldats libyens de la base aérienne d'Ouadi Doum. En fait, les Tchadiens n'auraient rien pu faire sans l'appui de leurs alliés, ça se serait peut-être même terminé en massacre. Le service action de la DGSE, mais aussi des durs de la CIA et du Mossad ont parfaitement préparé le terrain, c'est eux qui se sont fadé le sale boulot. Bellevue était capitaine à l'époque, il a descendu trois ou quatre gus et il a failli se prendre une balle. Les gus étaient là pour le tuer, c'étaient des soldats entraînés. Mais c'était le boulot, rien d'étonnant, rien de déstabilisant. Les trois mecs dans le parking, eux, étaient là pour l'effrayer, le tabasser, au pire. Ils n'ont pas essayé de sortir leurs flingues.

Il fait une pause au troisième palier. Si on l'a ciblé ce soir, ses hommes sont peut-être aussi en danger. Benlazar en premier lieu. Médiène, Nezzar ou quelqu'un au DRS a-t-il décidé d'assurer ses arrières ? Bellevue pense à cet officier aux lunettes dorées dont même Gombert n'a jamais entendu parler. Il doit prévenir ses subordonnés, et vite. Il reprend son ascension, chaque marche devient un calvaire.

Arrivé au cinquième étage, il lui faut s'arrêter devant la porte de l'appartement. Il se fait l'effet d'un alpiniste dans les derniers mètres de l'ascension de l'Everest. Une vraie loque, en somme. Il fouille ses poches, il est incapable de trouver ses clés. *Putain, qu'est-ce qui m'arrive ? Je viens de tuer un type et je ne peux pas trouver mes clés dans mes poches.*

Il s'affale contre la porte, sa vue se trouble, mais il aperçoit Fadoul.

Il lui dit :

— Des mecs ont essayé de me coincer dans le parking, j'en ai eu un…

— Tu saignes du nez, murmure-t-elle, le regard effrayé.

Bizarre, ça, les types ne l'ont pas touché.

— Il faut que je joigne Tedj à l'ambassade.

Et tout, autour de lui, devient sombre.

Il s'écroule, glisse au sol sans pouvoir rien y faire.

Il croit voir Fadoul crier. Il l'entend seulement murmurer : « Rémy, non… »

***

La Casbah baisse la tête.

Elle n'est plus aussi bruyante qu'autrefois.

La vie continue, mais quelque chose dans le regard des gens, dans leur voix reste retenu, gardé pour plus tard.

Quelque chose a changé, oui : ici, comme partout à Alger, les couleurs ne sont plus aussi gaies, le bleu du ciel est moins azur et le blanc des maisons chaulées, plus terne.

Les soldats patrouillent dans le dédale des ruelles, mais tout le monde sait que les intégristes sont tapis dans l'ombre de la douzaine de mosquées. Eux, ils se sont souvenus de l'Histoire, du FLN qui avait fait de la Casbah, la « forteresse », leur base à l'intérieur d'Alger. Le labyrinthe de rues étroites et tortueuses n'est d'ailleurs pas le principal atout du quartier : en sautant de toits en terrasses, il est possible de rallier la Haute Casbah et la Basse Casbah sans poser les pieds au sol. Ça, les habitants le savent, les flics et les soldats semblent l'avoir oublié.

Cette année, il paraît que l'Unesco a inscrit la Casbah au patrimoine de l'Humanité. Gh'zala Boutefnouchet a du mal à y croire lorsqu'elle voit ces bâtiments délabrés, ces trottoirs défoncés. Bien sûr, des travaux ont commencé çà et là, mais rien qui sauvera certains immeubles déjà inoccupés et trop insalubres. Et rien qui empêchera certains jeunes d'être en colère. Car la jeunesse algéroise est en colère, particulièrement ici, dans la Casbah.

Rue des Abdérames, où habite la mère de Raouf, la fresque en céramique qui donne à voir des colombes échappant au déluge rappelle que c'est là, en octobre 1957, qu'Ali-la-Pointe et Hassiba Bent Bouali ont préféré se faire exploser plutôt que de tomber aux mains des soldats français. C'est peut-être l'une des dernières traces d'une période qui ne parle plus aux jeunes. Pourtant, la violence aveugle est toujours là. Une autre violence, mais dont le peuple est encore la victime. Le peuple n'échappe jamais au déluge, pense Gh'zala en poussant la porte du vieil immeuble.

Dans son appartement, la mère de Raouf, Djazia, passe ses journées assise dans le fauteuil devant la fenêtre. Elle fixe la baie d'Alger et le port de commerce en contrebas ; ses yeux sont éteints et souvent elle marmonne des phrases incompréhensibles dans lesquelles revient le prénom de son fils aîné. Sans doute se serait-elle laissé mourir de chagrin si Gh'zala ne s'occupait pas d'elle. Chaque jour, après ses cours, la jeune femme rapporte quelques commissions et lui prépare ses repas. Djazia raffole de la tchatchouka, surtout lorsqu'elle est épicée – enfin, c'est ce que Gh'zala croit lire dans son sourire triste. Alors, une fois par semaine, elle cuisine une ratatouille en forçant un peu sur le poivron rouge, sur le cumin et le paprika. Elle fait aussi un peu de ménage et de rangement. Parfois, elle s'assied à côté d'elle et lui lit des articles d'*El Watan*. Elle évite tout ce qui a trait aux islamistes et aux attentats, ça lui rappellerait trop la mort de Raouf.

Raouf est mort. Des amis, des voisins affirment encore que rien n'est certain, que des rumeurs font état de camps d'internement dans le Sahara où seraient retenus des dizaines de milliers d'hommes… Gh'zala n'y croit plus, personne n'a jamais présenté la moindre preuve de l'existence de tels lieux.

Au début, elle a espéré. Puis, en voyant s'éteindre les yeux de la mère de son fiancé, et alors qu'aucune nouvelle ne venait, ni lettre ni réponse de la préfecture ou des autorités, elle s'est faite à l'idée que Raouf était mort. Même le frère de Raouf, qui est lieutenant dans l'armée, n'a jamais su ce qu'était devenu son aîné. Slimane ne se montre plus guère depuis qu'il porte l'uniforme : sa vie, désormais, c'est traquer les islamistes dans la Mitidja.

Pendant un moment, Gh'zala a eu envie de quitter l'Algérie. Pour ne plus penser à Raouf, mais aussi, simplement, pour ne pas mourir. En mai, une bombe a fait trois morts à l'université de Constantine ; puis il y a eu le massacre à l'aéroport d'Alger-Dar El Beïda en août. L'assassinat du président Boudiaf par un islamiste, la mise en place de l'état d'urgence, la prise de pouvoir par l'armée… Plus personne ne sait de qui il faut se méfier, des islamistes ou des militaires. L'Algérie plonge dans un gouffre sans fond.

La jeune femme a pensé rejoindre l'une de ses cousines qui vit en banlieue parisienne. « Belle comme tu es, les Français vont t'adorer », lui disait celle-ci au téléphone. Mais elle s'est aperçue que la mère de Raouf parlait de moins en moins, elle a vu que l'appartement de la rue des Abdérames était de plus en plus en désordre. Yamina, la femme de Slimane, passait de loin en loin, tout en avouant qu'elle ne voulait pas devenir la nurse de sa belle-mère. Alors, Gh'zala a repoussé son départ et tenté de trouver de l'aide. La famille Bougachiche se résumait désormais à la vieille femme et au frère, Slimane. Un cousin vivait en Espagne, un oncle était mort l'année précédente. Gh'zala n'a jamais réussi à partir en France : sans elle, Djazia se laisserait mourir.

Tous les soirs, elle rentre chez elle après avoir couché la vieille femme. Elle marche vite pour rejoindre la rue Abderrahmane-Arbadji, dans la Basse Casbah, où elle habite un petit studio. Elle se couvre la tête d'un voile pour ne pas provoquer les hommes qui la regardent d'un air étrange. Elle repense à la vive discussion qu'elle a eue avec Raouf quelques jours avant qu'il disparaisse. Raouf affirmait que le FIS laisserait les femmes tranquille, que la charia serait adaptée à la société algérienne, que rien ne changerait vraiment. Gh'zala lui avait répondu que des cas de femmes agressées, certaines ayant reçu de l'acide sur le visage, prouvaient que ses « amis » n'avaient pas les mêmes intentions que lui. Raouf avait claqué la porte pour rejoindre les manifestants qui occupaient les principales places de la capitale. Elle ne l'avait plus revu.

Gh'zala rentre donc chez elle avant le couvre-feu. Comme tous les habitants de la Casbah, elle fait profil bas en attendant des jours meilleurs.

Ce soir-là, elle marche rapidement, essayant de se

fondre dans l'ombre des immeubles. Lorsqu'elle remonte la rue Amar-Ali avant d'enfiler la rue Abderrahmane, elle se jette dans l'obscurité d'une porte cochère.

Au bout de la rue, une voiture débouche sur les chapeaux de roues.

Derrière elle, un autre véhicule.

Puis un troisième, plus loin.

La première voiture, une Renault 21, s'arrête ; un homme en sort et tire deux coups de feu sur la deuxième voiture. L'un des passagers répond par deux salves de mitraillette. Gh'zala plaque sa main devant sa bouche, s'empêche de hurler. Des fenêtres s'éclairent, on entend des cris dans les appartements.

La troisième voiture vient percuter la deuxième par l'arrière, le conducteur tire une dizaine de coups de feu à travers le pare-brise : les occupants à la mitraillette sont secoués comme des pantins et leurs corps retombent, sans vie.

Gh'zala est recroquevillée contre la porte cochère, elle voudrait se glisser sous terre. Une balle lui est passée à quelques centimètres du crâne.

Le conducteur de la troisième voiture sort sur le trottoir.

— Tedj ! gueule-t-il au premier homme. Tire pas !

L'autre s'approche lentement, son arme braquée sur les deux véhicules encastrés.

Son regard croise celui de la jeune fille.

Gh'zala lève une main suppliante.

— Ne tirez pas, je vous en prie, murmure-t-elle.

L'homme a l'air arabe, ses yeux trahissent son incompréhension. Il secoue la tête, il ne tirera pas, il n'est pas un tueur.

L'autre homme, un Européen, le rejoint. Lui, il regarde la jeune femme avec une lueur mauvaise au fond des yeux. Ils échangent quelques mots en sourdine. Le premier, celui qui est peut-être arabe, saisit le pistolet de son complice.

— Non, non, putain, t'arrêtes tes conneries, grogne-t-il.

Quelques secondes passent, les cris retentissent encore dans les immeubles de la rue. Au loin, des sirènes de police se font entendre.

L'Européen doit céder mais il dit, en pointant du canon de son pistolet la jeune femme :

— Ça, c'est une connerie, tu verras.

Les deux hommes rejoignent la première voiture et disparaissent en direction de la rampe Louni-Areski.

Gh'zala Boutefnouchet ne peut se relever. Elle hoquette, mais ne parvient pas à pleurer. Elle ne pleure plus depuis la disparition de Raouf, son corps s'y refuse parce que les larmes sont inutiles.

***

Tedj Benlazar fait les cent pas dans la petite chambre au deuxième étage de la mission militaire de l'ambassade. L'angoisse n'est pas loin, il connaît cet état précédant la crise. Il n'est pas claustrophobe, ce n'est pas le problème. Il n'a pas peur non plus. Il est en sécurité à l'ambassade, et déjà Bellevue et Gombert ont dû activer leurs réseaux pour neutraliser toute tentative d'effacement d'un officier français.

Non, ce qui le tourmente, c'est son retour auprès des siens ; Évelyne, les filles, la vie de famille, en fait. D'où lui vient cette angoisse ? Pourquoi, chaque fois qu'il doit rejoindre sa famille, craint-il que la folie l'envahisse ? Un psy pourrait peut-être y comprendre quelque chose… Mais s'il allait voir un psy, ça se saurait tôt ou tard et ça signifierait son retour définitif au pays. La Boîte ne laisserait jamais un de ses hommes sur le terrain s'il consultait un psy. D'ailleurs, même après l'attentat, à Beyrouth, il ne s'est pas allongé sur le divan.

Il tente de se couler dans l'état de détachement total qu'il adopte lorsqu'il assiste à des interrogatoires. Ça ne fonctionne pas.

S'occuper l'esprit est pourtant la seule solution. Penser à autre chose, se concentrer sur un but. Benlazar décide de faire un aller-retour à Blida. L'excuse, c'est récupérer quelques affaires personnelles pour son retour en France et s'assurer que rien de professionnel ne traîne dans l'appartement du boulevard de la Gare. C'est une excuse bidon pour apaiser son esprit qui manque de le lâcher. D'abord, Benlazar n'a rien de très important à emmener en France. Et puis, il est ce qu'on appelle un professionnel efficace – n'en déplaise aux gens du DRS – qui ne laisserait jamais traîner un dossier ou une note concernant son travail à son domicile.

Dix minutes plus tard, il prend le volant de la Renault 21. La Gitane au coin des lèvres, il quitte le parc Peltzer en saluant d'un signe de tête les deux gendarmes de faction à l'entrée. La nuit est agréable, il baisse la vitre de sa portière et aperçoit immédiatement la Berline sombre qu'il a cru voir sur la nationale 5 en arrivant plus tôt à l'ambassade.

Il pourrait faire demi-tour et rentrer, mais l'idée de se retrouver dans sa chambre, de nouveau en proie à l'angoisse, le retient. D'une certaine manière, il sent que s'il est en danger, il ne sombrera pas dans la folie. « Ça a tout d'une attitude suicidaire, ça, non ? » fait-il à mi-voix.

Il accélère mais au lieu de prendre la nationale 5 en direction de Blida, il continue rue Al-Nakri.

« Allez, les mecs, on va se balader », rigole-t-il à part lui.

Ce rire lui semble pourtant étranger, ce n'est pas le sien, c'est celui d'un comédien qui interprète le rôle d'un agent de la DGSE du nom de Tedj Benlazar.

Il débouche sur la route du 5-juillet-1962 et pense à son père. Apparemment, c'est en juillet 1962 que son père à fait le mauvais choix : il a pris parti pour le GPRA, contre Ben Bella et Boumédiène. Enfin, c'est ce que Tedj a déduit, parce que son père ne lui a jamais parlé de cette période. Depuis, l'Histoire a été écrite dans les ministères, son père est mort et personne ne sait plus ce qui s'est passé alors.

La Renault 21 fonce route du Frais-Vallon, vers le nord. Benlazar accélère encore. Dans le rétroviseur, la berline s'accroche. Il y a deux types.

Juste avant Bab El Oued, il donne un violent coup de volant et s'engage dans la Casbah, rue Mohamed-Tarzait. La nuit, il n'y a pas de soldats dans la Casbah, c'est la base avancée des islamistes à Alger et il ne fait pas bon y porter un uniforme lorsque le soleil se couche. Bellevue a déjà prévenu ses homologues algériens qu'il était dangereux de laisser des zones de non-droit s'établir dans une capitale, qu'en cas d'insurrection, c'était faire entrer le renard dans le poulailler. On lui a ri au nez.

Benlazar se dit pourtant que ce soir, c'est sa chance : aucun soldat ne le stoppera.

Il remonte la rue Abderrahmane et écrase les freins rue Amr-Ali : au niveau du boulevard Ourida-Meddad, la berline sombre barre la chaussée.

Les deux occupants sont immobiles.

— Putain ! grogne le Français. Comment ils ont fait ?

Il fait demi-tour en escaladant le trottoir et reprend la rue à contre-sens. La berline repart en chasse.

Benlazar passe la main sous son siège et retire le Pamas G1 du holster fixé sur le tapis de sol.

C'est étrange, mais il n'arrive pas à avoir peur. Peut-être parce que l'aigreur qui lui triture les intestins est plus forte que la peur. Plus forte que l'angoisse. Il entend Bellevue lui dire que les gars du DRS le prennent pour un fonctionnaire incompétent, lui, le traître à l'Algérie. Il imagine son père, combattant de l'indépendance, ici même dans la Casbah, obligé de s'exiler en France parce que considéré comme traître à l'Algérie, lui aussi. Il se voit surtout comme un pion impuissant.

Il écrase à nouveau les freins.

Il bondit de sa voiture en visant la berline qui a stoppé à une trentaine de mètres.

Il fait feu deux fois.

Le passager de la berline sort à son tour et arrose la rue avec un fusil mitrailleur.

Benlazar se jette contre la Renault 21. Là, c'est la merde : ces types sont armés jusqu'aux dents et lui n'a que son 9mm.

Soudain, une Ford Sierra s'encastre dans l'arrière de la berline. Le bruit est assourdissant. Le conducteur vide le chargeur de son pistolet à travers le pare-brise sur les deux assaillants. Lui n'a pas manqué ses cibles.

Le silence revient. Les deux types ne bougent plus.

De la Ford émerge le capitaine Gombert qui se frotte douloureusement la nuque.

— Tedj ! Tire pas !

Benlazar s'approche de Gombert, incapable de comprendre comment et pourquoi l'officier se trouve dans la Casbah à cette heure de la nuit.

Comme il s'avance, il aperçoit une jeune femme recroquevillée dans une porte cochère. Elle tend une main tremblante vers lui.

— Ne tirez pas, je vous en prie.

Benlazar l'observe quelques secondes, elle est d'une beauté stupéfiante. Il reste interdit. *J'ai vraiment une gueule de tueur ?* se demande-t-il. En fait, il est troublé. C'est incroyable en cet instant, mais il est troublé par la jeune femme. Elle est très belle et elle a une cicatrice sur la joue, comme Évelyne. Elle est effrayée et cette frayeur est causée par lui, l'homme armé.

Gombert l'a rejoint et lui aussi regarde la fille. Il se fout de sa beauté, de sa détresse, et il se penche vers son subordonné.

— Faut la flinguer, elle nous a vus.

Benlazar tombe des nues. Jamais il ne tirera sur cette fille. Jamais.

— On n'est pas des putains de tueurs de femmes, jusqu'à preuve du contraire.

— La preuve du contraire, parfois, elle vient juste après qu'un abruti est allé se foutre dans les griffes du DRS alors qu'il devait rester peinard…

— On ne la tue pas.

Benlazar saisit le pistolet braqué sur la jeune fille tandis que l'autre le toise froidement.

— Non, non, putain ! T'arrêtes tes conneries !

Des habitants de la Casbah hurlent dans leurs appartements. Des sirènes annoncent l'arrivée imminente des flics.

Gombert comprend que son subordonné n'acceptera pas qu'il supprime ce témoin gênant. Il hoche la tête en montrant la fille du bout de son canon.

— Ça, c'est une connerie, tu verras.

Les deux hommes rejoignent la Renault 21.

Benlazar prend le volant et sort de la Casbah.

Sur la rampe Louni-Areski, trois voitures de police les croisent sans ralentir. Elles respectent presque les limitations de vitesse, les fonctionnaires ne sont pas pressés de tomber dans une embuscade. Ça arrive, parfois, la nuit, à Alger.

— Et ta bagnole, là-bas ?

— Ce n'est pas ma bagnole. Enfin, si, mais elle n'apparaît nulle part à mon nom. Une caisse orpheline de la DGSE, t'inquiète. Va vers le front de mer, on roule un peu en attendant que ça se tasse.

Benlazar roule. Son angoisse a disparu, pas l'aigreur. Gombert le surveillait-il et l'a-t-il, lui aussi, pris en filature lorsqu'il a quitté l'ambassade de France ? Se peut-il que ses supérieurs lui fassent si peu confiance ? Bellevue le considère-t-il en fin de compte comme un fonctionnaire incompétent ?

Un fonctionnaire incompétent.

Un père et un mari écrasé par l'angoisse à l'idée de revoir sa famille.

Un traître à l'Algérie aux cheveux trop clairs.

Un agent de l'État français au patronyme arabe.

Sur le boulevard de la corniche, au-dessus des flots sombres de la Méditerranée, Tedj Benlazar est taraudé par cette question étrange : putain, mais qui je suis réellement ?

— Tu faisais quoi dans la Casbah en pleine nuit ? demande-t-il en jetant le mégot de sa cigarette par la fenêtre.

Gombert tourne vers lui sa gueule des mauvais jours.

— Et toi, lieutenant ? Tu faisais quoi avec ces mecs au cul ? On t'avait pourtant dit de rester au chaud à l'ambassade pendant quelques jours.

Le capitaine se renfonce dans le siège. Son air mauvais se transforme en une grimace inquiète.

— Bellevue a failli se faire descendre ce soir. Peut-être par les mêmes mecs qui ont essayé de t'avoir là-bas.

Benlazar avale sa salive avec difficulté.

— Il a été blessé ?

— Non, il en a planté un sur le parking en bas de chez lui. Mais il pense qu'il n'était pas sur une *dead list* : le mec qui y est passé portait un flingue et il n'a même pas essayé de s'en servir quand Rémy a sorti son schlass.

Benlazar a un petit sourire.

— Tu savais que Bellevue porte toujours un cran d'arrêt sur lui ? fait Gombert. Une bonne habitude, je dois dire.

Bien sûr que Benlazar savait, Bellevue lui a recommandé d'en faire autant à son arrivée en Algérie. Il n'a pas dû donner le conseil à Gombert…

Alger à l'air calme. Sur la corniche, tout est paisible. Plus encore par contraste avec les sirènes et les Klaxons qui montent de la Casbah. Les flics ont sans doute trouvé les cadavres rue Abderrahmane, les militaires, bouclé le quartier.

— J'imagine qu'on a rendez-vous avec Bellevue, dit Benlazar.

— Non.

Gombert lui adresse un regard de biais.

— Il est à l'hôpital.

— Tu m'as dit qu'il n'était pas blessé.

— Il a été admis en oncologie.

Gombert fronce les sourcils.

— Tu aurais une cibiche pour ma pomme ?

Il essaye de sourire, mais devant le visage de marbre de son subordonné il secoue son crâne dégarni. Derrière son oreille droite, une vilaine cicatrice, détail presque invisible qui témoigne d'un passé tourmenté.

— Tout te laisse indifférent, toi, hein ? Je te dis que Rémy a un putain de cancer et toi, tu sourcilles même pas. Je croyais que vous étiez potes, le Vieux et toi…

Benlazar plonge la main dans la poche de son blouson et tire son paquet de cigarettes.

Voilà. Personne n'est capable de blesser Bellevue, c'est certain. Le cancer, c'est autre chose, le cancer, c'est personne, c'est le hasard d'une mauvaise cellule qui dégénère. Un soir, Bellevue a dit à Benlazar, en parlant de la confiance qu'il devait avoir en ses subalternes sur le terrain, qu'il suffisait d'une cuillerée de goudron pour gâter un tonneau de miel. Le cancer, c'est pareil : une cellule dégénère et c'est le corps entier qui est gâté.

Gombert prend la Gitane que lui tend le conducteur. Il pousse sur l'allume-cigare et allume la cigarette.

— Si tu veux mon avis, le Vieux, il ne va pas rester en service longtemps. À quelques mois de la retraite, ça rend dingue quand même !

Et il balance un coup de poing dans la boîte à gants. Un coup un peu trop théâtral, parce que sur l'organigramme, le prochain chef de la DGSE en Algérie, c'est le capitaine Gombert. Une belle promotion.

— Il picolait trop aussi. Mais il en a vu des pas tristes dans sa carrière. Faut comprendre.

Benlazar quitte la corniche et prend le chemin de l'ambassade. Il veut être seul. Mieux vaut l'angoisse dans sa chambre que de partager son mal-être avec Gombert.

— Il faut que tu rentres en France, Tedj. Le temps qu'on calme les mecs de Toufik. Et plus vite que prévu : ces types, là, dans la Casbah, ils voulaient vraiment te faire la peau. Pas comme avec Bellevue.

Benlazar va donc retourner en France. Avec lui, il emportera une seule certitude sur l'Algérie d'aujourd'hui : les mecs de Toufik ne sont pas prêts à se calmer, pas plus que les barbus d'en face.

Bizarrement, il emportera aussi avec lui le beau visage apeuré de la jeune femme, rue Abderrahmane. Depuis un peu plus de deux ans, les seuls visages féminins qui ont occupé ses pensées sont ceux d'Évelyne et de ses filles. Il n'aime pas ce changement.

***

Le colonel Ghazi Bourbia reste silencieux quelques secondes, la main toujours posée sur le combiné de son téléphone. Par la fenêtre de son bureau, il contemple au loin les porte-conteneurs dans le port d'Alger. Est-ce que l'Algérie va si mal que ça ? Est-ce que le pays va si mal que même nos troupes d'élite sont des incapables ?

On vient de l'avertir de la tentative d'assassinat de deux officiers français de la DGSE, la veille au soir. Il écoutait les nom et grade des deux hommes, mais il savait parfaitement de qui il s'agissait. Et puis on lui annonce la mort de trois sous-officiers du GIS. D'une voix calme, il a ordonné de faire le ménage : personne ne devait apprendre que les hommes abattus dans la Casbah et celui poignardé à mort dans le parking de la rue Mustapha-Ali-Khodja sont des hommes du Groupement d'intervention spécial. Quant à ceux qui ont survécu, ils doivent être mutés sur-le-champ quelque part très loin d'Alger.

— Oui, oui, la frontière malienne, c'est bien, a dit le colonel Bourbia.

L'homme au téléphone est un officier qu'il tient dans la main : il n'ébruitera pas les événements de cette nuit.

— Merci lieutenant, je te ferai parvenir une petite enveloppe dans la journée, a-t-il ajouté.

L'Algérie va-t-elle si mal pour que la crème de ses soldats, les « Ninjas », se fassent tuer par deux Français qu'ils devaient juste effrayer ?

Parce que c'était là leur mission : mettre un peu la pression sur deux agents de la DGSE. Depuis qu'il a croisé Tedj Benlazar à Haouch-Chnou, il flaire quelque chose comme des problèmes à venir. Au début, le Français lui a paru étrange, juste ça : étrange. Et puis ce sentiment l'a titillé de plus en plus : on lui a pourtant certifié que ce lieutenant est un fonctionnaire incompétent que les services du CTRI de Blida et le DRS s'amusent à prendre pour un imbécile. Mais Bourbia sent les hommes, et le regard de l'officier français, son assurance lorsqu'il a posé des questions ne lui semblent pas corroborer une incompétence de fonctionnaire.

Alors il a fait ce qu'il fait parfois dans son métier – encore que son métier consiste concrètement en l'infiltration des organisations islamistes sur le territoire et des groupes de soutien aux islamistes à l'étranger – de bras droit du général Médiène : il a lancé des appâts. Comme à la pêche, il a voulu faire remonter le poisson des profondeurs. Au DRS, on appelle ce genre d'opération un coup de pied dans la fourmilière. On tape très fort sans véritable raison et on attend de voir ce qu'il en sort. Après tout, ce pressentiment par rapport à Benlazar était peut-être l'instinct de professionnel du renseignement de Bourbia qui l'alertait.

Il a donc chargé cinq hommes du GIS de menacer et de rudoyer Benlazar et son supérieur direct, tout en se faisant passer pour des petites frappes à la recherche d'argent facile.

Les tocards... Deux d'entre eux se sont fait flinguer dans la Casbah, et un troisième s'est pris un coup de couteau à El Biar.

Le colonel Bourbia fixe le port d'Alger, ses hautes grues et ses tankers, quelques instants encore. Le problème, lorsqu'un coup de pied dans la fourmilière échoue, c'est que les fourmis creusent encore plus profondément, se terrent et risquent de devenir inaccessibles.

On va voir ce qui se passe dans les prochains jours. Pour l'instant, pas de danger.

En attendant, il ne dira rien à personne. Surtout pas à Toufik : le général Médiène n'est pas homme à apprécier les coups de pied dans les fourmilières. Lui, il est partisan de l'éradication des nuisibles : si une fourmilière peut nuire à ses plans, il ne se contente pas d'un coup de pied, il la fait écraser et recouvrir de ciment. Alors, il n'apprécierait pas d'apprendre que son subordonné, responsable d'une mission aussi risquée que l'infiltration des réseaux islamistes, une mission qui demande discrétion et précision, emploie des techniques aussi hasardeuses que le coup de pied dans la fourmilière. Et plus encore, échoue à ce coup de pied.

Pour l'instant, pas de danger.

1993.

Le père et la mère l'attendent dans la petite cuisine de l'appartement. La cité du Mas-du-Taureau à Vaulx-en-Velin est réputée pour avoir été la base de nombreuses émeutes urbaines, les jeunes contre les flics, les premières en France.

Le père est au chômage depuis longtemps, ses enfants n'ont aucun exemple de réussite à attendre de lui, il le sait. Noureddine, son fils aîné, est en prison : neuf ans pour braquage à main armée. Khaled est sorti cet été après deux années derrière les barreaux. Il avait pourtant tout du parfait élève, brillant et auquel un avenir loin de la cité ouvrait les bras. Il a même été admis au prestigieux lycée de La Martinière, à Lyon, en section chimie. Le père et la mère ne comprennent pas pourquoi il a sombré dans la délinquance à son tour. La mauvaise influence du grand frère, peut-être ? La mauvaise influence de la cité, sans aucun doute.

Il y a un autre changement dans la vie de Khaled. Le père et la mère sont bien sûr croyants, mais ils pratiquent un islam modéré. Rien qui ressemble à la voie que Khaled a choisie. Depuis sa sortie de prison, il fréquente la mosquée Bilal, animée par l'imam Mohamed Minta. Le père et la mère ne l'aiment pas, celui-là. Comme ils n'aiment pas Khelif, l'ex-compagnon de cellule de Khaled, qui lui a enseigné l'arabe et l'islam. Ce n'est plus la mauvaise influence de la cité. C'est plus grand, c'est plus loin, c'est plus compliqué à combattre.

En désespoir de cause, la mère a décidé d'emmener son fils à Mostaganem pour le soustraire à ces mauvaises fréquentations. Là-bas, il y a toute la famille, Khaled y apprendra peut-être d'où il vient et qui il est. Le père est d'accord.

Il est plus de 22 heures lorsque la porte de l'appartement s'ouvre.

Khaled apparaît dans l'entrée.

— *Assalamu alaykum*, dit-il avec un petit sourire en voyant ses parents assis autour de la table en Formica.

Il a le visage d'un brave garçon, intelligent.

***

À travers le pare-brise de la Toyota 4x4, on aperçoit les sommets du Lalla Moussaad se dessiner sur le ciel qui s'éclaircit.

Par les vitres baissées, les odeurs entêtantes du myrte pénètrent l'habitacle. Tout au long de la route, les arbustes sont déjà couverts de fleurs blanches ; de la main on pourrait presque les caresser.

Il y a encore un an, le lieutenant Slimane Bougachiche suivait les cours de l'Académie militaire interarmes de Cherchell. Quand il est honnête avec lui-même, il ne se fait pas d'illusion : il n'a aucune connaissance du terrain, ni des techniques de guérilla. Pas plus que les hommes qu'il a sous ses ordres. La plupart sont des conscrits à peine sortis de leur formation militaire. Seuls ses chefs de groupes, les sergents Boussaha, Younes, Bouacida et Gueddah ont quelque expérience du combat dans les montagnes. Surtout Gueddah.

Le camion de transport de troupes et le 4x4 ont quitté Beni Messous il y a deux heures environ.

Après les émeutes insurrectionnelles d'octobre 1988, les frères Bougachiche voulaient faire quelque chose pour leur pays. Chacun à sa manière. Lorsque Slimane s'est engagé dans l'armée, Raouf s'est rapproché du FIS. Quel imbécile ! Il avait un bon métier, une fiancée d'une beauté rare et il s'est enrôlé chez les barbus…

Slimane a été interrogé de nombreuses fois par la sécurité militaire, une enquête a été menée, on l'a suivi durant des mois, mais sa détermination était sans faille : il voulait se battre contre les islamistes. Que son frère fût l'un d'eux n'entamait en rien sa volonté. Un comité militaire l'a convoqué alors qu'il avait déjà revêtu l'uniforme. Un commandant du DRS lui a expliqué ce qu'impliquait son engagement : puisqu'il avait un frère membre du FIS, l'aspirant devait être meilleur que ses camarades de promotion. Non seulement sa place au sein de l'armée en dépendait, mais peut-être aussi sa vie.

Après Cherchell, il a intégré l'école d'application des troupes spéciales de Biskra. Mais son stage de formation a vite été abrégé : l'Algérie était au bord de l'implosion et les généraux avaient besoin d'officiers pour traquer les islamistes qui commençaient à prendre le maquis. Le sous-lieutenant a été incorporé au Centre de commandement de lutte antisubversive, le CLAS, à Beni Messous, dans la banlieue d'Alger. Là, le général Mohammed Lamari, le chef d'état-major de l'armée, leur a dit, à lui et à ses camarades du 25e régiment de reconnaissance, qu'ils étaient le bras armé de la lutte antiterroriste, le dernier rempart de la démocratie.

Rapidement, le sous-lieutenant Bougachiche a réalisé qu'il n'était pas préparé aux missions qu'on lui confiait. Ni lui ni ses hommes. Certes, l'ennemi devenait de plus en plus fort, mais c'était surtout la stratégie de ses chefs qui le déroutait. En janvier, quelques jours après le passage à l'année 1993, un groupe d'intervention est tombé dans une embuscade dans la Mitidja. Quand l'accrochage a commencé, les soldats ont appelé au secours sur la radio. Bougachiche et quelques autres officiers ont demandé à être envoyés en renfort sur place. Les chefs du CLAS n'ont pas répondu. Les huit soldats du groupe ont été abattus comme des chiens.

Le lendemain, lorsque les dépouilles ont été ramenées à Beni Messous, Bougachiche a éprouvé une colère terrible. Ses frères d'armes, massacrés par ces saloperies d'islamistes, méritaient assurément d'être vengés. Mais le refus d'intervenir de l'état-major l'obsédait plus encore.

Il a fallu de longues semaines, plusieurs mois, avant que Bougachiche entrevoie la vérité : la hiérarchie militaire avait besoin de martyrs pour souder ses troupes. Et de fait, au fur et à mesure que les leurs mouraient dans des embuscades, les hommes du CLAS devenaient des bêtes féroces, unies en meute.

On ne devient pas une bête féroce du jour au lendemain. Mais une année à voir mourir ses amis et à se battre contre un ennemi sans honneur, c'est suffisant pour que l'empathie d'un homme se lézarde jusqu'à disparaître. Au début, lorsqu'un camarade tombait au combat, Bougachiche éprouvait une douloureuse tristesse, parfois de la colère. Puis la colère a pris le dessus. Il s'en est d'abord méfié, comme s'il risquait de ne plus se maîtriser, de laisser cette colère le commander. Il en a parlé à sa mère : il ne voulait pas devenir un tueur de sang-froid, comme certains militaires de sa connaissance. Sa mère n'avait pas encore complètement perdu la boule, Raouf n'avait disparu que depuis quelques mois. Un soir, elle lui a raconté comment, à la fin de la guerre d'indépendance, son père à lui avait participé à l'exécution d'un soldat harki dans une cave de la Casbah. Cet acte atroce, seul, était parvenu à purger sa colère. Elle lui a assuré que son père n'aurait jamais commis une telle horreur en temps normal, mais à la guerre, a-t-elle dit, la morale est différente.

Sa femme l'a exhorté ce même soir à ne pas sombrer. Il n'avait pas à accepter une morale différente sous prétexte qu'il combattait des assassins. Mais Yamina a aussi murmuré à son oreille : « Quoi qu'il t'en coûte, ne meurs pas. »

Depuis, sa mère s'est enfermée dans un mutisme complet. Bougachiche se demande parfois si la cause en est la disparition de son frère aîné ou ce que lui commet sous l'uniforme de l'armée algérienne. Il n'est pas certain qu'elle réalise qu'il se bat contre les terroristes, que sa vie est donc en danger.

Yamina passe parfois la voir mais, étonnamment, c'est la fiancée de Raouf qui s'en occupe tous les jours. Comme si c'était sa propre mère. Il sait que Gh'zala ne partage pas les thèses rigoristes de Raouf. Il s'est souvent demandé pourquoi elle l'attendait et ce qu'elle avait décelé chez lui pour l'aimer. Elle est belle et tous les garçons seraient à ses pieds si elle le voulait. Elle a préféré un petit postier. Raouf est beau garçon, certes, mais il a des traits trop féminins et même sa légère barbe d'islamiste ne masque pas ce manque de virilité. Aujourd'hui, Slimane se demande pourquoi Gh'zala aide la vieille femme.

Une nuit de mars 1993, Bougachiche et quelques-uns de ses hommes ont accompagné un commando du DRS, une dizaine d'hommes cagoulés, dans la Mitidja. Ils se sont rendus non loin de la petite ville d'Oued-el-Alleug. Au nord, Blida se trouve à une dizaine de kilomètres, Alger à un peu plus de quarante.

Ils ont pénétré dans le douar Ez-Zaatria. Bougachiche et son groupe sont restés en couverture pendant que le commando pénétrait en ville, mais ils ont vu et entendu les coups de feu. Un des hommes de Slimane lui a demandé ce que manigançaient les ninjas du DRS. Il n'a su répondre que par un ordre violent : « Reprends ta place immédiatement et ferme ta gueule ! » Quand ils sont rentrés dans la nuit, un sous-officier du DRS s'est réjoui d'avoir « neutralisé » une douzaine de soutiens aux islamistes. Le lendemain matin, les journaux titraient sur un massacre perpétré par des terroristes islamistes à Ez-Zaatria.

Peu après, Bougachiche a été nommé lieutenant et affecté à la région de Lakhdaria, à 70 kilomètres à l'est d'Alger. Lakhdaria n'est pas très loin de la capitale, mais un autre monde lui est apparu. La guerre contre les maquis n'avait rien à voir avec la théorie qu'on lui avait enseignée : la guerre, c'était aussi l'avilissement de l'ennemi, son humiliation, sa destruction psychologique, une violence qui ne rebutait pas la bête féroce.

Dans l'ancienne villa coloniale où il caserne, non loin de la nationale 5, il y a cinq minuscules cellules au rez-de-chaussée. C'est là que les sous-officiers du DRS interrogent chaque jour des islamistes supposés. Cette villa, on l'appelle la Villa Coopawi parce que, après l'indépendance et lors de la révolution agraire, le bâtiment était le siège de la coopérative agricole de la *wilaya*, Coop. A. Wi.

Le processus est toujours le même. D'abord, la torture. Bougachiche a vu un chien mordre au sang un vieillard, d'autres suspects ont été forcés de se rouler sur du verre pilé, certains ont même été obligés de boire de l'huile de moteur ou de l'eau de Javel. L'armée n'a pas complètement oublié les leçons de la guerre d'indépendance : quand le reste ne suffit pas, l'électricité fait parler même ceux qui n'ont rien à dire. Puis, au bout de la nuit, vient l'ordre d'exécution : « *Habtouh lel-oued.* » Aucun des interrogés ne ressort vivant : on les abat, leur corps est brûlé et on les « descend vers l'oued ». Enfin, le lendemain ou quelques jours plus tard, lorsqu'elle retrouve les cadavres, la gendarmerie conclut toujours à une action des terroristes islamistes.

Slimane Bougachiche aussi est devenu une bête féroce. Ça s'est fait à son corps défendant. La première fois qu'il a entendu les hurlements d'un homme que l'on interrogeait, il a cru devenir fou. Il aurait pu prendre son fusil-mitrailleur et descendre dans la cave pour tuer les sous-officiers du DRS. Il ne l'a pas fait. La tête sous son oreiller, il a hurlé en silence.

Petit à petit, un réflexe de protection étrange s'est mis en place dans sa tête : il devenait calme, se laissait aller jusqu'à un état de détachement total. Il ne sait pas comment il a réussi, mais les séances d'interrogatoire n'ont bientôt plus été qu'une chose habituelle et nécessaire, comme tuer des ennemis lors d'un combat. Il entendait l'ordre de l'exécution, « *Habtouh lel-oued* », et cela le laissait de marbre. Sans doute est-ce à ce moment qu'il est devenu une bête féroce. Une bête féroce à sang froid.

Hier, il s'est rendu à Beni Messous avec le sergent Gueddah pour réceptionner de nouvelles recrues. Des bleusailles, à peine entraînées, à deux ou trois semaines de leur premier jour d'incorporation.

Les soldats sont entassés dans le transport de troupes qui suit le 4 x 4 conduit par le sergent Gueddah. Au volant, il semble soucieux depuis le départ de Beni Messous.

— Tu penses à quoi, sergent ?

Gueddah se racle la gorge. C'est un des hommes de sa section sur qui Bougachiche peut s'appuyer. L'un des rares. En cas de coup dur, le sergent saura toujours quoi faire.

— Il paraît qu'on n'a plus le droit d'emporter les RPG 7 quand on sort de Lakhdaria.

Bougachiche observe son subordonné quelques secondes : c'est vrai, au Centre de commandement de Beni Messous, le colonel l'a informé que les patrouilles ne devaient plus être dotées de lance-roquettes lorsqu'elles s'éloignaient des cantonnements.

— Qu'est-ce que tu en dis, sergent ?

Le sergent a un rire ironique. Le sergent est capable d'ironie, c'est nouveau ça.

— Si on nous interdit d'emporter certaines armes, lieutenant, c'est pour éviter qu'elles tombent aux mains du GIA. Et si nos chefs ont peur qu'elles tombent aux mains du GIA, c'est qu'ils n'ont pas confiance en nous.

Il observe la route devant lui. Ses sourcils se froncent lentement.

— Et s'ils n'ont plus confiance en nous, nous n'avons plus beaucoup de chance.

Brusquement, une grimace déforme son visage.

— Lieutenant, je crois bien qu'il y a du mouvement au bord de la route, là-bas près des arbres.

De son index, à travers le pare-brise, il montre un bosquet de ciste cotonneux à 200 mètres.

Bougachiche se penche en avant, tente de percer l'obscurité. Comme il fouille dans la boîte à gants à la recherche de la paire de jumelles à visée nocturne, le sous-officier s'agite derrière le volant.

— Je fais quoi, lieutenant ? Je continue ?

Il a dégainé son pistolet.

Et tout ce qui suit dure moins de deux minutes.

Une rafale déchire le flanc de la Toyota. Gueddah parvient à garder le contrôle et enfonce l'accélérateur.

— Tirez de votre côté, lieutenant ! hurle-t-il tandis qu'il fait feu au hasard par la fenêtre de sa portière.

Bougachiche a saisi la Kalachnikov RPK-74 sur le sol du véhicule et vide le chargeur vers le bas-côté de la route. Il tire sur les ombres des arbres, des rochers, il tire sans savoir où ni sur qui. Il entrevoit, à la periphérie de son champ de vision, les éclairs des armes ennemies qui l'ont pris pour cible. Il entend les clac-clac assourdissants des balles qui touchent la carrosserie.

Soudain, un rayon jaune et gris part depuis le milieu d'une prairie et percute le transport de troupes qui suit la Toyota. Le camion est littéralement soufflé hors de la route. Dans les rétroviseurs, Bougachiche et Gueddah regardent, abasourdis, le véhicule s'enflammer. Le lieutenant se retourne et aperçoit l'un de ses hommes transformé en torche humaine au milieu de la chaussée.

— Tirez, lieutenant ! Continuez à tirer, merde ! gueule le sergent, presque couché sur son volant.

Le pare-brise est étoilé : deux balles l'ont traversé.

Bougachiche éjecte son chargeur, le remplace et cette fois, il fait feu par la vitre arrière.

— Il n'y a plus personne ! hurle-t-il en regardant la lunette arrière.

Il vide son chargeur sur le néant.

Le sergent tape sur l'épaule de son supérieur.

— C'est bon, lieutenant, on s'en est sortis !

— Mais où sont les hommes, sergent ? Il n'y a plus personne derrière nous !

Le sergent se tait. Il s'essuie le front : un peu de sang sur ses doigts, mais rien de grave, juste quelques éclats de verre du pare-brise. Il fonce en direction de Lakhdaria.

Bougachiche se laisse retomber sur son siège, son fusil d'assaut brûlant entre ses genoux. Il est livide, la sueur a détrempé le col de sa chemise, il regarde son arme.

— Ils sont tous morts, sergent ?

Sa voix est enrouée, parler le fait presque souffrir.

— Hein, sergent : ils sont tous morts, là-bas ?

— J'espère pour eux, murmure le sergent Gueddah presque sans desserrer les mâchoires.

Là-bas, l'aurore fait briller les contreforts du Lalla Moussaad, les crêtes se dessinent en ombres chinoises. On peut déjà imaginer Lakhdaria qui dort encore. Le ciel au-dessus des toits est à peine bleuté, juste avant le lever du soleil. Ce paysage est d'une beauté à couper le souffle

Slimane Bougachiche est peut-être une bête féroce, mais une douleur lui partage le cœur en deux.

***

Des rumeurs l'affirment, mais aucune des chancelleries occidentales n'en a la preuve : le sud du pays serait constellé de prisons qui tiendraient plus de culs-de-basse-fosse que d'établissements pénitentiaires. In Salah, El Menia, Oued Namous, Bordj El Homr, Bordj Omar Idriss, Tsabit, Tiberghamine, Ouargla et Aïn M'guel seraient des zones de non-droit. On y torturerait, on y violerait, on y tuerait quotidiennement. Des camps de concentration où l'on mourrait quotidiennement.

Aïn M'guel, un peu plus de 100 kilomètres au nord de Tamanrasset. Ici, on est déjà dans le pays du vent ou le pays de la soif. On dit aussi pays de la peur.

Il fait 50 °C le jour et - 5 °C la nuit. L'eau est servie au compte-gouttes, la nourriture y est à vomir. À leur arrivée, les détenus doivent revêtir des tenues afghanes, signe de leur appartenance au terrorisme islamiste.

Raouf Bougachiche y vit depuis presque deux ans.

Avant, il travaillait dans un bureau de poste. En juin 1991, il a pris part au mouvement d'occupation des places d'Alger déclenché par le FIS, alors parti légal. C'était une manifestation d'une ampleur jamais vue et, au début du moins, autorisée par le pouvoir. La capitale était aux mains des vrais musulmans.

Le premier ministre Mouloud Hamrouche a démissionné dans l'après-midi du 3 juin. Bougachiche et ses amis y ont cru pendant quelques heures. Sauf que l'armée s'est servie de cette « insurrection » pour démettre l'exécutif. En début de soirée, les forces de sécurité sont intervenues à Alger, la répression a été violente. Un nouveau chef de gouvernement a été nommé par les généraux : Sid Ahmed Ghozali. Les chars ont repris la rue et les arrestations se sont enchaînées par centaines. L'armée a forcé l'émission de décrets lui accordant les pleins pouvoirs et permettant d'interner des milliers de personnes dans les camps de concentration, sans procès. Ce n'était pas la justice qui décidait l'internement, c'était un préfet ou un comité militaire réduit.

Abassi Madani et Ali Benhadj, les chefs historiques du FIS, se sont préparés à la guerre civile. La démocratie a été déclarée *koufar*. Le 18 juin 1991, Belhadj a publiquement déclaré : « D'accord, je suis hors la loi, mais je ne suis pas hors du Coran. » Les islamistes ont continué à braver l'état de siège. Raouf a été raflé le lendemain dans la Casbah, en même temps que des milliers de sympathisants du FIS partout à Alger. Sans jugement, il a été emmené en camion vers l'aéroport militaire de Boufarik. Il n'a pas pu dire au revoir à Gh'zala, ni à sa mère. Dans une absolue discrétion, l'armée a mis en place un véritable pont aérien pour transporter les islamistes dans le Sud.

Au début de l'année suivante, un officier aux lunettes de soleil cerclées d'or a prononcé un discours devant les prisonniers d'Aïn M'guel. Il a affirmé que le nouveau président Mohamed Boudiaf, celui qui avait décidé le déclenchement de la guerre d'indépendance, le 1er novembre 1954, celui qui avait vécu depuis 1963 en exil au Maroc, celui dont le nom avait été rayé des manuels scolaires, cet homme-là allait résoudre la crise. Il a ensuite lu un décret qui instaurait l'état d'urgence à partir du 9 février 1992 :

— Le ministre de l'Intérieur et des Collectivités locales peut prononcer le placement en centre de sûreté, dans un lieu déterminé, de toute personne majeure dont l'activité se révèle dangereuse pour l'ordre et la sécurité publics et le fonctionnement des services publics. Les centres de sûreté sont créés par arrêté du ministre de l'Intérieur et des Collectivités locales.

Puis on les a renvoyés à coups de crosse dans leur tente, sous le soleil.

À Aïn M'guel, les prisonniers sont à la merci de leurs gardiens, et plus encore des hommes en civil qui les interrogent parfois. Ils savent qu'ils n'ont rien à attendre de l'extérieur. Au début de sa détention, Raouf Bougachiche a subi les interrogatoires comme ses codétenus, et – il ne le dira à personne – il est passé quatre fois par la « chambre de sodomie ». L'idée de se supprimer lui a traversé l'esprit, c'est vrai. Mais depuis trois semaines, il sait qu'il va sortir vivant d'Aïn M'guel. Et lorsqu'il sortira, il se vengera au hasard. Il tient comme ça, en imaginant sa vengeance aveugle. Il n'y croit pas vraiment, il ne se sent pas de tuer au hasard, mais ça l'aide à tenir, oui. Tous les prisonniers ont besoin d'avoir ce genre d'idées fixes, car la vie dans le camp est souvent au-delà du supportable.

Le plus terrible, c'est l'absence de lien avec l'extérieur. C'est comme être dans l'antichambre de la mort. Si ça se trouve, Gh'zala et sa mère ne savent même pas qu'il est toujours en vie. Lui-même ne sait pas si elles sont vivantes. Au fil des semaines puis des mois, il a fini par s'obliger à ne plus penser à elles. Ne pas ajouter la souffrance à la souffrance, conseillent les plus vieux détenus – ou les plus sages. Ici, les souvenirs de la vie d'avant sont superflus. Les imams disent que c'est une guerre d'usure contre le pouvoir que les prisonniers doivent mener jour après jour. La plupart des prisonniers n'ont en fait rien à voir avec cette guerre, mais le reconnaître ouvertement serait suicidaire. Bougachiche s'est tu et il est presque parvenu à oublier sa fiancée et sa mère.

Mais pour lui, plus d'interrogatoire, plus de viol, on le laisse tranquille. Les gardiens continuent à l'insulter, à le rudoyer, mais sans dépasser les bornes. Ils ont reçu des ordres, on peut le lire dans leurs yeux. Il a même pu discuter avec un des employés de l'entretien qui nettoie les cellules dans lesquelles les détenus sont interrogés. Un garde les a surpris, mais il s'est astreint au silence, ça aussi, ça se voyait dans son regard. Personne n'a le droit de parler aux civils, mais Bougachiche bénéficie désormais d'un régime dérogatoire.

Lui, il n'a rien demandé : il n'avait rien à offrir en échange de ce traitement de faveur. C'est le hasard qui l'a sauvé. Des gens ont dû choisir un nom sur la longue liste des prisonniers et leur doigt est tombé sur celui de Raouf Bougachiche. Il ne s'explique pas autrement qu'un matin deux hommes en civil soient venus le chercher dans la tente qu'il partage avec quinze autres islamistes. D'abord, il a pensé que sa vie allait se terminer dans le désert, au bord d'une route. Une balle dans la tête et son corps serait laissé là, sans prière, sans sépulture. Il s'est demandé s'il rejoindrait quand même le paradis. Il n'est pas assez stupide pour croire aux soixante-douze vierges censées s'offrir à lui. Il se fiche bien des rivières de lait au goût inaltérable, des fruits prêts à être cueillis, des compagnes superbement belles, des riches habits. Après toute cette violence, cette peur et ces morts, le jeune homme souhaitait seulement que le Coran dise vrai. Comme les deux hommes le poussaient devant eux sans ménagement, il a récité dans sa tête : « Là, ils n'entendront ni futilités ni récriminations, mais seulement les mots : Paix ! Paix! » (Coran 56:25-26). Oui, c'est à la paix qu'il aspirait, qu'elle vienne après sa mort importait peu. Enfin, c'est ce qu'il aurait souhaité accepter, mais la peur lui brûlait les intestins et manquait de le faire sangloter.

Les deux hommes ne l'ont pas emmené dans le désert.

Ils lui ont parlé dans un bureau de la direction. Ni le directeur du camp ni ses fidèles n'étaient présents, personne ne devait être au courant de cet entretien.

Les types en civil lui ont montré la photo d'un prisonnier. « Tu le connais ? » Oui, Raouf Bougachiche l'avait déjà croisé : un ancien marchand de poulets de la banlieue d'Alger, un petit délinquant. Les deux hommes ont dit : « Non, c'est quelqu'un d'important, quelqu'un qui va devenir important. » L'un d'eux lui a envoyé un coup de poing d'une puissance incroyable à l'estomac. Le jeune homme a cru ne plus jamais pouvoir respirer. Il est tombé à genoux et s'est affalé au sol en suffoquant. Alors qu'il allait perdre connaissance, le deuxième homme l'a réveillé avec de petites gifles. « Voilà, pour que tu te souviennes bien de ce que l'on va te dire, Raouf », a-t-il expliqué avec un sourire. Et celui qui avait cogné a repris d'une traite : « Tu vas devenir proche de cet homme, tu te débrouilles comme tu veux, on dit qu'il aime les garçons comme toi, on s'en fout, mais tu vas devenir proche de lui et tu vas le surveiller et toutes les semaines on viendra te voir, on t'emmènera dans cette pièce et tu nous donneras des informations, tu nous diras tout et même ce qui te paraît insignifiant. »

Raouf Bougachiche a fait oui d'un signe de tête.

« Tu as intérêt à coopérer et tes renseignements feraient mieux d'être bons, sinon on t'emmène dans le désert. Si tu coopères et si tes renseignements sont bons, tu sortiras bientôt de ce trou. »

L'homme l'a ensuite saisi par l'oreille et forcé à se relever.

C'est la dernière fois qu'on lui a fait mal à Aïn M'guel.

Ce régime particulier qui le met à l'abri des gardiens, qui lui permet même d'échanger quelques mots avec les civils employés dans la prison a cependant un prix. Il n'a fallu que quelques jours à Raouf Bougachiche pour se rapprocher de l'homme que les deux flics lui avaient montré en photo. C'était ça ou mourir. Et malgré les coups, les viols, la chaleur ou le froid, la promiscuité et la peur, Raouf Bougachiche ne veut pas mourir. Il n'a sans doute pas l'étoffe de ceux qui préfèrent une mort debout à une vie à genoux.

Le peu d'informations que leur donnait le prisonnier ne semblait pas déranger les deux flics. « C'est bien, c'est bien, continue comme ça », disait l'un. « Je suis désolé, mais je n'ai rien d'autre », s'excusait Bougachiche, certain qu'il allait au moins recevoir un autre formidable coup de poing à l'estomac. « Ne t'inquiète pas, ça va venir », concluait l'autre.

Quelques semaines ont passé. Des détenus disparaissaient. D'autres étaient interrogés et réintégraient leur tente le visage en sang, les côtes bleuies par les coups. Ils gémissaient et pleuraient pendant des heures. Bougachiche a appris à boiter et à se tenir le ventre quand il revenait d'une rencontre avec les deux flics, comme s'il avait subi un véritable interrogatoire. Certains détenus, considérés comme des mouchards, étaient parfois passés à tabac; quelques-uns étaient même retrouvés pendus dans les sanitaires au petit matin. À Aïn M'guel, on aimait peut-être encore moins les traîtres que les matons.

Un jour, à la fin de l'année, le colonel aux lunettes de soleil cerclées d'or, accompagné des deux flics en civil, est venu chercher l'ex-vendeur de poulets. Bougachiche a cru toute la journée qu'ils l'avaient emmené dans le désert pour lui tirer une balle dans la nuque, que son calvaire était terminé, qu'il allait enfin sortir d'Aïn M'guel, se reposer sous le sable et peut-être, avec un peu de chance, qu'une rose des sables fleurirait sur sa sépulture improvisée. Il a pensé à Gh'zala. Dans l'après-midi, il a croisé le salarié de l'entretien, Moussa, et lui a confié qu'il pensait bientôt rejoindre sa fiancée à Alger. L'homme a souri tristement, visiblement peu convaincu d'une telle perspective.

Le lendemain, la voiture a ramené le prisonnier vivant, sans aucune marque de blessure. La nuit suivante, Djamel, juste un peu fatigué de son grand voyage en voiture, lui a dit : « Tu sais, Raouf, je suis quelqu'un d'important. »

***

À Mostaganem, Khaled a appris.

Il a appris son histoire, ses racines, sa famille, sa culture. Avant son départ, sa mère l'a embrassé. Elle croyait que ce voyage ferait de lui le bon garçon qu'elle avait connu des années auparavant, le bon élève qui n'avait pas encore sombré dans la délinquance, ni dans la religion. Elle ne comprend pas qu'il est meilleur désormais, que le gamin brillant, sérieux et qui allait décrocher son diplôme, ce gamin dont elle veut se souvenir n'a finalement jamais existé.

Sur le front de mer, il a vu que son pays natal est un pays magnifique.

Mostaganem aussi est belle : la ville neuve est reliée à la ville ancienne par l'oued Ain Safra, un peu comme la France et l'Algérie, ses deux pays, sont reliés par une même langue, celle qu'il parle. Khaled a marché les pieds nus dans le sable blanc et ocre de la longue plage de la Salamandre. Les touristes avaient déserté les bords de mer; seuls quelques habitués, des hommes majoritairement, profitaient de la mer en veillant à rester habillés après leur bain.

Il a surtout appris qu'il n'était pas qu'un petit délinquant de la banlieue lyonnaise. Son destin pouvait être grand. Avant son départ de France, Khelif, son ami de prison, celui qui l'a éveillé à l'islam, lui a donné le contact d'un homme, un membre de la al-Jama'ah al-Islamiyah al-Musallaha, le GIA. Après quelques jours à visiter ses cousins, ses oncles et ses grands-parents, à manger la *chorba* ou la *kwarat,* à écouter les histoires familiales, il est allé prier à la mosquée de la Zaouïa al Alaouiya, dans le quartier de Tijdit. Puis il a appelé le numéro de téléphone transmis par Khelif. Un rendez-vous a été fixé au parc El Arsa. Deux heures se sont écoulées et personne n'est venu. Khaled s'est demandé si Khelif était un imposteur qui n'avait en fait en Algérie aucune relation avec ceux qui combattent au nom d'Allah.

Dans la soirée, il a rappelé le numéro, par acquit de conscience et pour avoir des explications. On lui a dit que tout était normal : on s'était seulement assuré que ce n'était pas un piège des forces de sécurité ou des services secrets français. Khaled a dit : « Quoi, les services secrets français ? Mais vous croyez quand même pas que je suis un flic ? »

Cette fois, on lui a dit de se rendre près du Fort de l'Est, toujours sur les hauteurs du quartier Tijdit. Il faisait nuit lorsqu'un homme au regard méfiant s'est approché de lui.

— *Assalamu alaykum wa rahmatoullahi wa barakatouh.*

Khaled a répondu :

— *Wa alaykum assalam.*

L'homme l'a observé quelques instants – peut-être le trouvait-il trop jeune, trop petit; mais il a fini par lui adresser un léger sourire.

— Viens avec moi, des gens importants veulent te rencontrer.

Khaled est parti vers son grand destin.

***

Les médecins ont placé Maïssa sous respirateur.

Il y a deux semaines, elle a perdu connaissance. Le docteur l'a fait admettre à l'hôpital de Tamanrasset. Une ambulance l'a emmenée, son père l'a accompagnée.

À l'hôpital, Moussa Ahmed Chaouch a commencé à parler du tir Beryl, des poussières noires, de ses frères, de son père et de ses oncles morts de cancer. À trop parler, peut-être. L'équipe médicale lui a dit de ne pas raconter n'importe quoi, qu'il n'y avait plus de danger, que c'était de l'histoire ancienne, le tir Beryl. Maïssa s'est réveillée, mais les examens n'étaient pas encourageants. Un médecin est venu trouver son père et lui a confié que son cas relevait d'Alger, de l'hôpital universitaire. Là-bas, ils sauraient mieux s'occuper de sa fille.

Pour ce qu'en sait Chaouch, la poliomyélite est une maladie qui envahit le système nerveux et peut provoquer une paralysie irréversible. Mais c'est très rare : un cas sur 200. Il a entendu dire que 10 % des malades décèdent : ce sont les muscles respiratoires qui cessent de fonctionner. Il prie depuis des années pour que sa fille ne soit pas dans ces

10 %. Mais c'est la première fois qu'on lui dit que le cas de Maïssa relèverait plutôt de l'hôpital universitaire d'Alger.

Il a appelé sa femme à Aïn M'guel et l'a prévenue de son départ pour Alger dans la soirée. Sa femme a pleuré, elle aurait voulu être au côté de Maïssa, mais il y avait les quatre autres enfants. Son mari lui a dit de ne pas s'inquiéter, qu'il dormirait chez l'un de ses cousins à Alger et que les docteurs soigneraient Maïssa. C'était l'histoire de quelques jours.

À l'aéroport Hadj Bey Akhamok, le père et sa fille n'ont pas eu à payer le billet d'avion. Tout était pris en charge par le ministère de la Santé. Lorsqu'il s'est installé en première classe, à côté de chefs d'entreprise et d'officiers de haut rang, Moussa Ahmed Chaouch n'a pas pu s'empêcher de penser que le ministère se fichait bien du cas de Maïssa. Il a compris qu'on voulait seulement l'éloigner de Tamanrasset, du Hoggar et d'Aïn M'guel. Pour l'empêcher de parler du tir Beryl.

Maïssa était folle de bonheur. Elle n'avait jamais pris l'avion. Son père non plus. Elle lui a tenu la main durant tout le voyage, et il était ému aux larmes de la voir sourire aux nuages par le hublot. Il s'est efforcé de garder le sourire, lui aussi, mais son cœur était rongé par l'inquiétude.

Ils ont rejoint Alger, et Maïssa a été admise au centre hospitalo-universitaire de Bab El Oued. Une journée entière à faire des examens, puis un professeur a pris Moussa Ahmed Chaouch à part.

Le toubib a l'air dur, mais il y a de la compassion dans son regard.

— Lors de votre arrivée, vous avez dit à l'infirmière que Maïssa avait la poliomyélite, n'est-ce pas ?

Moussa Ahmed Chaouch opine, mais il a la même désagréable sensation que quand il a pris l'avion en première classe : l'enfer est toujours pavé de bonnes intentions, non ?

Le toubib retire ses lunettes, passe un petit chiffon sur les carreaux, et les replace sur son nez.

— La poliomyélite est une affection extrêmement contagieuse, explique-t-il lentement. C'est un virus qui peut provoquer une paralysie totale en quelques heures.

Il fait semblant de lire et relire des documents posés sur son bureau devant lui en secouant la tête.

— Sauf que Maïssa n'a pas la poliomyélite.

Chaouch ne peut retenir un éclat de rire.

— C'est merveilleux !

Il prend les mains du toubib.

— *Allahou Akbar,* dit-il en voyant que le visage de l'homme aux lunettes est grave.

— Oui, c'est possible, *Allahou Akbar,* monsieur Ahmed Chaouch. Mais Maïssa est atteinte de quelque chose d'autre.

Il se tait comme si la liste des lésions était trop importante.

— Autre chose, mais nous ne savons pas encore quoi. Cette histoire de poliomyélite, c'est….

Il se tait comme s'il en avait trop dit.

Le père reçoit l'équivalent d'un direct en plein cœur. Il est terrassé.

— Ils ont dit une poliomyélite, murmure-t-il, hagard.

Le toubib hoche la tête.

— Je ne comprends pas comment c'est possible. Comment ont-ils pu vous dire ça ?

Mais il quitte la pièce l'air mal à l'aise, comme s'il avait la réponse à sa propre question.

Une demi-heure plus tard, une infirmière s'approche de Chaouch et lui dit qu'il doit laisser Maïssa se reposer et prendre des médicaments qui, de toute façon, la feront dormir. Le père embrasse sa fille, la serre dans ses bras, mais elle s'assoupit déjà.

Une heure plus tard, dans la Casbah, son cousin s'emporte contre le corps médical, les pouvoirs publics et l'Algérie en général.

— Le pays est foutu, fulmine-t-il en versant le thé.

Une odeur de menthe poivrée emplit la pièce.

Moussa Ahmed Chaouch reste muet : Farid a raison, évidemment. Mais à quoi bon s'emporter comme ça ?

***

Par la fenêtre de la salle à manger, Bellevue regarde Tedj Benlazar s'éloigner dans la rue Tesson.

— Tu l'aimes bien, lui, hein ?

Fadoul est attablée et continue la lecture d'un manuel d'informatique – si elle reste en France, il faudra bien qu'elle trouve un emploi, qu'elle reprenne des études, car son bac, ses diplômes, ici, ils ne valent pas grand-chose. Presque quinze ans à alphabétiser les jeunes femmes de son pays ne représentent pas grand-chose pour l'ANPE.

— C'est quelqu'un de bien, je crois, le Tedj. Il n'est pas très heureux, mais c'est quelqu'un de bien.

— Tu disais qu'il a une femme et deux filles. On devrait les inviter à dîner, un jour.

Bellevue se retourne et sourit à sa compagne.

— Je ne les ai jamais vues et je ne pense pas que ce serait une bonne idée.

Fadoul hausse un sourcil.

— Vous êtes étranges, vous les Français.

Et elle s'esclaffe de son rire incroyable. Qu'est-ce qu'elle est belle ! *J'ai au moins eu la chance de la connaître.* Il pense quelque chose comme : *La mort, c'est pas vraiment marrant, mais la perspective de la laisser seule, ici, dans ce pays qu'elle ne connaît pas, c'est vraiment pire que tout.*

Il s'efforce de repousser cette idée pour se concentrer sur Benlazar. C'est vrai, il n'a jamais vu la famille du lieutenant. Mais Benlazar n'a pas vraiment d'amis non plus. On peut dire qu'il fréquente plus ses honorables correspondants à Blida ou à Alger que qui que ce soit d'autre. Les agents traitants de la DGSE, ceux qui sont sur le terrain, sont souvent des solitaires, ce n'est pas une mauvaise chose pour le boulot : la solitude assure une certaine rapidité d'exécution. C'est pour ça que Benlazar sera peut-être capable de faire ce que lui n'a pu faire en Algérie. Enfin, lorsqu'il se sera assuré que son subordonné ne se fasse pas descendre par un agent trop zélé du DRS à son retour à Alger. C'est évidemment la condition *sine qua non* du retour de Tedj là-bas. Le commandant en est persuadé, certains généraux et le DRS posent des bombes qui vont finir par exploser. Pour ce que lui en disent à mi-mots ses contacts sur place, ces bombes vont mettre l'Algérie à feu et à sang pour des années. L'un d'eux lui a même confié que la stratégie de certains militaires tenait en quelques mots : « Nous ou le chaos. » Bellevue veut bien le croire, mais pour l'instant, il ne peut qu'attendre sans savoir où, comment et sous quelle forme exploseront ces bombes.

À la Boîte, ses chefs de la direction générale préfèrent aussi attendre. Ils attendent surtout de voir ce que vont décider leurs chefs à eux, le gouvernement français. Mitterrand est un vieux briscard. Si cela sert les intérêts français, il s'accommodera d'une proximité avec le chaos. Tant que ce chaos ne touche pas la France.

Bellevue, lui, est quasi certain que le chaos touchera la France. Il n'en a pas la preuve, il ne sait ni quand ni comment, mais les hommes qui tiennent aujourd'hui l'Algérie ont besoin que le chaos s'étende pour légitimer leur pouvoir.

Il sait qu'il n'ira plus sur le terrain. D'abord, il a presque atteint l'âge de la retraite. Et même si le cancer lui laisse un peu de répit, il n'aura plus les capacités physiques. Saloperie de chimio qui détruit le corps pour peut-être, avec de la chance, en sauver quelques oripeaux…

Alors, oui, Tedj pourrait finir le boulot et trouver la preuve. Bellevue veillera à ce qu'il puisse se balader là-bas sans risquer une balle dans la nuque. Encore faudrait-il que cette obsession à propos de camps de rétention – Putain, il parle de camps d'extermination ! – ne le pousse pas à se mettre à nouveau au centre de la cible.

— Il a la colère nécessaire, murmure-t-il, le regard perdu dans la rue.

— Qu'est-ce que tu dis, Rémy ? fait Fadoul sans lever les yeux de son livre.

— Rien, rien, je radote.

Le temps presse et je perds mon temps à radoter.

***

Ce matin, on a expliqué à Moussa Ahmed Chaouch que Maïssa était tombée dans le coma, qu'on lui avait introduit un respirateur au fond de la gorge. L'infirmière, très gentille, lui a dit que c'était fini, que la petite n'en avait plus que pour quelques jours. Sa femme, là-bas, à Aïn M'guel, ne le sait pas encore : comment va-t-il lui annoncer la terrible nouvelle ?

Farid, le cousin, continue à s'énerver.

— Les barbus ont peut-être raison, il faudrait tout foutre en l'air !

Il semble réfléchir un bref instant avant d'ajouter :

— Mais, bon, ils sont fous et on ne peut pas discuter avec des fous.

L'appartement de Farid Abdelhakim se trouve rue Aoua-Abdelkader. La fenêtre de la cuisine donne sur la mosquée Ketchaoua. Farid observe l'édifice byzantin de l'autre côté de la rue et hausse les épaules.

— Des fous sanguinaires, continue-t-il. Mais les militaires ne valent pas mieux, crois-moi.

La semaine précédente, Kasdi Merbah s'est fait assassiner. L'ancien premier ministre a été tué par un commando sur la route qui mène à Alger Plage.

— Les barbus, ils disent que c'est les militaires qui ont supprimé Merbah.

Moussa Ahmed Chaouch se fiche bien des possibles règlements de comptes entre les clans au pouvoir, de la participation réelle ou fictive des islamistes aux attentats qui ensanglantent son pays. Lui, son problème, c'est d'annoncer la terrible nouvelle à sa femme.

— Je retourne à l'hôpital, dit-il en se levant du canapé.

La femme de Farid passe la tête par la porte de la cuisine, elle a beaucoup pleuré depuis ce matin.

Farid arrête son monologue.

— Tu veux que je vienne avec toi ?

— Merci, non. J'ai besoin d'être seul.

Il n'ira pas tout de suite à l'hôpital de Bab El Oued. Avant, il a quelque chose à faire. Cette étrange idée lui est venue quand le docteur a dit que Maïssa ne pouvait plus respirer seule. Rapidement, l'idée s'est muée en conviction. Il y a quelques semaines, au camp d'Aïn M'guel, le jeune Raouf l'a rejoint alors qu'il nettoyait sommairement les latrines des officiers. Il a dit que sa fiancée s'appelait Gh'zala Boutefnouchet, qu'elle habitait dans la Basse Casbah un petit appartement au n° 7 de la rue Abderrahmane-Arbadji, et qu'elle ne savait sans doute pas qu'il était toujours en vie. Moussa Ahmed Chaouch a écouté, il n'a pas répondu, même si les gardes autorisaient ces rapides discussions avec le prisonnier. Raouf a continué, pensif : il avait cru qu'en collaborant avec la sécurité militaire, en surveillant le prisonnier Zitouni, il aurait le droit de donner des nouvelles à sa fiancée. Apparemment, les officiers du camp lui avaient ri au nez.

L'idée étrange qui s'est immiscée dans l'esprit ravagé par la tristesse de Moussa Ahmed Chaouch, c'est de prévenir la fiancée de Raouf que le jeune homme est encore en vie. Et qu'il ne risque plus rien au camp d'Aïn M'guel. Pour qu'au moins une personne dans ce pays sache qu'un être aimé est en vie et hors de danger.

La rue Abderrahmane-Arbadji est un peu plus à l'ouest, pas très loin de chez Farid. Sur les trottoirs se bousculent les Algérois qui tentent de continuer à vivre. Des hommes, jeunes pour la plupart, tiennent les murs. Un vacarme monte de la Casbah, c'est la preuve qu'elle vit encore. Ahmed Chaouch se souvient qu'il y a quelques années c'était de la musique qui provenait des échoppes et des snacks. Aujourd'hui, la musique a laissé la place aux prêches enregistrés sur des cassettes audio.

Lorsqu'il pousse la lourde porte de l'immeuble, il sait qu'il met en péril son travail et peut-être sa vie. Mais, aussi irrationnel que ça paraisse, il pense que sa démarche pourra atténuer sa tristesse. Alors il cherche sur les boîtes aux lettres le nom Boutefnouchet.

Il entend des pas dans l'escalier, une jeune femme apparaît dans le hall d'entrée qui sent le moisi. Il ne s'explique pas pourquoi, mais il dit :

— Vous êtes Gh'zala ?

La jeune femme a une grimace d'inquiétude qui n'enlève rien à sa beauté. Elle sait qu'en Algérie, aujourd'hui, tout est possible et que la mort ne s'annonce jamais.

— Raouf est en vie, il est retenu au camp d'Aïn M'guel, dans le sud du pays.

Gh'zala Boutefnouchet garde un instant la bouche entrouverte. Puis un sourire se dessine sur ses lèvres. Elle paraît vraiment très douce, ses yeux brillent d'intelligence ; peut-être Maïssa lui aurait-elle ressemblé…

— Qui êtes-vous ? Comment connaissez-vous Raouf ?

— Je travaille au camp d'Aïn M'guel.

La jeune femme se raidit de nouveau.

— Vous êtes de la police ?

Ahmed Chaouch secoue la tête.

— Non, non, je nettoie les cellules. Je ne suis pas policier. Ni soldat.

À ces mots, Gh'zala parvient à surmonter sa peur pour demander :

— Comment va-t-il ?

— Il va bien.

Les yeux intelligents sont traversés par une lueur de doute.

— Il est en prison depuis tant de temps, comment peut-il aller bien ?

On entend des voix de passants derrière la porte, dans la rue. Un coup de Klaxon. Ahmed Chaouch sait qu'il ne devrait pas en dire plus.

— Il travaille pour l'armée, il surveille un détenu, un islamiste qui s'appelle Zitouni. Voilà. Mais il ne faut pas en parler.

— Raouf travaille pour les militaires ?

Gh'zala ouvre de grands yeux.

— Que lui ont-ils fait pour qu'il accepte ?

Elle tente d'attraper le bras de l'homme, mais celui-ci recule vivement.

— S'il vous plaît, ne dites à personne que je suis venu vous raconter ça.

— Est-ce que je peux lui parler ?

— Non.

— Si je vais dans ce camp, si je fais une demande aux autorités, je pourrais lui parler ?

— Non. Ne faites pas ça. Vous pourriez être en grave danger. Et Raouf aussi.

Il tire la porte et fait entrer la lumière aveuglante dans le hall obscur.

— Attendez son retour. Il va bien.

Et il s'éloigne d'un pas rapide en direction de Bab El Oued.

Il marche en jetant des coups d'œil inquiets autour de lui : a-t-il perdu la raison pour faire ce qu'il vient de faire ? Cet homme là-bas, qui lit un journal, est-il chargé de surveiller la fiancée de Raouf Bougachiche ? La camionnette, là-bas, n'est-elle pas un véhicule banalisé de la sécurité militaire ? Le DRS est-il déjà au courant de sa trahison ?

« Pauvre fou », murmure-t-il en sortant de la Casbah.

***

Si Gombert, Bellevue ou quiconque à la direction apprenait qu'il n'a pas revu sa femme et ses filles depuis qu'il est revenu en France, Tedj Benlazar serait mis à pied sur l'heure. Il pourrait expliquer qu'il n'a pas trouvé la force de les affronter, que la peur de ne plus les reconnaître l'a empêché de pousser la porte de l'appartement familial de Montrouge… Mais ça ne changerait rien : un type équilibré n'a pas peur de passer la porte de son propre foyer.

S'il devait être franc, un jour, face à un expert psychologique, il avouerait que ce ne sont plus les visages de sa femme et de ses filles qui occupent ses pensées depuis son retour en France. C'est celui d'une jeune femme qui vit dans la Basse Casbah à Alger, une jeune femme qui l'a supplié de ne pas la tuer. L'expert dirait peut-être que c'est une bonne chose, en fin de compte.

Depuis qu'il est rentré, il vit à l'hôtel. Les Chansonniers, boulevard de Ménilmontant, à côté du Père-Lachaise, affiche péniblement une étoile, la chambre coûte 200 francs la nuit. Un tarif qui serait intenable pour les économies de Benlazar, mais la patronne propose des pensions, une manière de location au mois. L'hôtel n'est pas très loin du boulevard Mortier où se trouve la Boîte. Il a téléphoné deux fois à Évelyne pour lui dire que tout se passait bien à Alger, que non, l'assassinat de l'ancien Premier ministre ne voulait pas dire que le danger était partout dans le pays. « Nous aussi, on a eu des hommes politiques assassinés, en France. » « Ah bon ? » a fait Évelyne sans plus insister. Hier, les filles ont fait leur rentrée scolaire : Vanessa en terminale et Nathalie dans une école d'infirmière à Rennes. « C'est bien », a murmuré Benlazar. « Voilà », a conclu sa femme. Leurs conversations téléphoniques sont toujours très courtes, elles se ressemblent toujours. Il a l'impression que ces discussions sont les mêmes depuis un peu plus de deux ans. Il en est presque à se demander si Vanessa n'est pas en terminale et Nathalie en école d'infirmière depuis trop longtemps.

L'idée, quand il raccroche, c'est de ne pas se mettre une balle dans la tête. Alors, il laisse son pistolet de service dans l'un des tiroirs de son bureau à la DGSE.

Boulevard Mortier, derrière le long mur gris rehaussé d'un grillage barbelé, Benlazar a été affecté dès son retour à la direction du renseignement, au sein de la cellule Algérie qui venait d'être créée. On lui a dit qu'on avait besoin de lui à Paris, que son travail était important. Lui n'a qu'une envie : repartir en Algérie. S'éloigner de Montrouge, de sa femme et de ses filles.

Parfois, le soir, après le boulot, il prend le métro à Porte des Lilas et descend à Goncourt. Il va rue Tesson, chez Bellevue. Le commandant est en arrêt maladie : il se bat contre un lymphome et peut-être contre des métastases, de prochains résultats le diront. Le cancer n'est pas son principal souci, c'est son mariage qui l'inquiète. « Si je dois crever, je ne veux pas que Fadoul soit obligée de retourner dans cette putain d'Afrique », répète-t-il à chacune des visites de son ancien subordonné. Chaque fois, Fadoul sourit, attendrie.

Bellevue était un pro du renseignement et il n'a pas raccroché pour autant. Il est en contact avec Gombert à Alger. Il parle plusieurs fois par semaine avec des gens du DRS ou de la police algérienne. Fadoul l'exhorte à se reposer, à penser à autre chose, à garder ses forces pour combattre la maladie.

Un soir de septembre, il accueille Benlazar, le combiné du téléphone coincé entre son épaule et son oreille. Il prend des notes sur un calepin.

— Merci, je vous revaudrai ça.

Et il raccroche.

— Tu bosses encore ? fait Benlazar. Tu n'es pas censé te soigner ?

— Le cancer, je l'emmerde. C'est trop tard, Tedj. Pour

moi c'est trop tard, et j'aimerais qu'entre nous, au moins, on arrête de se raconter des charres.

— Dis pas ça, Rémy…

Bellevue lève les yeux au ciel : les toubibs qui ne veulent pas parler du temps qui lui reste, la chimiothérapie qui lui ravage les intestins et lui file des migraines à le rendre fou, l'inquiétude de Fadoul… Bien sûr, que c'est trop tard.

— Ce qui n'est pas trop tard, par contre, c'est d'empêcher ces connards de foutre le bordel là-bas.

— Là-bas, tu veux dire en Algérie ? C'était qui au téléphone ?

— Quelqu'un, sourit Bellevue en se laissant tomber dans un fauteuil de cuir. Quelqu'un qui aime son pays.

Il fait mine de relire ses notes.

— L'assassinat de Kasdi Merbah, à Alger Plage…

— Quoi, l'assassinat de Kasdi Merbah à Alger Plage ?

— Je crois qu'il faudrait trouver le responsable.

Benlazar souffle longuement.

— Je croyais qu'un suspect islamiste avait été identifié ?

Bellevue lâche un rire un peu trop théâtral.

— Ah oui : Abdelkader Hattab. Le coupable idéal, un type qu'on ne connaît ni d'Ève ni d'Adam. Mais c'est qui, ce Hattab ? Il paraît qu'il a créé le premier maquis islamiste ? Super. Il paraît que c'est lui qui a fait exploser la bagnole de Nezzar en février dernier ? Super. Il est où, ce Hattab, putain ? Pourquoi ils ne le chopent pas, hein ?

Benlazar se sert un verre de whisky. D'un geste, il en propose un à Bellevue, qui fait une grimace en direction de la salle à manger où se trouve Fadoul.

— Il y a eu un communiqué du GIA dans Al-Hayat revendiquant l'assassinat, non ? Un truc authentifié, non ?

Bellevue secoue la tête.

— Il faudrait déjà qu'on soit certain que c'est bien le GIA qui écrit ces revendications. Et que le GIA est autonome, si tu vois ce que je veux dire…

Il soupire, pensif.

— L'enquête a été complètement bâclée, Tedj. Le mec que j'avais au téléphone me l'a confirmé : pas d'examen balistique approfondi ni d'autopsie sérieuse, pas d'audition de témoin.

— D'accord, mais tu sais comme moi qu'une enquête bâclée ne signifie pas forcément complot d'État.

— Et puis Merbah n'était pas détesté par les islamistes, reprend Bellevue comme s'il n'écoutait pas son ami. Je ne crois pas que c'était une cible prioritaire, en tout cas pour le GIA. Par contre, certains généraux le craignaient, ça je peux te l'assurer. Il paraît qu'il avait des dossiers sur pas mal d'entre eux – faut dire qu'il est resté presque vingt ans à la tête de la sécurité militaire.

— Qu'est-ce que tu racontes ? Les généraux auraient fait flinguer Merbah, un des leurs, parce qu'il avait des dossiers sur eux ? Mais tout le monde à des dossiers sur tout le monde en Algérie !

— Les dossiers, on s'en fout. Je crois plutôt que Merbah était en train de mettre en place un rapprochement entre les islamistes et certains dirigeants algériens. Ça, ça pouvait emmerder les généraux.

Bellevue fouille encore dans ses notes. Mais il sait ce qu'il va dire : relire des documents, c'est un tic qui permet à un interlocuteur de bien encaisser les coups.

— Tu as déjà entendu parler de l'unité 192 ? fait-il.

Benlazar secoue la tête.

— « Un » pour le mois de janvier, 92 pour l'année du coup d'État. L'unité 192 n'existe pas officiellement, elle est « secret défense ». Il n'existe pas d'ordre écrit la concernant, ni de rapport rédigé sur ses activités. Elle a été constituée sur demande expresse des généraux Médiène et Lamari.

Il referme son petit carnet et fixe Benlazar.

— Comment tu sais ça ? Et à quoi elle sert, cette unité 192 ?

— J'ai mes petits secrets. (Il ricane.) C'est une unité, disons, hors cadre, pour les basses œuvres.

Benlazar est mal à l'aise, il a l'impression de se faire emmener là où il ne voudrait pas aller.

— Pourquoi tu me parles de ça ?

— Le lendemain de l'assassinat, il y a eu un communiqué de presse : les flics ont fait parler les douilles des balles qui ont tué Merbah. Ce sont des douilles IMI. Tu sais ce que ça signifie IMI, Tedj ?

Bellevue semble savourer le fait d'emmener son interlocuteur là où celui-ci refuserait de se rendre.

— Israel Military Industry Ltd, Tedj. Autant dire que ce sont des munitions pour flingues utilisés seulement par les services spéciaux. L'unité 192 a ce genre de flingues. Alors voilà : je crois que ce sont des membres de l'unité 192 qui ont effacé Kasdi Merbah il y a quinze jours.

Benlazar regarde son supérieur, son ami. Finalement, la vie d'un homme se résume bien souvent à sa mort. C'est l'image que ses proches retiennent le mieux. Bellevue sera-t-il dans les souvenirs de Benlazar ce fonctionnaire de la DGSE, malade, qui continue à travailler comme s'il se raccrochait aux débris du rafiot qui vient de sombrer, pour ne pas, lui-même, couler trop vite ? Et lui, Tedj Benlazar, qui se souviendra de lui ? À part le commandant Bellevue, Benlazar n'a plus d'ami. Sa femme, ses filles conserveront peut-être son souvenir.

— Ton whisky est toujours aussi bon, dit-il.

Bellevue fixe le liquide ambré.

— Je ne sais pas, Fadoul m'interdit d'en boire. Et puis, j'ai perdu le goût. La chimio fait ça, il paraît.

Benlazar observe le fond de son verre.

— Ces camps au sud du pays, Tedj, ce n'est peut-être pas le plus important. Finalement, si ces camps existent, ils ne sont qu'un moyen de plus pour les généraux de se maintenir au pouvoir. Et ce moyen, même s'il est dégueulasse, il ne nous concerne pas vraiment.

Il dodeline de la tête comme pour atténuer ce qu'il vient de dire.

— Trouver qui a fait flinguer Kasdi Merbah, c'est ça, le plus important, désormais. Trouver le commanditaire et trouver ceux qui tenaient ces flingues IMI, c'est prouver que Médiène, Lamari et leurs amis ne recherchent qu'une chose : le chaos.

— Mais on est coincés ici, à Paris, comment veux-tu qu'on trouve ces preuves, Rémy ?

— Que tu trouves, Tedj. Moi, je suis sur le banc de touche. Je peux t'aider, mais c'est toi qui devras aller au charbon.

Il a une petite moue de résignation.

— Comment tu veux que je fasse ça ? Je suis « retenu » en France.

— On doit pouvoir arranger le coup avec ceux qui voudraient te chercher des poux au DRS ou à la sécurité militaire. Et Chevallier sera content d'avoir un type aussi efficace que toi sur place, ne t'inquiète pas.

Bellevue rigole, ses yeux pétillent encore un peu, parfois, comme avant lorsqu'il buvait des verres, à Alger, après le coucher du soleil.

Benlazar a la nostalgie de ce temps-là. Et de celui d'avant.

— Tu vois, Tedj, reprend Bellevue, il faut que tu comprennes que c'est ici que risque de se dérouler le prochain acte. Parce que si ces types n'hésitent pas à se tuer entre eux, je te parie mon billet qu'ils ont comme ultime option de foutre la merde à l'étranger. En France, par exemple.

Benlazar dépose son verre sur la table basse et pousse un long soupir.

— J'ai encore de bons contacts à Alger. Et ici, j'ai des dossiers, mes dossiers. Oui, c'est la méthode algérienne : avoir des dossiers sur tout le monde. Il faut juste qu'on attende une opportunité pour te renvoyer là-bas.

Une opportunité, c'est quoi une opportunité dans leur boulot ? Une opportunité, Benlazar a toujours pensé que c'étaient des circonstances mises en place par la DGSE.

Mais aujourd'hui, il ne croit pas que la DGSE, ni même la France soient en mesure de créer une opportunité dans cette crise algérienne.

— Une opportunité pour que Chevallier te renvoie là-bas.

Les deux hommes se regardent en silence, un peu solennellement. Est-ce qu'ils viennent de participer à un conseil de guerre ?

— Ça ne va pas tarder, murmure Bellevue. Je le sens. Je n'ai plus de goût, plus d'odorat, mais ça, je peux encore le sentir : le chaos ne va pas tarder à arriver jusqu'ici.

Lorsqu'il ressort rue Tesson, Benlazar a le cœur lourd. La France, pour lui, se résume à un ami qui se meurt, à une femme et des enfants qu'il évite, à une minable chambre d'hôtel. Pour lui aussi, le boulot est une bouée de sauvetage. Il en est là.

Ce soir-là, à l'hôtel, couché sur son lit, il boit une petite flasque de vodka bon marché. Il fume d'une main tremblante la dernière Gitane de son paquet. Il est triste, son estomac pèse une tonne, il éprouve de la difficulté à concentrer ses pensées.

À la télévision, Yitzhak Rabin serre la main de Yasser Arafat sous le regard bienveillant de Bill Clinton. Les accords d'Oslo viennent d'être signés entre Israéliens et Palestiniens, à Washington. L'image est symbolique, selon les journalistes, historique, selon certains commentateurs autorisés. Benlazar a un sourire sceptique, mais il n'a pas le cœur à sourire, ni même à être sceptique.

Soudain, il entend un couple faire l'amour dans la chambre d'à côté. L'homme crie comme un animal. À un moment, il insulte sa compagne. Benlazar entend : « T'es une salope, hein ? T'es une petite salope. »

Quelque chose se lézarde dans son esprit. Une minuscule douleur qui grandit. Il a une vision du commencement du Big Bang, il y a quatorze milliards d'années. Une explosion de la taille d'une tête d'aiguille, mais dont les conséquences seront incommensurables.

Derrière le mur, l'homme grogne toujours. Il demande : « T'aimes ça, hein ? T'aimes ça, t'en prendre un bon coup. » Cette fois, la femme répond : « Vas-y et ferme ta gueule ! » L'homme braille comme un porc.

Benlazar se prend la tête à deux mains, tire violemment sur sa cigarette. Il se lève, marche un peu, puis s'immobilise. Ça y est, l'angoisse lui saisit les tripes. Se concentrer, putain, se concentrer sur quelque chose d'agréable, une pensée positive, une image d'un moment heureux. Mais dans sa tête, il n'y a rien d'agréable, de positif ou d'heureux. Il y a une douleur aiguë et les hurlements du couple à quelques mètres de lui. Les seules images qu'il parvient à faire remonter sont celles d'islamistes torturés pendant des interrogatoires à Haouch-Chnou. Il voit des pleurs, du sang, des suppliques, le sourire des tortionnaires.

Et son paquet de cigarettes est vide.

Il frappe trois coups de poing contre la paroi. Brutalement.

Le silence se fait.

Puis :

— Qu'est-ce qu'il y a, connard ? Ça te fait bander d'entendre ma gonzesse ? crie le type en rigolant.

Et les deux amants remettent ça. Plus fort, plus bruyamment encore, pour bien faire comprendre à l'importun voisin qu'il n'a rien à dire, qu'il n'a qu'à fermer sa gueule.

Benlazar est debout au milieu de la chambre. Son souffle est saccadé, il se frotte les mains frénétiquement. La crise est violente, il la sent monter. Cette fois, il tambourine comme un dingue contre le mur, il met aussi deux coups de pied dans la table de nuit.

Il entend le bruit d'un homme qui saute sur le sol. Quelques secondes plus tard, une porte s'ouvre et des pas claquent dans le couloir.

Maintenant, c'est au voisin de tambouriner sur la porte de la chambre de Benlazar.

— Fait chier...

Benlazar ouvre la porte.

Le type qui lui fait face est en caleçon. Il est très musclé, mais à coups de levées de fonte, une musculature d'apparat, note Benlazar. Il est jeune, vingt-cinq ans au plus. Il n'a pas l'air très fin et serait prêt à n'importe quoi pour venger son honneur. Le genre à considérer qu'un regard de travers est un manque de respect qui mérite en retour un châtiment exemplaire. Une petite racaille, autrement dit.

— T'as un problème ? aboie le jeune type.

Tedj Benlazar est lieutenant à la DGSE, mais il appartient au 44e régiment d'infanterie, il est un agent de terrain, il a appris à se battre. Un petit con ne lui parle pas comme ça : il lui décoche un coup de poing à la mâchoire.

Le type est projeté contre le mur du couloir et s'affaisse.

Benlazar ne le laisse pas souffler, il le saisit par les cheveux et cogne deux fois du genou à la tempe. Puis il arme son poing pour frapper au visage, mais reçoit un jet de gaz lacrymogène dans les yeux.

Merde ! Il n'a pas vu venir la fille, elle était cachée contre le mur de sa porte.

Comme un putain de débutant ! Il vient de se faire avoir par des mômes comme un débutant.

Il réussit à placer un coup de poing qui touche la gamine à la tête et l'envoie au sol. Mais le gars s'est relevé et plonge, tête baissée, dans l'abdomen de Benlazar. Tous les deux traversent le couloir et s'écroulent dans la chambre. Benlazar ne voit quasiment rien et ne peut plus respirer. Le type le roue de coups et son crâne est pareil à un punching-ball.

— Sale bicot de merde ! hurle le type déchaîné.

— Démonte-le, JC ! encourage la fille en lançant des coups de pieds dans les côtes du bicot de merde.

***

Les deux hommes ont pris la route quelques minutes auparavant.

Au volant de leur 4x4, ils viennent de quitter l'oued Tlelat. La ligne à haute tension qui relie Ghazouet et Tlemcen sera achevée d'ici quelques mois et ils pourront rentrer chez eux, en France.

Le mois de septembre est suffocant, et parfois ils pensent à Gray, là où ils habitent, là où les étés sont chauds mais agréables, rafraîchis par la Saône. Ils évoquent souvent des promenades ou des pique-niques dans le quartier de la Plage ou sur les quais. Ils trouvent que l'Algérie est un beau pays, ce n'est pas le problème. En France, ils ne se sont jamais émerveillés devant un envol de flamants roses. Il y a quelques jours, ils en ont vu un immense au-dessus de la Sebkha au sud d'Oran. Ils sont restés sans voix devant le lac salé, au coucher du soleil.

Mais l'anticyclone subtropical qui a pesé pendant les quatre mois d'été sur l'Oranais a fatigué les deux Français. Cette nuit encore, ils ont mal dormi.

Sur la route, une camionnette Ford les double maladroitement.

Le plus âgé des deux Français, celui qui conduit, crie par la fenêtre :

— Merde ! Il est con lui ou quoi ?

La Ford pile devant eux.

Les deux hommes réalisent aussitôt que le chauffeur n'est pas un mauvais coucheur qui veut en découdre ou laver son honneur bafoué par une insulte. Rien à voir : on est en Algérie, en septembre 1993. Un pays où tous les jours des Algériens sont assassinés : des politiques, des intellectuels, des artistes, mais aussi des quidams. Et de fait, les types qui encerclent leur 4x4 portent des Kalachnikovs, ils leur ordonnent de descendre en hurlant et les traînent à l'arrière de la camionnette.

— Taisez-vous et tout ira bien, dit l'un des hommes cagoulés.

Oui, oui, tout ira bien, se forcent à croire les Français.

***

Une sonnerie douloureuse secoue son cerveau.

La moquette de la chambre lui pique le visage. Il a l'impression de s'être fait rouler dessus par un semi-remorque. Il s'est juste fait tabasser par deux petites frappes.

Le téléphone insiste. Il décroche, ses muscles ne sont que douleur et sa vision est à moitié réduite.

— Tu es réveillé, Tedj ? lance Bellevue, avec une nuance d'excitation dans le ton. C'est bien, parce que dans vingt minutes tu te pointes boulevard Mortier.

— Qu'est-ce qui se passe ? réussit à articuler Benlazar malgré le goût métallique sur sa langue.

— T'as picolé hier soir, en rentrant ? Tu as une voix d'outre-tombe…

Bellevue lâche un rire et ajoute :

— Passe sous la douche, et fissa. Il y a une réunion de crise.

— Qu'est-ce qui se passe ? répète Benlazar en se hissant sur le lit.

— Deux Français se sont fait enlever.

Il y a un petit silence. Ce petit silence, Benlazar le connaît, c'est celui qui annonce le pire.

— On vient de retrouver leurs corps à trente bornes de Sidi Bel Abbès, ce matin. On t'attend.

Le commandant Bellevue reprend du service, on dirait. C'est donc le gros bordel.

Dans le miroir de sa salle de bains, Benlazar constate les dégâts : sa tronche est constellée d'hématomes. Son œil droit est méchamment poché et ses lèvres sont ouvertes à plusieurs endroits. Il passe sa main sur ses côtes, grimace : l'une d'elle doit être brisée.

De la langue, il passe en revue ses dents : aucune de perdue.

— Bon, ça va, ça va, dit-il à son reflet.

Il parvient à entrer sous la douche. Son dos lui fait horriblement mal.

— Ça va, répète-t-il en commençant à se raser.

Il le sait : la douleur physique ou la peur d'avoir mal font reculer l'angoisse. Mieux vaut la douleur que l'esprit qui divague, que l'estomac écrasé par ce poids hallucinant. Et puis, l'assassinat des deux ressortissants français, ça veut dire que ça bouge, que ça va bouger. Contre l'angoisse, c'est bon de bouger.

Il s'habille de propre, se coiffe. Il a l'allure d'un boxeur qui a perdu en trois rounds. C'est exactement ça : un mauvais combat dans lequel il n'aurait pas dû s'engager.

Lorsqu'il arrive au siège de la DGSE, les plantons à l'entrée le dévisagent et leurs yeux écarquillés présagent de la gueule que vont tirer ses chefs.

Et de fait :

— Putain, Tedj ! lâche le commandant Bellevue quand il entre dans la salle de réunion.

S'il voyait sa tronche à lui, se dit Benlazar.

Les agents de la cellule Algérie se fendent la gueule, assis sur leurs chaises. Ils connaissent la réputation de leur collègue : deux ou trois années passées au plus près des mecs du DRS en Algérie, il faut avoir des tripes. Mais Benlazar ne fait pas ami-ami avec ses collègues, d'ailleurs il ne fait ami-ami avec personne. Sa vie se résume à son boulot, aucun des membres de la cellule n'aimerait savoir ce qu'il a vraiment dans la tête. Sa gueule, ce matin, colle bien au personnage. Il arrive un moment, dans la vie, où on a la gueule qu'on mérite.

Quelques types en civil, flics ou directeurs de cabinet ministériel, l'observent presque avec frayeur. Ils doivent songer que le renseignement français est bien mal en point.

— Tout va bien, explique le lieutenant au faciès démoli.

Un combat de boxe terminé avant le neuvième round. Mal terminé, pour moi, à vrai dire. La dure loi du sport…

Il se force à rire, une pointe chauffée à blanc lui transperce le crâne.

Les haut gradés en uniforme hochent la tête : que leurs hommes pratiquent la boxe ou tout autre sport de combat, c'est une excellente chose. Qu'ils se fassent massacrer, c'en est une autre, moins gratifiante pour le service. Mais oui, sans doute : c'est la dure loi du sport.

Bellevue sait que Benlazar ne pratique pas la boxe.

— Bon, maintenant que Mike Tyson nous a rejoints, commençons, déclare le colonel Chevallier.

Le lieutenant-colonel Silas Chevallier dirige la cellule Algérie. C'est sans doute lui qui a fait venir Bellevue dans les locaux de la DGSE pour cette réunion. Sans Bellevue, le colonel Chevallier et la direction du renseignement font penser à ces colonnes de soldats, les yeux brûlés, qui remontaient jusqu'à l'arrière des lignes en file indienne, main sur l'épaule de celui qui les précédait, après avoir été gazés, pendant la Première Guerre mondiale. Des putains d'aveugles au milieu d'un champ de bataille. On en a peint des tableaux, allégories d'une humanité à jamais égarée !

— Voilà les faits, continue Chevallier, le torse bombé. Hier, François Barthelet, trente-deux ans, et Emmanuel Didion, vingt-cinq ans, des géomètres de la société Herkiq qui travaillaient sur une ligne à haute tension en construction entre Ghazaouet et Tlemcen (il montre l'Oranais sur une carte de l'Algérie affichée au mur, derrière lui) ont été enlevés par un commando. Ce matin, on a retrouvé leurs corps à une trentaine de kilomètres de Sidi Bel Abbès, dans l'ouest de l'Algérie (il montre à nouveau l'endroit sur la carte). On pense que c'est le GIA qui a fait le coup, même si aucune revendication n'est pour l'instant tombée.

Chevallier se penche sur la table devant lui et tire deux feuilles de papier d'un dossier cartonné.

— Communiqué du gouvernement algérien, il y a deux heures : « Le gouvernement condamne avec la dernière énergie cet acte ignoble qui tente d'entacher les traditions éprouvées d'accueil et d'hospitalité algériennes. » Bla-bla-bla. « Le gouvernement s'engage à déployer tous ses moyens pour la sécurité et la sauvegarde des biens et des personnes de nationalité étrangère qui ont pour charge de coopérer au développement de notre pays. »

— Saadi a dû se rendre sur place pour faire un peu de figuration, coupe Bellevue en frottant pensivement ses joues grises.

— En effet, commandant, le ministre de l'Intérieur algérien s'est rendu sur place, tôt ce matin.

Il passe à la feuille suivante.

— Le gouvernement français est vivement préoccupé, lui, et souhaite que « toute la lumière soit faite ». Communiqué officiel du ministère des Affaires étrangères, il y a une heure et demie : « La France a appris avec une très vive émotion le lâche assassinat de deux Français qui travaillaient en Algérie. Elle condamne vigoureusement cet acte criminel. Elle exprime ses condoléances attristées à leur famille. » Bla-bla-bla. « Notre ambassadeur a immédiatement effectué une démarche auprès des autorités algériennes pour leur faire part de la vive préoccupation du gouvernement français. »

— Les Algériens ont dû chier dans leur froc en voyant venir Audibert, grince Bellevue.

— Commandant, je vous saurai gré de ne pas parler de Monsieur l'ambassadeur de cette façon, intervient l'un des types en civil.

Bellevue esquisse un sourire, son front est nimbé de sueur.

— Ce que je veux dire, monsieur, c'est que le président Kafi ou les généraux Nezzar et Zéroual se fichent bien des démarches diplomatiques de notre ambassadeur. Eux, ils ont une guerre à mener. D'ailleurs, entre nous : la mort de

Barthelet et de Didion, ce n'est peut-être pas la pire des nouvelles pour eux…

Il y a comme un murmure non prononcé dans les rangs des civils présents. Le colonel Chevallier se mord les lèvres.

— Entre nous, commandant, vous pouvez nous expliquer en quoi la mort de deux Français serait une bonne chose pour le Haut Comité d'État, ou pour certains de ses membres ? questionne une femme aux cheveux gris étincelants.

Son regard est perçant et Benlazar croit savoir que c'est une proche conseillère du ministre des Affaires étrangères. Elle a aussi sans doute l'oreille du président.

— Disons que si des terroristes islamistes tuent des ressortissants français, répond Bellevue en maîtrisant le tremblement d'une de ses mains, la présence au pouvoir de Zeroual, Nezzar ou Lamari – des militaires, en somme – devient nécessaire et la répression qu'ils exercent, légitime.

La femme aux cheveux gris fronce les sourcils. Quelque chose dans son regard semble indiquer qu'elle partage la position de l'officier amaigri et pâle assis devant elle.

— Le pouvoir algérien tente d'endiguer la montée du terrorisme islamique, commandant, dit-elle pourtant. Jusqu'à preuve du contraire, l'Algérie est un pays démocratique, et ceux qui la dirigent ont été élus démocratiquement.

Bellevue lâche un petit rire.

— La preuve du contraire, bien sûr…

Benlazar ne l'a jamais vu aussi désinvolte face à quelqu'un d'un rang si important. La proximité de la mort autorise-t-elle les gens à être ce qu'ils se sont toujours interdit d'être ? Benlazar n'y croit pas. Lors des interrogatoires menés par la sécurité militaire, il n'a vu que très peu d'islamistes se rebeller contre leurs bourreaux. Quelques-uns ont dit « *allahou akbar* » et se sont tus – les plus déterminés sans doute –, mais la plupart continue à répondre aux questions, à supplier parfois, alors que tous savent qu'ils vont mourir.

Benlazar devine pourtant que Bellevue est en position

de force : s'il se permet d'être désinvolte, c'est peut-être que la maladie et la mort rôdent tout près, mais c'est aussi qu'il dispose d'informations importantes.

— Sauf votre respect, si l'Algérie était démocratique, les barbus seraient au pouvoir.

— Commandant Bellevue, merde ! Vous voulez bien arrêter votre numéro, intervient le colonel Chevallier.

Son intervention n'est que protocolaire : dans la pièce, rares sont ceux qui estiment que l'Algérie est démocratique.

La fonctionnaire aux cheveux argentés n'est pas stupide : elle non plus ne croit pas que les militaires au pouvoir à Alger et leurs méthodes de lutte contre les islamistes relèvent de la démocratie. Mais elle est là pour que la ligne politique soit suivie. Benlazar ne connaît ni son nom ni sa fonction, mais il soupçonne qu'elle a dû en mater de plus coriaces que Bellevue.

— Laissez, colonel, dit-elle tranquillement. Le commandant a sans doute raison. Mais ce n'est pas la question, présentement : ce que l'Élysée veut, c'est que la DGSE reprenne son travail sur le terrain comme si de rien n'était. Et rien n'est, en effet. On reprend nos activités comme d'habitude, on assure la présence de la France en Algérie comme d'habitude, cela afin que nos alliés algériens n'oublient pas que nous les soutenons.

Elle se tourne vers les gradés de la DGSE.

— Nous les soutenons, vous comprenez ?

Bien sûr que tout le monde comprend.

Tedj Benlazar, lui, comprend qu'il repart sur le terrain. Le clin d'œil un peu triste de Bellevue le lui confirme : l'opportunité qu'ils espéraient ne s'est pas fait attendre très longtemps. Le Vieux restera en France : terminé pour lui, l'Afrique. Depuis la rue Tesson, il l'aidera peut-être, mais en guettant la mort, les deux hommes le savent.

— Et pour Barthelet et Didion, on laisse tomber ? reprend Bellevue en se redressant brutalement sur son siège. Deux Français se font descendre et on ne fait rien ?

— L'Algérie est une démocratie, on peut avoir confiance en sa justice, sourit la femme aux cheveux argentés, sans masquer toute l'ironie de sa réponse.

Elle se penche vers Chevallier.

— Colonel, sur le terrain, vous êtes nos yeux et nos oreilles plus que jamais. Le président vous fait confiance.

Bellevue se tait, Benlazar a l'impression d'être au théâtre devant une mauvaise pièce.

La fonctionnaire adresse un signe de tête à l'un des civils, et tous les costumes-cravates se dirigent vers la porte.

— Nous marchons sur des œufs, messieurs, continue-t-elle à l'intention des officiers. Le commandant Bellevue a raison : les militaires algériens sont nos alliés, mais ce ne sont pas pour autant nos amis. Et peut-être, je dis bien peut-être, n'avons-nous pas la même définition du terme démocratie. Quoi qu'il en soit, la France doit conserver une présence prépondérante en Algérie. Le prix à payer est d'être poli avec nos alliés algériens.

Elle rejoint à son tour la porte puis s'arrête et embrasse l'assistance d'un regard bienveillant.

— Politesse n'est pas soumission : nous ne voulons pas que les problèmes algéro-algériens deviennent des problèmes franco-algériens. À aucun prix.

Et elle sort.

— La merde algérienne doit rester en Algérie, autrement dit, résume Bellevue avec son sourire cynique.

— Exactement, commandant, coupe Chevallier. Et vos remarques, vous les gardez pour vous si vous ne voulez pas retourner immédiatement à votre petite retraite, on est d'accord ?

Bellevue acquiesce d'un hochement de tête.

— Mais ça va être un sacré boulot de garder la merde algérienne en Algérie, mon colonel, dit-il tout de même.

— Bon, colonel, vous nous tenez au courant de l'évolution de la situation et de nos options concernant l'assassinat de Barthelet et Didion ! lance alors l'un des haut gradés de la direction.

Chevallier se redresse en position presque réglementaire.

— À vos ordres, mon général.

Sur ces mots, les officiers supérieurs quittent la pièce rapidement. *Trop compliqué pour vous, hein, les gars ?* se dit Benlazar en les voyant fuir.

Le général lance un dernier regard à Bellevue et Benlazar. On voit bien qu'il s'interroge sur la solidité de ses troupes, mais il ébauche un imperceptible salut de la tête. Peut-être songe-t-il qu'il ne faut pas se fier aux apparences, que ces deux hurluberlus, le commandant mourant et le lieutenant à la gueule cassée, réussiront à traiter le cas algérien en douceur. Ou peut-être veut-il juste ne pas trop s'impliquer dans le merdier à venir.

— Lieutenant, déclare Chevallier en fixant Benlazar de son regard perçant, je suis désolé, mais vous devez retourner là-bas d'ici quarante-huit heures. Les circonstances qui vous ont ramené en France semblent en passe d'être éclaircies – pas oubliées, ne vous en faites pas, nous en reparlerons avec qui de droit plus tard –, mais disons éclaircies, donc aplanies. Vous pouvez réintégrer votre poste à Blida. Il nous faut tous nos officiers traitants sur place pour éviter que d'autres ressortissants subissent le même sort que MM. Barthelet et Didion.

Bellevue a un sourire incongru, comme si lui aussi était fasciné par l'indigence de la pièce de théâtre à laquelle il assiste.

— Il se trouve, Tedj, que tu n'as jamais été visé : ton correspondant – un dénommé Chokri Saïdi-Sief, n'est-ce pas ? – avait un passé de membre du FIS. Le DRS a cru qu'il était toujours un militant islamiste. Gombert, là-bas, s'est assuré que ni toi ni la DGSE n'avez jamais été ciblés officiellement. C'est un malentendu, en fait.

— Un malentendu ? répète Benlazar en secouant la tête. On dira ça à la femme et aux deux gosses de Chokri, ouais.

Et il faudra m'expliquer par qui je me suis fait tirer dessus dans la Casbah. Toi, à la limite, c'est peut-être des petits voyous qui voulaient te voler ton portefeuille qui t'ont agressé dans ton parking. Mais moi, je sais ce que j'ai vu dans la Casbah.

Bellevue acquiesce avec un autre sourire incongru.

— Le DRS a assuré à Gombert que ce n'étaient pas ses hommes, ni dans mon parking ni dans la Casbah.

— Par conséquent, je peux retourner en Algérie et je crains rien, c'est bien ça ?

Chevallier dit d'un air un peu embarrassé :

— On va vous couvrir au maximum. Et le DRS fera attention à vous.

Benlazar se retient de sourire.

— Vous nous excuserez auprès de votre femme, lieutenant, reprend le colonel, mais on va avoir besoin de nos meilleurs officiers, là-bas.

Benlazar ne s'excusera auprès de personne d'aller faire de la figuration en Algérie pour que les relations entre Paris et Alger redeviennent ce qu'elles ont toujours été. Sa cage thoracique se détend, c'est la première fois qu'il a l'impression de respirer normalement depuis son retour en France. Et sans la mort de Chokri, il serait complètement apaisé de repartir en Algérie. Même risquer sa vie à nouveau ne l'empêche pas d'être impatient de quitter la France.

— Bien, mon colonel, lâche-t-il tout de même d'une voix morne. Je transmettrai à mon épouse.

— Par contre, plus de boxe avant votre départ, ajoute Chevallier avec un rictus idiot, content de son bon mot.

Les gars de la cellule se gondolent comme un seul homme.

— Ou faut trouver des adversaires à sa hauteur, genre un sac de frappe, glousse Berthier.

Ça fait marrer ses collègues. Marek Berthier est un bon analyste, il était en poste en Syrie avant d'être rapatrié à Paris deux mois plus tôt. Au sein de la cellule Algérie, il n'est pas moins bon qu'un autre. Il fait souvent marrer ses collègues.

— Lieutenant Berthier, vous partez pour Constantine, lui dit Bellevue. Il nous faut quelqu'un pour remplacer Stein qui s'est fait renverser par une voiture, comme vous l'avez appris.

Berthier arrête immédiatement de rire. Sa bouche reste ouverte quelques secondes, mais il sait qu'il n'a rien à dire. Et il sait que, dans son métier, les accidents de la circulation ne sont pas toujours des accidents.

Les autres aussi ravalent leurs gloussements : ils n'ont aucune envie d'aller faire un tour sur le terrain, le boulot à la Boîte leur convient parfaitement. L'Algérie n'est pas un pays pour lequel on postule en masse, ces temps-ci.

— Disposez, messieurs ! aboie Chevallier en s'étirant bruyamment.

Les hommes se lèvent et sortent un à un.

— Reste là, Tedj, dit Bellevue en fouillant dans son dossier cartonné.

Chevallier se rassied à la table, avec le regard de celui qui a de mauvaise nouvelles.

Bellevue montre une photo anthropométrique.

— L'année dernière, un certain commandant Djaber nous a balancé que les militaires algériens, Smaïl, Médiène, Tartag, Nezzar et *tutti quanti*, avaient dans l'idée de créer des groupes qui délégitimeraient l'action des islamistes du FIS. Djaber parlait d'une infiltration massive d'agents du renseignement militaire dans les maquis terroristes. À l'époque, franchement, on ne l'a pas cru : le capitaine Albin Stein n'avait pas jugé bon de suivre cette piste.

Benlazar observe son supérieur et ami avec un sentiment mitigé, mélange d'admiration et de méfiance : quand il lui a demandé, la veille au soir, de trouver des preuves sur le terrain parce que lui était sur le banc de touche, Bellevue avait carrément dans l'idée de prouver une collusion entre les militaires et les maquis islamistes du GIA. Rien que ça…

— Djaber a trouvé la mort dans des circonstances troubles au printemps de l'année dernière. Tu connais Constantine, Tedj ?

Benlazar hausse les épaules : il a rencontré Stein deux ou trois fois là-bas, oui.

— Tu vois le pont de Sidi M'Cid qui relie la médina à l'hôpital ? Eh bien, le commandant Djaber s'est jeté dans le vide depuis ce pont. On a retrouvé son corps 180 mètres plus bas. À mon avis, ce n'était pas un suicide. Il a dû être repéré, le DRS s'est aperçu qu'il parlait aux Français… Djaber mort, on n'a plus de contact à ce niveau.

Benlazar se recule lentement dans son fauteuil.

— C'est Albin Stein qui a recueilli ces infos. Et Stein s'est fait renverser par une voiture peu de temps après que Djaber a fait le grand plongeon.

Benlazar hoche la tête, prend une courte inspiration.

— Alors on peut penser que si Djaber et Stein ont été éliminés, c'est parce que ce truc des groupes pour délégitimer l'action des islamistes du FIS n'est peut-être pas bidon. Et si ce n'est pas bidon, moi je crois que le DRS risque très vite de se retrouver face à un gros problème.

Bellevue sourit : vas-y Tedj, fouine, fonce, déterre.

Chevallier, lui, grimace : le conspirationnisme l'a toujours mis très mal à l'aise.

Benlazar s'en fout, il continue :

— En gros, le DRS ne va plus contrôler le truc bien longtemps : vous imaginez si des agents de la sécurité militaire sont vraiment infiltrés dans le GIA ? Vous imaginez ce qu'ils sont obligés de donner comme gages pour ne pas être démasqués ? Ils savent tous que s'ils se font prendre, les barbus vont leur faire passer un sale quart d'heure. Ces « infiltrés » doivent être les tueurs les plus efficaces d'Algérie en ce moment, ils vont se surpasser.

— Ça va, lieutenant, coupe Chevallier, tous les gens du

DRS ne sont pas des tueurs, et les islamistes sont bien assez grands pour être des putains de salopards, hein. Il y a assez de connards complotistes dans les journaux.

— Le commandant Djaber nous a confirmé qu'une liste noire de personnalités à éliminer existe, que c'est lui qui l'a rédigée et qu'elle se retrouve dans les mains des islamistes comme s'ils l'avaient établie eux-mêmes, continue Bellevue. Ça accréditerait la thèse, à tout le moins, d'une manipulation.

Chevallier fronce les sourcils. En cet instant, il préférerait sans doute avoir suivi ses collègues, les haut gradés qui ont quitté la pièce un peu trop précipitamment tout à l'heure. Quant à Bellevue, il semble retrouver des forces à vue d'œil. Son travail de renseignement, c'est son oxygène. Il est le genre de comédien à tout faire pour mourir sur scène.

Des aveugles sur un champ de bataille…

— Sauf vous, lieutenant, dit Chevallier. Vous êtes le mieux renseigné de nos agents. Le commandant n'en démord pas.

Bellevue fait oui de la tête, un petit sourire en coin.

Peut-être parce que les gens du DRS me considèrent comme un fonctionnaire incompétent, réplique Benlazar en son for intérieur. Qu'il soit l'agent le plus performant de la DGSE en Algérie parle surtout de la faiblesse du renseignement français.

— Tu vois, Tedj, continue Bellevue, tes idées sur l'existence de camps de la mort dans le sud de l'Algérie, c'est le dernier de nos soucis. Enfin, pas vraiment, ça pourrait nous donner une petite aiguille à enfoncer sous les ongles des généraux, ça peut toujours être utile. Mais on n'en est plus là.

Le colonel Chevallier détourne le regard : l'existence de ces camps de concentration a-t-elle déjà été évoquée en haut lieu sans que personne ait voulu donner suite ?

Benlazar étouffe un ricanement.

— Tedj, il faut que tu nous trouves des preuves de l'implication du DRS dans le bordel à venir. Si bordel il y a. L'Élysée et le Quai d'Orsay veulent avoir des biscuits au cas où, comme l'a dit madame de Broglie, les problèmes algéro-algériens deviendraient des problèmes franco-algériens.

Benlazar observe ses supérieurs en essayant d'ouvrir son œil poché.

— Alors, ça y est : vous croyez que ça peut péter en France, c'est ça ?

L'idée lui paraît irréelle. Mais le visage de Bellevue ne laisse pas de doute.

— Tu n'as pas idée de ce à quoi on se prépare, Tedj.

— Enfin, disons que tous les scénarios sont envisagés, précise Chevallier dont le regard s'est troublé. Rien n'est certain et pour l'instant, messieurs, la position officielle est que la crise algérienne est bien un problème algéro-algérien, comme vous dites, commandant.

Bellevue referme lentement le dossier. Il avale sa salive comme si les mots à venir lui faisaient mal à la gorge.

— Il nous faut des preuves qui confirment ou infirment l'hypothèse que le pouvoir algérien pourrait avaliser cette traversée de la Méditerranée, tu vois ?

Chevallier transpire-t-il un peu face à ce qui se raconte devant lui ? A-t-il le sentiment qu'il va à l'encontre de la position officielle ?

Benlazar accepte de retourner en Algérie, d'essayer de trouver ces preuves, mais il a du mal à avaler que ses chefs, ces aveugles au milieu du champ de bataille, l'envoient au casse-pipe aussi facilement.

— Vous allez croire que je suis la proie des idées fixes, mais en ce qui concerne la double tentative de meurtre qui nous a visés, le commandant et moi, on en reste donc là ? Je vois. Que quelqu'un ait sans doute flingué Stein, essayé de t'avoir dans le parking de ta résidence et tenté de me descendre dans la Casbah, ça ne pose aucun problème ? Que ce quelqu'un soit peut-être la sécurité militaire ou le DRS, ça ne dérange personne, ici ou plus haut, à l'Élysée, par exemple ?

Bellevue et Chevallier fixent leur subordonné comme s'ils attendaient la fin d'une bonne blague.

— Deux ressortissants français se font tuer, on cible des agents de la DGSE, et on continue comme avant ?

— On vous a dit ce que l'on savait, lieutenant, lâche le colonel en se dirigeant vers la sortie. Le DRS et la sécurité intérieure ne sont pas responsables de ces agressions. Pour nous, c'étaient de petits voyous, rien d'autre.

Benlazar éclate de rire. Ça ne plaît pas à Chevallier.

— Faites pas trop chier, parce que vous êtes sur la corde raide.

Il toise les deux hommes, le regard sombre.

— On est tous sur la corde raide, apparemment.

Il disparaît dans le couloir.

Lorsqu'ils sont seuls, Bellevue se lève de son fauteuil.

— Disons qu'ici et plus haut, à l'Élysée, par exemple, on n'a pas franchement la main. Ou plutôt que la main que l'on a, ce n'est pas vraiment une quinte flush et on n'a pas envie de se retrouver à poil, tu vois ? Je veux dire : on ne sait pas qui a voulu nous descendre et c'est l'un des risques de notre métier.

Benlazar voit : la France, cette grande puissance diplomatique, laisse ses agents se faire flinguer et ça fait partie du jeu. Mais s'il regarde au fond de lui, l'affaiblissement de la puissance française n'a pas de prise sur lui : oui, il va risquer sa vie en retournant en Algérie ; oui, ses chefs sont loin de maîtriser la situation. Mais il voit seulement le soleil au-dessus de Blida, le kiosque de la place Toute, le marché couvert de Placet Laârab… Il hume déjà le parfum des rosiers qui fleurissent la ville, des citronniers et du chèvrefeuille. Il a hâte.

***

Les ordres sont de frapper fort.

Le capitaine l'a répété avant le départ, ce matin, à l'aurore. Concernant les hommes du 25e régiment de reconnaissance basés à Lakhdaria, les ordres viennent toujours de bien plus haut.

— Que s'est-il passé, capitaine ? a demandé le lieutenant Slimane Bougachiche en s'installant aux côté de son chef, à l'arrière de la jeep de commandement.

— Deux Français ont été enlevés et exécutés, hier, à Sidi Bel Abbès.

La colonne se met en route sur la nationale 5, elle prend la direction des gorges de Palestro, au nord.

C'est le sergent Saïd Gueddah qui conduit. L'homme qui a permis à Bougachiche d'échapper à l'embuscade dans laquelle dix nouvelles recrues se sont fait massacrer. Le capitaine n'a pas eu l'air surpris quand ils sont revenus seuls à la villa. Il a dit « Ce n'est que le début » et il a donné une tape amicale à son subordonné. Bougachiche en est resté paralysé : dix jeunes hommes tués, certains brûlés vifs, et l'unique commentaire du capitaine Abdelmadjid Laouar c'était « Ce n'est qu'un début »… Le sergent Gueddah a hoché plusieurs fois la tête, comme si le capitaine avait dit là tout ce qu'on pouvait dire en la circonstance.

Mais Gueddah sent les coups fourrés, les embuscades, les embrouilles, Bougachiche en est persuadé. Pour cette mission, c'est une bonne chose qu'il ouvre la route.

— Alors, on va taper fort, lieutenant, lâche le capitaine tandis que le convoi pénètre dans le massif de Zbarbar.

Le capitaine Abdelmadjid Laouar dirige le détachement du 25e régiment de reconnaissance à Lakhdaria. C'est lui qui a réglé le problème à la fin de l'année précédente.

Le « problème », c'était que la ville était devenue une zone de non-droit où les assassinats succédaient aux attentats à l'explosif. Lorsqu'il est arrivé à Lakhdaria, quelques mois après que le « problème » a été réglé, Bougachiche a entendu ses hommes raconter des histoires terribles, des histoires de folie meurtrière, de meurtres à visage découvert et en plein jour. Vingt meurtres par jour en moyenne, alors que la ville comptait 35 000 habitants !

En 1990, 80 % des électeurs de Lakhdaria ont voté pour les islamistes aux élections municipales, et Mohamed Yabouche, membre du FIS, a été élu maire. La violence s'est déchaînée quand l'armée a interrompu le processus électoral. Les hommes du GIA sont descendus des montagnes. Des dizaines de policiers se sont fait tuer, les têtes coupées étaient jetées sur le parvis de la grande mosquée, les voitures explosaient dans les rues. Les gendarmes vivaient reclus et barricadés dans leur caserne, la population était abandonnée à son sort. Les forces de l'ordre ne sortaient de leur inertie que pour rafler au petit matin des jeunes gens présumés islamistes dans les quartiers pauvres de la ville. Certains étaient torturés toute la journée puis relâchés, on retrouvait le corps des autres, le soir, dans des terrains vagues. Œil pour œil, dent pour dent.

Souvent, des groupes d'hommes barbus et armés pénétraient dans les cafés et rouaient de coups les clients qui fumaient des cigarettes. Les femmes devaient être voilées sous peine de mort. La terreur avait pris possession de la ville, mais entre la peste et le choléra, entre l'armée et le GIA, les habitants ne savaient que choisir.

Lakhdaria était une image réduite de l'Algérie, quelques kilomètres carrés d'une véritable centrifugeuse à violence déclenchée par l'armée, un laboratoire de la terreur imprimée par les islamistes – qui avaient encore le soutien d'une partie de la population, malgré tout.

Le GIA a perdu toute adhésion de la population au cours de la nuit du 3 février 1993. Ce soir-là, une centaine d'islamistes a mis le feu à tous les édifices publics, des collèges à la caserne des pompiers. Les hommes hurlaient « *Allahou akbar !* » Ils ont massacré une dizaine d'habitants au hasard. Des femmes ont été violées devant leur famille. Une nuit de fin d'apocalypse.

Une telle zone de non-droit total à une soixantaine de kilomètres seulement au sud-est d'Alger, c'était inacceptable pour le pouvoir. Quelques jours plus tard, le capitaine Laouar a rassemblé ses hommes en disant que la guerre était déclarée. Des camarades du lieutenant Bougachiche ont affirmé ensuite qu'il avait même dit : « La chasse est ouverte. » Il a lancé plusieurs opérations autour de Lakhdaria : les cadavres de militants islamistes, même modérés, se sont retrouvés par centaines sur le bord des routes, au petit matin. Des rumeurs circulaient en ville : des hommes qui n'appartenaient ni au FIS ni au GIA avaient été exécutés sommairement. C'était le prix à payer pour éradiquer le terrorisme.

Après ce premier « nettoyage », le capitaine Laouar a demandé à ses chefs l'autorisation de distribuer des armes afin de créer une milice citoyenne. Les vieux, des anciens moudjahidine, ont ressorti leurs fusils qui avaient parfois servi lors de la guerre d'indépendance ; les jeunes ont reçu des armes plus modernes, fusils à pompe ou mitraillettes. Des gamins d'à peine douze ans paradaient armés dans les rues. Les hommes du GIA ne sont plus entrés en ville, et même dans les campagnes alentour, ils ont commencé à subir la résistance des villageois.

C'était il y a quelques mois, mais les groupes islamistes tiennent encore les maquis, dans les montagnes au-dessus de Lakhdaria.

— Quel est votre plan, capitaine ?

Laouar montre les forêts de Begas et Lala Oum Saad, qui surplombent la ville, sur les contreforts rocheux.

— Quand on veut déloger des nuisibles, on met le feu aux champs, dit-il, le regard perdu dans l'obscurité.

Bougachiche ravale le peu de salive au fond de sa gorge : il y a beaucoup de fermes et de petits hameaux disséminés dans les forêts devant lui. Au pied des chênes-lièges et des pins, le *bou addad*, une bruyère inextricable et sèche, peut atteindre trois mètres de hauteur, le feu s'en délectera.

— Nous allons incendier Begas et Lala Oum Saad, capitaine ?

— Il faut frapper fort, lieutenant. Ça vous pose un problème de conscience ?

Non, aucun problème de conscience. Bougachiche en a fini depuis longtemps avec sa conscience. Il sait que les nuisibles dont parle le capitaine doivent être combattus par des moyens que sa conscience aurait réprouvé une ou deux années auparavant. Mais c'était avant, avant qu'il devienne une bête féroce.

Bougachiche pense à Yamina. Toujours, avant de passer à l'action et de tuer, il se demande ce qu'elle lui dirait. « Quoi qu'il t'en coûte, ne meurs pas », sans doute encore.

— On y est, capitaine, déclare le sergent Gueddah après une vingtaine de minutes de route cahoteuse.

La colonne de véhicules s'arrête.

Les soldats en descendent. La tension est palpable dans les rangs. Autour d'eux se cachent à coup sûr des ennemis qui rêvent de les décapiter vivants. Bien sûr, les soldats sont nombreux, mais on n'a jamais pu réellement dénombrer la quantité de combattants du GIA dans ces montagnes.

Une demi-douzaine de soldats installe des tubes de mortiers en contrebas de la route. De lourdes valises contenant des obus sont déposées près des canons. Laouar rejoint les artilleurs, Bougachiche et Gueddah le suivent.

Le capitaine ouvre l'une des valises.

— Ce sont des bombes au phosphore blanc, explique-t-il à son subordonné.

Bougachiche a appris à l'école militaire ce qu'était le phosphore blanc, il connaît ses capacités hautement incendiaires, supérieures à celles du napalm. Le phosphore blanc est prohibé par le Protocole III du 10 octobre 1989 sur l'interdiction ou la limitation de l'emploi des armes incendiaires. Il sait aussi que l'Algérie n'en est pas signataire.

— Disposez vos hommes tout au long de la route, lieutenant, ordonne Laouar. Un homme tous les cinq mètres, en position de tir. Aucun de ces salauds ne doit sortir de la forêt, vous m'avez compris ?

Bougachiche salue, les doigts sur le front, et remonte sur la route avec Gueddah.

— Transmets les ordres, sergent, lui dit-il en chambrant une balle dans sa Kalachnikov.

Gueddah se précipite vers les sous-officiers de l'unité et explique la manœuvre à venir.

Dix minutes plus tard, des déflagrations retentissent au-dessus de la route et des éclairs aveuglants courent sur la montagne.

Le *bou addad* s'embrase comme du papier journal dans un brasero, l'été a été sec, trop sec. Les grands eucalyptus prennent feu les premiers, on dirait d'immenses torches qui éclairent toute la vallée. Des nuées d'étourneaux fuient l'incendie, certains brûlent en vol et s'écrasent au-delà de la route. Des milliers de criquets refluent vers les soldats, les artilleurs secouent frénétiquement les pieds pour s'en débarrasser.

Les mortiers continuent de cracher pendant de longues minutes, ajoutant toujours plus de chaos à l'infernal brasier. Des arbres centenaires ploient sous l'assaut des flammes et finissent par s'effondrer au sol dans un fracas étourdissant. C'est comme si la nature hurlait de douleur.

Les chênes et les pins crient en de lugubres craquements.

Les soldats, et même Bougachiche, sont hypnotisés par le spectacle. Le sergent Gueddah les rappelle à l'ordre, tous :

— À vos postes ! gueule-t-il en secouant un jeune soldat par le col de son uniforme.

Et les soldats remettent en joue.

L'incendie continue de dévorer les arbres, les buissons de bruyère exhalent une odeur de miel brûlé. Les oiseaux ne volent plus.

Soudain, une harde de sangliers dévale au fond de la fosse, à quelques centaines de mètres des mortiers. Des coups de feu claquent, deux sangliers s'écroulent.

— *Halouf el raba* ! crie un soldat.

Des cochons de montagne, des putains de cochons de montagne…

— Bande de cons ! gueule à nouveau le sergent Gueddah. Cessez le feu !

Il s'avance vers les tireurs. Bougachiche n'entend pas ce qu'il leur dit, mais les soldats haussent les épaules, piteux.

Le feu remonte vers le haut des montagnes, ravageant tout sur son passage. Il ne faut pas plus d'une heure pour que le pan montagneux face aux militaires devienne cendres et fumées. Les plus grands arbres tiennent encore debout, mais ce ne sont plus que des troncs noircis dépouillés de leur feuillage, amputés de leurs branches.

Le capitaine Laouar montre alors d'un signe de la main le sommet de la montagne aux artilleurs. Ceux-ci règlent leurs mortiers, discutent quelques secondes encore et déclenchent la deuxième salve : cette fois, les obus disparaissent par-delà la crête. Les explosions font sauter des arbres et des pierres dans le ciel, et le feu prend sur le versant nord. Une chape de fumée recouvre presque immédiatement le massif.

Une détonation se fait entendre dans le brasier.

— Ça, c'est une cache d'armes du GIA ! s'exclame Laouar.

Ou un campement de bûcherons avec cuisine au gaz, pense Bougachiche.

Un coup de feu claque, suivi d'une rafale, à quelques centaines de mètres de lui sur la route.

— Qu'est-ce que c'est ? hurle le sergent Gueddah.

— Va voir, lui ordonne Bougachiche.

Les hommes jettent des coups d'œil nerveux autour d'eux : peut-être est-ce le début d'une embuscade ?

Gueddah court, à moitié plié en deux. Il disparaît derrière un bosquet.

Le capitaine Laouar et Bougachiche fixent les petits arbres. Puis Gueddah réapparaît; à sa suite, deux soldats traînent un corps.

— Un terroriste qui essayait de s'enfuir, explique le sergent en souriant. Les gars l'ont eu.

Tous les soldats se détendent, certains rigolent : un de ces fumiers s'est fait repasser, le capitaine avait raison, son plan a marché. Bougachiche s'approche du cadavre. C'est un vieil homme. Il a reçu une balle au-dessous de l'œil droit et une autre dans le ventre. Ses habits n'ont rien de militaire. Sauf peut-être son pantalon.

— Il porte un treillis de l'armée, lieutenant, précise d'ailleurs Gueddah.

Sauf que c'est un pantalon qui date des années soixante-dix, au bas mot.

Sauf qu'il est chaussé de sandales, coiffé d'un chèche enroulé autour de la tête et vêtu d'une djellaba à capuche de mauvais tissu élimé.

Sauf qu'il n'a pas d'arme.

Il n'a rien d'un membre du GIA.

Mais la main invisible qui se saisit de Slimane chaque fois qu'il assiste ou participe à un meurtre, à une séance de torture ou à un acte amoral, le prend de nouveau. Et encore une fois, sur le bord de cette route de montagne, toute peur, toute colère, tout dégoût le quittent. Il dit seulement :

— Il a une drôle de tenue, ton terroriste, sergent.

Gueddah reste impassible : il l'a souvent répété à son lieutenant, l'ennemi se fond dans la population, c'est comme ça qu'on le reconnaît.

— Balancez-le dans le ravin, grogne Bougachiche.

— C'est bien, les gars, dit Gueddah.

Le cadavre roule en contrebas de la route tandis que Bougachiche retourne vers son supérieur, près des pièces d'artillerie.

— Un homme qui fuyait, capitaine, déclare-t-il à Laouar.

— Un terroriste ?

Bougachiche fait oui de la tête et remonte à son poste, sur la route. La bête féroce se sent mal : *un terroriste de quatre-vingts ans en sandales, voilà notre tableau de chasse.* Yamina lui manque.

***

Le *chergui* souffle depuis trois jours, balayant le camp de chaudes bourrasques qui soulèvent la poussière. Même les vipères à corne et les scorpions restent cachés dans les *merkoubas*, les touffes d'herbe cassantes comme des brindilles, ou dans les petits amoncellements de pierre, çà et là dans les cours.

Les tentes sont secouées par le vent du Sahara, les prisonniers et les gardes doivent se couvrir le visage en permanence. Beaucoup de détenus restent allongés toute la journée pour éviter le sable transporté par le *chergui.* Ça ne les empêche pas de tousser et cracher sans arrêt.

Moussa Ahmed Chaouch est revenu à Aïn M'guel le matin même. Il a quitté Alger deux jours plus tôt; cette fois, il n'a pas pris l'avion mais le car. Durant le voyage interminable, les passagers n'ont pas dormi. Ils étaient nerveux : tous avaient à l'esprit les faux barrages policiers tenus par les islamistes qui exécutent des civils au hasard. Mais il est rentré chez lui sans encombre.

Maïssa est morte. « Qu'aurait-il pu m'arriver de pire ? » a-t-il répondu à sa femme quand il l'a retrouvée et qu'elle s'inquiétait de savoir si son long voyage en autocar n'avait pas été trop éprouvant.

Il a fallu reprendre le travail d'entretien au camp. Rapidement. Moussa Ahmed Chaouch a d'autres enfants à nourrir, il ne peut se laisser aller à la tristesse qui lui ravage le cœur.

Le *chergui* souffle et Moussa espère que le *chergui* masquera sa tristesse. Et puis la tristesse, le deuil, en Algérie, de nos jours, c'est comme le sable dans le désert : des milliards de grains, les uns contre les autres, une étendue tellement vaste qu'on n'en voit pas la fin. Combien de familles ont perdu un proche, cette année ? Combien de morts dans les attentats, les exécutions sommaires ? Combien de disparus, de torturés, de gens qui ont perdu la raison à cause de la terreur quotidienne ? C'est cela, son pays, se dit Chaouch : des individus comme des grains de sable, pas plus réactifs, tout aussi incapables de s'extirper de la trop vaste étendue de la terreur. Il n'y a qu'à ouvrir le journal pour lire le compte-rendu d'attaques, d'embuscades, d'assassinats qui, la nuit précédente, la veille, ont ensanglanté le pays. Juste avant de prendre son service, il se roule une cigarette de tabac gris dans le petit local qui sert de vestiaire aux employés de l'entretien du camp d'Aïn M'guel. Il feuillette rapidement *El Massa*.

Le 14 octobre 1993, Mohamed Abada, l'ancien directeur de la télévision nationale, s'est fait tuer à Aïn Taya, à Alger.

Deux jours plus tard, à Laghouat, deux haut gradés russes, des instructeurs apparemment, se sont fait assassiner.

Le 18 octobre, c'est Smaïl Yefsah, un journaliste de la télévision algérienne, qui est exécuté non loin de son domicile à Bab Ezzouar, dans la banlieue d'Alger.

Hier, on a retrouvé les corps de trois techniciens italiens dans les environs de Tiaret. Ils avaient été enlevés la veille.

Voilà pour les nouvelles d'aujourd'hui. Pas un mot d'une petite fille morte d'une maladie que même les grands docteurs du centre hospitalo-universitaire de Bab El Oued n'ont pas su expliquer.

Malgré le vent de sable, Moussa Ahmed Chaouch accomplit ses tâches avec sérieux, ce jour-là. Ça lui permet de ne pas penser à Maïssa. Ni à sa femme, brisée par la douleur. Il n'a pas su trouver les mots quand il est rentré seul à la maison. Il a dit : « La petite est morte, c'est fini. » Rien d'autre.

Le *chergui* rend le travail inutile : le sol des sanitaires et des cellules d'interrogatoire se couvre de sable au fur et à mesure que les employés balayent. Les gardes se cachent de la poussière dans les recoins des bâtiments. La vie au camp est comme à l'arrêt. Seuls les détenus les plus rigoureux sont présents pour l'*adh dhouhr* et l'*al asr*. Le soleil ne projette aucune ombre, et la prière semble douloureuse aux hommes agenouillés.

En fin de journée, Raouf Bougachiche s'approche de lui.

— *Assalamu alaykum*, lui dit le jeune détenu, derrière un chèche enroulé autour de sa tête. Tu t'es absenté bien longtemps, Moussa. Tout va bien ?

— *Wa alaykum assalam*. J'ai dû m'absenter, oui : un problème familial.

Son regard se perd dans la tempête de sable.

Les gardes ne les voient même pas.

— Je suis allé à Alger, j'ai vu Gh'zala chez elle, rue Arbadji-Abderrahmane.

Raouf le saisit par les épaules.

— Tu as parlé à Gh'zala ? Comment va-t-elle ? Tu lui as dit que j'étais ici ?

Chaouch jette un regard inquiet vers la porte des sanitaires.

— Oui, oui, je lui ai dit…

Le jeune homme le serre contre lui.

— *Barak Allahou fik*, Moussa. Tu lui as dit que tout allait bien pour moi maintenant ?

— Oui, je lui ai dit.

Brusquement, Moussa repousse le jeune Bougachiche : un détenu est entré dans les sanitaires.

— Raouf, viens, ordonne celui-ci. Djamel veut te voir. Il sort dans quelques heures.

Bougachiche a un regard éberlué.

— Djamel sort d'Aïn M'guel ?

— Suis-moi, vite ! grogne l'autre en jetant un regard suspicieux à l'agent d'entretien qui a repris son balayage inutile.

Les deux hommes s'éloignent dans le rideau de sable.

Des prisonniers sont libérés. Ça arrive, depuis le début de l'année. Certains sont encore abandonnés dans le désert après avoir été trop longuement interrogés, mais d'autres sont vraiment rentrés chez eux. En février dernier, *El Massa* s'est fait l'écho de la libération de 52 prisonniers d'Aïn M'guel. Le gouvernement a sans doute voulu que cela se sache. Depuis, la libération de prisonniers se fait de manière plus sporadique et moins officielle. Pourtant, tout le monde sait que ça ne change rien à la violence, ni au risque qu'elle s'abatte aveuglément sur n'importe qui. Moussa Ahmed Chaouch n'aurait pas dû aller trouver Gh'zala Boutefnouchet dans la Casbah. Il sent bien que des choses se passent qui ne le concernent pas, des choses qui pourraient le mettre en danger. Il repousse ce mauvais pressentiment : que pourrait-il lui arriver de pire que la perte de Maïssa ?

Il termine sa journée le cœur toujours douloureux du souvenir de sa petite fille, si heureuse de prendre l'avion, quelques semaines plus tôt. Il a l'impression que jamais cette douleur ne cessera. Il a peur qu'elle devienne maladie, qu'elle l'emporte, un jour. Il pense à sa femme et à ses enfants, et l'idée de les abandonner l'emplit d'angoisse. Pourtant, en donnant des nouvelles de son fiancé à Gh'zala, il les a mis en danger, eux aussi.

Quand il quitte le camp, trois voitures conduites par des militaires franchissent la porte principale et s'élancent sur la petite route. Il a le temps de croiser le regard du jeune Raouf, assis à l'arrière du deuxième véhicule. Lui aussi sort d'Aïn M'guel, finalement. À ses côté, il y a ce détenu qu'il est chargé d'espionner, celui qui s'appelle Djamel Zitouni.

Moussa préfère baisser la tête, il voudrait s'obliger à ne pas comprendre ce qu'il vient de voir, mais il comprend. Il comprend que les militaires travaillent d'une manière ou d'une autre avec les islamistes. Et cette alliance contre-nature n'augure rien de bon pour son pays. Mais ce ne sont pas ses affaires.

***

On a dit à Raouf Bougachiche de se rendre à Lârbaa deux jours plus tôt. Ordre du colonel aux lunettes cerclées d'or. Quand deux hommes en civil l'ont intercepté aux abords de la Casbah avant de l'entraîner dans une cour d'immeuble, il n'a pas paniqué, c'est la façon de procéder du colonel. Depuis sa récente libération du camp d'Aïn M'guel, deux semaines auparavant, le colonel le « convoque » ainsi tous les deux ou trois jours.

Comme d'habitude, il s'est empressé de donner un renseignement qu'il croyait intéressant.

— Le GIA va officiellement récuser l'autorité des responsables du FIS en exil, et condamnera à mort tous ceux qui accepteront de négocier avec le pouvoir civil ou militaire.

Le colonel a souri. Il aurait pu aussi bien déclarer : « Tu m'en diras tant… »

— Tu vas à Lârbaa, s'est-il contenté d'ordonner en tendant un morceau de papier et un ticket de transport à Raouf.

— Et Djamel, il vient avec moi ? a fait le jeune homme.

— Tu vas où on te dit d'aller et tu ne poses pas de question, lui a répondu l'autre. Après ça, on te foutra la paix.

Raouf a acquiescé. Il a pris le petit bout de papier – l'adresse où il devait se rendre à Lârbaa – et le ticket de car qui le mènerait là-bas.

Lârbaa est un fief intégriste, c'est là que les premiers maquis islamistes, sous l'égide de Mustapha Bouali, sont apparus au début des années quatre-vingt. Aujourd'hui, on appelle la région le Triangle de la peur, ou le Triangle de la mort, le jeune homme ne sait plus très bien, mais c'est du pareil au même en ce qui le concerne. La peur, c'est juste un peu avant la mort.

— Tu fais du bon travail, Raouf Bougachiche, a affirmé le colonel en s'éloignant.

Avant de prendre la route, Raouf est passé rue Abderrahmane. Il fallait bien qu'il revoie Gh'zala, qu'il lui dise qu'il pensait toujours à elle.

La jeune femme était là, les yeux écarquillés, dans l'entrée de son minuscule appartement. Elle a voulu l'embrasser, il s'est reculé sans trop savoir pourquoi.

Elle l'a scruté de la tête aux pieds. Elle n'aimait pas le voir barbu et vêtu d'une djellaba.

— Tu es sorti d'Aïn M'guel ? Tu es sorti quand ?

— Ne t'inquiète pas ma chérie, je ne crains rien. Je suis quelqu'un d'important, tu sais.

Son regard dans le sien et une grimace. Malgré ses efforts, sans doute a-t-elle deviné la peur qui lui enserre les entrailles depuis qu'il sait qu'il doit se rendre à Lârbaa.

Il est entré dans l'appartement, ils ont bu du thé et du soda.

Au bout d'un moment, comme ils ne savaient plus quoi se dire, Raouf a fanfaronné :

— Je pars en mission.

Gh'zala s'est levée brusquement, le fusillant de ses beaux yeux noirs. Son regard encore dans le sien.

— Tu es fou, Raouf? En mission ? Tu me dis que tu pars en mission ? C'est donc vrai que tu travailles pour la police ? Que tu surveilles un islamiste pour eux ?

Ça, ça l'a soufflé : comment savait-elle ?

Il n'a pas pu nier.

— Oui, oui, j'accompagne un dirigeant islamiste partout où il va, nous sommes amis, tu sais. Et c'est vrai : je le fais pour le compte de la sécurité militaire.

— Tu es fou, a encore murmuré Gh'zala, au bord des larmes.

— Je dois partir pour Lârbaa. J'y resterai quelques jours et ensuite on me fichera la paix. Nous serons à nouveau réunis.

Il a vu dans son regard qu'elle n'y croyait pas.

— Et ta mère ? Tu es allé la voir ?

— Il vaut mieux ne pas l'inquiéter. Elle va bien ?

Gh'zala a secoué la tête : elle ne le croyait plus.

— Raouf, ne fais pas ça. Par Allah, ne fais pas ça.

Il a haussé les épaules.

— Aie confiance, ma chérie.

Il a hésité un instant, mais ne l'a pas embrassée.

Il a quitté l'appartement.

Le lendemain matin, tôt, il a pris le car. Il s'est répété longuement le verset 90 de la sourate Yûsuf : « Celui qui craint Dieu et se montre patient en reçoit la récompense, car Dieu ne frustre jamais les hommes de bien de leur récompense. » Ça l'a apaisé et il a laissé son regard divaguer sur les plantations d'orangers et sur les vignes le long de la route.

À Lârbaa, il prend un taxi et se rend dans un hameau, non loin de la ville. Il montre au chauffeur le bout de papier que lui a remis le colonel aux lunettes d'or. L'homme jette un coup d'œil rapide à son client, il y a de la crainte dans son regard.

Le taxi stoppe bientôt devant une maison entourée de hauts murs blanchis à la chaux, salis par le vent qui traverse la Mitidja. Un peu plus loin, il y a quelques habitations, apparemment désertes. Des figuiers tordus défient la nature aride depuis plus d'un siècle. Raouf a entendu dire que le figuier est un arbre sournois : son ombre au sol offre une fraîcheur qui pourrait être salutaire si une fine poussière urticante ne tombait pas subrepticement du feuillage.

Le hameau semble en sommeil.

Raouf se retrouve bientôt seul devant la lourde porte de bois. Il pense à Gh'zala, s'en veut de ne pas l'avoir embrassée avant de partir et tire sur la cloche.

Au bout d'une longue minute, la porte s'entrouvre. Une femme voilée apparaît.

— Je… j'ai rendez-vous ici, hésite-t-il.

La femme l'observe, immobile.

— Je m'appelle Raouf Bougachiche.

De la main, elle lui fait signe de pénétrer dans la petite propriété. Le sol est couvert d'une herbe desséchée, quelques arbres fruitiers laissés à l'abandon ne doivent plus donner beaucoup d'agrumes. La maison elle-même, jadis sans doute une fermette agréable et productive, n'est plus qu'une bâtisse à peine salubre. N'étaient le soleil et la beauté des paysages environnants, l'endroit paraîtrait malsain.

— Djamel est là ? demande Raouf.

De la main toujours, la femme voilée lui désigne un banc contre le mur de la maison. Raouf s'assied. Il égrène son chapelet, en essayant de repousser l'inquiétude qui tente de prendre possession de son ventre. Il s'efforce de focaliser sa pensée sur autre chose que cette ferme abandonnée.

Il pense à ces années qui viennent de s'écouler. Son métier de postier qui lui faisait sillonner les rues de la Casbah, là où il a croisé Gh'zala, un mardi. Quelques jours plus tard, il avait appris qu'elle allait au lycée Émir-Abdelkader tous les matins, et il s'était mis à la suivre. Puis c'est son regard qui avait croisé celui de la jeune fille, à Bab El Oued. Le surlendemain, il lui avait souri. Il avait fallu trois jours de plus pour qu'à son tour elle lui sourie. Raouf lui avait enfin adressé la parole. À cette époque, il avait eu des flirts avec trois ou quatre filles et avait même acheté les services de prostituées à plusieurs reprises. Mais avec Gh'zala, il sut qu'il avait trouvé la femme de sa vie.

Les parents de la jeune fille étaient de petits commerçants qui tenaient une épicerie-papeterie, rue

Arbadji-Abderrahmane. Dans cette rue, grâce à des années d'économie, ils avaient acheté le minuscule appartement qu'occuperait plus tard Gh'zala, lorsqu'elle entrerait à l'université. Raouf était fonctionnaire de l'État algérien, une situation honorable pour les parents de Gh'zala. Ils acceptèrent de rencontrer Djazia Bougachiche, la mère, qui vivait aussi dans la Casbah, rue des Abdérames. On fiança donc Raouf et Gh'zala. L'avenir semblait prometteur pour le jeune couple, on parlait d'ouverture démocratique en Algérie, pas de ce qui se tramait entre le FIS et le pouvoir.

Assis au soleil contre le mur de la ferme, Raouf n'arrive pas à se rappeler comment il s'est rapproché d'amis qui fréquentaient le FIS, comment il est devenu membre du parti islamiste et comment il s'est retrouvé dans la rue en 1991, à défier la police, les militaires et le pouvoir. C'est vrai, il y avait eu ce raz de marée aux élections communales en juin 1990 : les islamistes avaient remporté plus de quatre millions de voix, 853 assemblées communales sur les 1540, et 32 des 48 *wilayas* que compte l'Algérie. Et tout le monde s'était mis à envisager le FIS comme un parti d'alternance au vieux FLN. Il se rappelle qu'il n'a jamais obligé Gh'zala à porter le voile, à cesser ses études, à rester à la maison comme l'imposaient ses amis à leur fiancée ou leur femme. C'est bien de ne pas l'avoir fait, c'est bien de pouvoir se raccrocher à cette idée, maintenant que Gh'zala est loin de lui.

La femme voilée revient vers lui. Elle lui fait signe de le suivre de nouveau.

Dans la maison, ils montent tous les deux un escalier et débouchent dans une petite pièce. Au sol, il y a un matelas, une chaise, et un seau – un pot de chambre ?

Par la fenêtre, on voit la campagne, des vignes apparemment à l'abandon s'allongent vers l'horizon.

— Tu attends. Quelqu'un viendra, lui dit la femme.

— C'est Djamel qui viendra ?

La vieille ne répond pas et redescend au rez-de-chaussée.

Raouf se laisse tomber sur le matelas. Une odeur de moisi s'en dégage, mais le jeune homme est fatigué. Ses yeux sont lourds, ses doigts égrènent toujours le chapelet et ses pensées repartent vers Aïn M'guel, vers le désert. Combien de ses amis du FIS sont morts là-bas ? Lorsqu'il était prisonnier, Raouf ne s'est jamais vraiment posé la question. C'est quand on l'a libéré et qu'il a rencontré par hasard à Alger les femmes ou les enfants de gens qui militaient au FIS avec lui qu'il a compris : beaucoup d'hommes n'étaient pas rentrés. Dans les journaux proches du pouvoir, on pouvait lire que si les hommes n'étaient pas revenus des camps, c'est qu'ils avaient pris le maquis, qu'ils avaient rejoint les rangs du GIA. Raouf, lui, a accepté l'innommable pour ne pas être emmené dans le désert. Il s'est plié aux exigences des hommes de la sécurité militaire, et surtout, il a accepté de faire ce que Djamel lui a demandé. Puisqu'il est désormais proche de Djamel et que celui-ci commence à évoluer dans les cercles dirigeants du GIA, Raouf sait que les pères, les maris, les fils n'ont pas rejoint les rangs des maquis. Certains, à la marge, peut-être… Mais la plupart des absents pourrissent sous une fine couche de poussière dans le Sahara ou ont été dévorés par les charognards.

Il a dû s'endormir : l'obscurité est tombée sur les orangers. Aucun bruit dans la maison. Au loin, une route traverse la campagne, les phares des voitures l'éclairent parfois, mais rien ne semble vivre alentour. Dans la nuit, Raouf pisse dans le seau, tire les volets brinquebalants de la fenêtre et se rallonge sur le matelas. Il tend l'oreille, mais n'entend rien. Peut-être devrait-il descendre et explorer la maison ? Mais on lui a dit d'attendre, et il est désormais habitué à obéir aux ordres.

Peu après qu'ils furent sortis du camp d'Aïn M'guel, Djamel l'a emmené avec lui à Alger. Il conduisait une vieille Renault 19 et, sur le front de mer, il s'est arrêté sans un mot. Raouf a cru qu'il l'avait démasqué et que son heure était arrivée. Mais une berline sombre est venue se garer derrière eux. Djamel est sorti.

— Tu bouges pas, a-t-il ordonné.

Raouf a vu qu'il s'entretenait avec le colonel aux lunettes cerclées d'or. Il s'est mis à trembler : ces deux hommes, Djamel l'islamiste et le colonel, l'un des chefs du DRS, se connaissaient donc ! Ça faisait de lui un pion sans aucune utilité, un fusible que l'on pouvait sacrifier d'un instant à l'autre. Est-ce que Djamel savait qu'il travaillait pour le colonel ? Non, non, c'était impossible…

Djamel est revenu et s'est rassis derrière le volant. Il souriait, comme apaisé.

— Eh ben, les choses tournent bien pour nous, on dirait.

Et il est reparti vers le centre d'Alger.

Raouf n'a évidemment pas demandé ce que voulait dire « les choses tournent bien ».

Le soleil traverse les vieux volets. Des rais de lumière éclairent la poussière qui vole dans la chambre. Il doit être tard, peut-être pas loin de 10 heures, estime Raouf en se levant. Le matelas est détrempé, il a transpiré durant son sommeil. Ça lui arrive de plus en plus souvent – la sueur nocturne, c'est l'anxiété de la journée qui ressort, a-t-il lu quelque part.

Il quitte la chambre et jette un coup d'œil dans la pièce de l'autre côté du couloir. Rien, personne. Il descend l'escalier en silence.

Avant de déboucher dans la grande pièce du rez-de-chaussée, il tousse, se racle la gorge pour prévenir de son arrivée. En vain : il n'y a personne là non plus. La maison est réellement vide.

Sur la table, il y a une miche de pain, un morceau de fromage enroulé dans un papier journal et une bouteille d'eau. Il s'attable et mange. Il n'a rien avalé depuis vingt-quatre heures. Une fois terminé son frugal repas, il jette un coup d'œil rapide à l'extérieur. Puis il se rassied sur le banc contre la maison. Le soleil du matin le réchauffe. Il égrène nerveusement son chapelet.

Depuis sa sortie d'Aïn M'guel, il a donc appris à vivre avec la certitude qu'il compte pour rien. Grâce aux quelques confidences de Djamel, il pressent que le GIA est en train de s'éloigner du FIS. Raouf n'y comprend rien, mais il sait que, depuis peu, Abdelhak Layada, l'émir du GIA, attaque frontalement Ali Benhadj et Abassani Madani, les chefs historiques du FIS qui, emprisonnés, sont néanmoins prêts à discuter avec le pouvoir algérien. Djamel rigole en affirmant qu'aucune solution politique négociée avec le pouvoir ou d'autres partis politiques ne peut sortir l'Algérie de l'impasse. Il rigole parce que le GIA est en passe de l'emporter sur son grand frère : partout en Algérie, dans les villes ou les quartiers qui ont massivement voté pour le FIS aux élections communales, des groupes armés se constituent et édictent les règles de vie des bons musulmans. Les femmes ont obligation de porter le voile, les journaux francophones sont interdits, fumer et boire de l'alcool, être fonctionnaire, faire son service militaire, également. Si ces règles ne sont pas suivies à la lettre, les gens du GIA exécutent parfois publiquement les contrevenants.

Djamel rigole beaucoup. Quelques jours plus tôt, la dernière fois qu'il a vu Raouf, il lui a dit :

— La direction du GIA s'apprête à récuser l'autorité des responsables du FIS en exil et condamnera à mort tous ceux qui accepteront de négocier avec le pouvoir civil et militaire. Tu te rends compte ?

Raouf a souri timidement. L'autre a secoué la tête comme s'il s'apercevait qu'il venait de confier une information extrêmement compliquée à un idiot du village. Il lui a fait un signe et Raouf s'est retourné, il a baissé son pantalon en serrant les dents.

La journée passe lentement, sans un bruit. Personne ne vient.

Raouf fait ses prières rigoureusement. Il a fini ses provisions et se demande jusqu'à quand il restera là, seul et sans explication. Il a conscience de jouer un rôle dans quelque complot et il craint que son rôle ne soit tragique, cette fois. Dans la soirée, il pense à Gh'zala. Il n'est qu'à une trentaine de kilomètres d'Alger ; en marchant bien, demain matin il pourrait être dans la Casbah. Il songe aussi à son frère et, pour la première fois depuis son emprisonnement, il veut croire que Slimane pourrait l'aider. Après tout, c'est un officier d'élite, il a peut-être les moyens de les faire sortir d'Algérie, lui et Gh'zala.

À la nuit tombée, il s'approche de la lourde porte de bois du mur d'enceinte, mais ne parvient pas à se décider. Il remonte vivement dans sa chambre, se déshabille et se couche sur le matelas. Le sommeil le saisit sans préliminaire.

Comme l'aube apparaît, il se réveille en sueur, la gorge en feu, la peur au ventre : il va mourir, c'est désormais une certitude. Tout est écrit, et sa mort est proche. Ce sera une mort dégradante, l'humiliation jusqu'au bout. Et Gh'zala, et sa mère, et Slimane en auront honte et en paieront le prix fort à leur tour. *Inch Allah*, tente-t-il de se raisonner en se prenant la tête à deux mains. Rien n'y fait, il est pris d'une crise de panique qui le pousse au bord des larmes. Son estomac le fait souffrir comme jamais. Ce n'est pas la faim, mais peut-être qu'avaler quelque chose le calmerait. Il se lève, se tenant aux murs, il cherche dans la maison un robinet qui fonctionne, à manger dans les placards. En vain.

La journée suivante, il reste allongé dans la chambre aux volets clos – ces volets dont il lèchera la surface de métal le lendemain matin pour calmer sa soif. Il prie encore, somnole, a faim, a soif, a peur, ne sait plus où il est.

Le lendemain, abruti par un sommeil agité, il sort de sa chambre sans précaution. Quelqu'un est venu dans la nuit :

sur la table de la cuisine, il y a du pain, du fromage encore enroulé dans un papier journal et une bouteille d'eau. Dans un bol, il y a des dattes séchées.

— Il y a quelqu'un ? crie-t-il dans la cour.

Personne ne répond. Raouf boit une longue rasade d'eau puis se jette sur le pain et le fromage.

***

Les hommes réunis dans la salle sont tous des militaires. Ils arborent décorations et rosettes qui les distinguent et créent une hiérarchie entre eux, bien plus que leurs grades. Des signes incompréhensibles pour le profane. Ici, nul profane n'est autorisé. À divers niveaux, ce sont ces hommes qui président aujourd'hui aux destinées de l'Algérie. Il y a deux clans opposés, mais les deux clans tiennent les rênes du pays, chacun à sa manière. Le colonel Ghazi Bourbia n'est pas encore de cette élite, mais il travaille pour elle.

Et son travail est important en ces temps troubles, en ces temps de guerre contre le terrorisme islamique. Il repousse ses lunettes cerclées d'or et écoute ce qui se raconte autour de la table.

Bien sûr, il ne dira jamais le contraire : lors de l'ouverture démocratique de 1989, une constitution a été votée et des processus délibératifs ont été mis en place. Constitutionnellement, l'Armée nationale populaire a une seule mission : la « défense de l'unité et de l'intégrité territoriale du pays ». En théorie. Parce qu'en pratique, les haut gradés de l'armée font la pluie et le beau temps sur tous les sujets. Il y a bien le président Ali Kafi et un gouvernement à la tête de l'État, mais c'est l'armée qui propose toute orientation. Tous les observateurs de l'Algérie d'aujourd'hui sont d'accord avec le colonel Bourbia : la classe politique algérienne est dévastée, l'armée était plus qu'un recours, c'était la seule option envisageable.

L'instance clé de décision – évidemment non prévue par la constitution – est le Conseil de défense. On ne sait pas exactement qui fait partie du CD. Le ministre de la Défense nationale, le chef d'état-major de l'armée, les commandants des forces terrestres, maritimes et aériennes, les deux principaux responsables du DRS, forcément, dont Toufik, et le commandant de la gendarmerie, peut-être. D'autres encore, selon les alliances du moment. On dit que le CD a nommé tous les présidents de l'Algérie depuis l'indépendance. En son sein, le DRS joue un rôle de premier plan, parfois allié, parfois courroie de liaison avec les officiers qui ne sont pas autorisés à « siéger » au Conseil de défense.

Bourbia a intégré l'armée à la fin de la guerre d'indépendance. Il a rejoint le DRS au milieu des années quatre-vingt. Lors de la montée en puissance du FIS, on l'a chargé de mettre en place l'infiltration des organisations islamistes sur le territoire et des groupes de soutien aux islamistes à l'étranger. Il a d'abord employé des indics qu'il tenait à sa merci. Puis il a envoyé des officiers spécialement entraînés dans les rangs des maquis. Mais sa plus belle prise, c'est un jeune détenu qu'il a sorti du camp d'Aïn M'guel. Un petit délinquant de la banlieue algéroise qu'il n'a pas choisi au hasard : il a vu en lui une belle graine d'arriviste mâtiné de psychopathe. Il n'aurait pu trouver mieux, d'autant plus que Djamel semble apprécier les garçons : c'est dire s'il est manipulable. Djamel doit s'occuper du plus radical des groupes islamistes, le GIA. Il en prendra bientôt le contrôle. Tout est prêt.

À l'étranger, Bourbia dispose aussi d'un agent infiltré au sein de l'appareil du GIA en Europe. Ali est inscrit comme étudiant en architecture en France, il passera en dessous des radars des services de renseignement. Là encore, tout est en place.

Bourbia n'attend que le feu vert de ses supérieurs.

Il sait que sa mission, si elle peut lui rapporter gros, peut aussi le mettre en danger s'il échoue. L'année précédente, il a senti le vent du boulet après le cafouillage du coup de pied dans la fourmilière qui devait secouer le lieutenant Benlazar et le commandant Bellevue. Trois morts parmi les ninjas, un début de panique à la DGSE et forcément des questions au DRS. Tout s'est tassé sans que Médiène ou ses proches s'en soucient. Bourbia s'est juré de faire plus attention, de ne plus agir sur une simple impression d'étrangeté qu'il éprouverait à propos d'un individu.

Il écoute religieusement les intervenants à la réunion, même ceux qui sont dans le camp opposé.

Car il y a deux camps : l'armée n'est pas unie. Loin s'en faut. Derrière les discussions ouatées, il y a beaucoup de haine. Parfois la haine devient violence : les généraux peuvent s'entretuer. Ç'a déjà été le cas. L'armée a toujours été le lieu opaque de clivages antagonistes. Ç'a commencé après l'indépendance, lorsque les officiers issus de la guerre de libération se sont opposés à ceux qui avaient déserté l'armée française – parmi ces déserteurs, il y avait déjà Khaled Nezzar et Mohamed Lamari. Plus récemment, les luttes d'influences sont plutôt le résultat du partage des flux financiers générés par la rente des hydrocarbures algériens, pondère Bourbia *in petto*, souriant derrière ses lunettes dorées.

À cette réunion, Bourbia accompagne Mohamed Médiène, Toufik, le tout-puissant patron du DRS, l'un des chefs du clan des janviéristes. Toufik observe beaucoup ses collègues, jauge les différents clans. Il les connaît bien, sans doute a-t-il un dossier épais pour chaque officier présent. Ne le considère-t-on pas dans certains milieux comme le J. Edgar Hoover algérien ?

— Ils parlent, ils parlent, mais nous on agit, Ghazi, murmure Toufik à son oreille.

Bourbia acquiesce d'un léger signe de tête.

— On continue avec Djamel et Ali ?

Toufik lance un regard amusé à son subordonné.

— Tu crois qu'on aurait fait tout ça pour rien, franchement ? Bien sûr qu'on continue. D'abord les maquis en Algérie, puis on passera à la France. Comme prévu.

— Vous avez quelque chose à ajouter, général Médiène ? fait le général qui expose depuis vingt minutes les avancées de la lutte antiterroriste.

Toufik lui adresse un sourire d'excuse et se redresse comme pour mieux l'écouter. Il ne cache pas son regard dédaigneux. Les deux hommes ne s'apprécient pas, c'est de notoriété publique. Bourbia se redresse aussi, mais comme son chef il se fiche pas mal de ce que le général, debout à l'extrémité de la table, considère comme un succès. Ça le ferait presque rire, d'ailleurs. Selon lui, la mort des trois techniciens italiens enlevés près de Tiaret doit être mise en perspective avec l'échec de la tentative d'enlèvement de trois autres techniciens japonais à Blida. C'était hier, et la satisfaction du général éclate dans ses envolées lyriques. Pathétique.

— Même si le général Médiène ne semble pas outre mesure intéressé par une telle nouvelle, c'est un signe extrêmement positif envoyé aux pays investisseurs.

Un sous-officier pénètre dans la grande pièce et se dirige vers Toufik. Bourbia sait qu'il attendait une transmission.

— Désormais, continue le général satisfait, les pays alliés savent que leurs concitoyens sont protégés par notre armée. L'armée nationale populaire a fait du bon travail.

Affirmer que l'échec d'une tentative d'enlèvement sert la légitimité du pouvoir de l'armée est aussi pathétique. Bourbia croit fermement – et Toufik et quelques autres au Conseil de défense avant lui – que seul un niveau excessif de violence exportant les affrontements au-delà des frontières pourra asseoir un pouvoir militaire.

Le soldat glisse quelques mots à Toufik.

Celui-ci se lève, aussitôt imité par le colonel aux lunettes cerclées d'or, et intervient :

— On m'informe à l'instant que trois ressortissants français viennent d'être enlevés à Telemly, général. Ce sont des fonctionnaires qui travaillent au consulat de France et ils se sont fait enlever en plein Alger. Alors, permettez-moi de douter du bon travail de l'ANP !

Sur ce, il quitte les lieux, Bourbia sur ses talons. Sa sortie est parfaite. Du grand art !

Les haut gradés qui restent dans la salle de réunion – la plupart du clan des « négociateurs », favorables à la discussion avec le FIS et même le GIA – sont muets de stupéfaction. Certains sourient cyniquement, considérant que le DRS est à la manœuvre ; d'autres grimacent, carrément décomposés, abasourdis.

***

Samedi 23 octobre, le lieutenant Tedj Benlazar atterrit à l'aéroport Dar El Beida sous un soleil agréable. Il respire mieux dès qu'il pose le pied sur le tarmac.

Derrière Benlazar, Marek Berthier, la trouille au ventre, doit prendre son poste à Constantine : il remplace le capitaine Stein, décédé dans un accident de la circulation pour le moins douteux.

Le capitaine Gombert les attend devant la sortie des passagers venant de Paris. Il observe les deux officiers de la DGSE sans retenir un sourire ironique, en grattant la vilaine cicatrice derrière son oreille droite.

— Alors, lieutenant Berthier, grince-t-il, le terrain vous manquait ?

L'autre ne répond pas. Son teint est vert, il a avoué à Benlazar qu'il détestait l'avion et la chaleur de la Méditerranée, que franchement les Arabes lui étaient incompréhensibles, qu'il ne se sentait bien qu'à Paris.

Gombert serre la main de Benlazar.

— Salut, Tedj.

— Capitaine, comment ça va ici ?

Il fait comme s'ils étaient amis, alors qu'il éprouve presque de l'antipathie pour Gombert. Gombert croit remplacer Bellevue à Alger, mais il n'en a que la fonction. Benlazar sait qu'il n'en aura jamais les compétences, seulement l'arrogance.

— Rien de neuf : on se tue un peu partout dans le pays et personne ne sait vraiment pourquoi, la routine, quoi.

Le lieutenant Berthier semble retenir un haut-le-cœur. Durant le voyage, Benlazar a pensé qu'il ne tiendrait pas longtemps à Constantine. Il lui a conseillé de faire profil bas un moment et de demander un rapatriement pour raisons médicales dans quelques mois. Berthier n'a pas été franchement rassuré par le conseil.

Ils quittent l'aéroport et rejoignent Alger en silence. La voiture banalisée de Gombert est climatisée, le capitaine et Benlazar fument. À l'arrière, Berthier est de plus en plus vert.

— Ça va, Marek ? demande Benlazar.

— Je déteste l'avion et je déteste ce pays, merde ! grogne Berthier en tirant sur le col de sa chemise.

Gombert éclate de rire.

— La famille va bien, Tedj ? s'enquiert-il en écrasant son mégot dans le cendrier trop plein du tableau de bord.

Benlazar hoche la tête.

— Oui. Mon aînée va intégrer une école d'infirmière à Rennes.

— Ah ouais, je croyais qu'elle y était déjà. Tu ne m'as pas dit qu'elle allait à Rennes, l'année dernière ou l'année précédente ?

Benlazar fait non de la tête et entrouvre sa fenêtre pour jeter la fin de sa Gitane. Il sent l'air chaud lui caresser le visage, l'odeur pestilencielle de l'oued El Harrach qui empuantit certains jours la baie d'Alger ne l'incommode pas. Au contraire, c'est comme la preuve de son retour à Alger. Pourquoi Gombert lui parle-t-il de sa famille ? Non content de devenir le chef de poste de la DGSE en

Algérie, il a vraiment décidé de faire copain-copain avec ses subordonnés ou quoi ? Ça n'arrivera pas. Bellevue, c'est quelqu'un, il a une vision de la France, du monde, des hommes. Ce n'est pas forcément celle de Benlazar. Gombert, lui, est un carriériste comme il en existe des centaines dans les ambassades.

— J'étais persuadé qu'elle était pratiquement déjà diplômée…

Gombert grimace, sa mémoire n'est plus ce qu'elle était, semble-t-il.

— Vous restez ici ce soir, explique-t-il aux deux lieutenants quand ils arrivent à l'ambassade. Il faudra qu'on discute de deux ou trois choses avec l'attaché militaire et sans doute avec monsieur l'ambassadeur lui-même.

Les portières de la voiture claquent en même temps, les trois hommes restent quelques instants immobiles devant le bâtiment blanc, de style vaguement mauresque, qui abrite les bureaux de la chancellerie française.

Gombert donne une tape sur l'épaule de Berthier, une tape ironique.

— Toi, Marek, on t'a trouvé un petit nid douillet à Constantine.

Il se marre, Berthier doit penser « pauvre con ».

— Et Tedj, ton appart de Blida est complètement sécurisé. On a vu ça avec nos collègues du DRS.

— C'est normal de devoir s'assurer de la sécurité d'un agent de la DGSE avec les mecs de la sécurité militaire, capitaine ? réplique Benlazar, ironiquement, lui aussi.

— En Algérie, en 1993, la normalité, c'est un peu n'importe quoi. Ce n'est pas à toi que je vais l'apprendre, Tedj.

Et il envoie une autre claque sur l'épaule de Berthier en ricanant.

— Vous faites chier, capitaine, grommelle Berthier. Vous, vous êtes tranquille à Alger. Moi, là-bas, à Constantine, je vais risquer ma peau. Je vous rappelle que le capitaine

Stein s'est fait percuter par une voiture qu'on n'a jamais retrouvée.

Benlazar sait que Berthier ne comprend rien à l'Algérie.

— Tu te trompes, Marek, lui dit-il. À Alger ou à Blida, on risque autant notre peau que dans un coin paumé du Sahara. Alger, Blida, Tamanrasset ne sont pas plus sûres que Constantine.

Berthier l'observe quelques instants.

— Vous me faites chier quand même…

Les trois hommes se séparent.

Benlazar se retrouve dans la chambre qu'il occupe lorsqu'il stationne à Alger. Il n'est pas le seul agent à l'occuper. Quelqu'un a laissé une note sur la table de nuit : « Veuillez ne pas fumer dans la chambre. Pensez aux non-fumeurs. Merci. »

Benlazar s'allonge sur le lit et s'allume une Gitane. Le visage de la jeune fille apeurée de la rue Abderrahmane lui revient. Depuis quelques jours, il se laisse aller à le revoir, à trouver ça agréable. Et puis, pour une fois, il peut l'admettre honnêtement : ça lui évite de voir le visage d'Évelyne et celui des filles. Étrangement, il n'en éprouve aucune culpabilité.

Le soleil s'est couché quand la sonnerie du téléphone le tire de ses pensées.

— Bonjour, répond-il. Oui, il fait beau ici.

C'est la première fois depuis de longues semaines qu'il ne ment pas à Évelyne à propos du temps qu'il fait à Alger.

— Les filles vont bien ? Je pense que c'est une bonne idée pour Nathalie d'aller à Rennes : l'école d'infirmière est réputée.

Il allume une cigarette, recrache la fumée en souriant.

— Il faut dire à Vanessa que son bac, elle va l'avoir, pas d'inquiétude.

Évelyne dit « Voilà, voilà, à bientôt ».

— À bientôt, chérie.

Il raccroche en se disant qu'il aurait pu demander à parler à ses filles.

Il écrase sa cigarette dans le verre sur la table de nuit et sort de la chambre.

Deux minutes plus tard, il s'installe au volant de sa Renault 21. Le pistolet est toujours sous son siège.

Il prend la direction de la Basse Casbah.

***

Depuis son retour d'Algérie, Khaled attend. Il attend que ses nouveaux amis le contactent. Son aigreur et son amertume ont disparu. Aujourd'hui, la une du *Figaro* titrait « Le défi à la France des islamistes algériens ». Il a acheté le quotidien pour la première fois de sa vie et il a lu l'article : trois fonctionnaires de l'ambassade de France se sont fait enlever la veille.

Ça y est. Dans les environs de Mostaganem, ses nouveaux amis lui ont affirmé qu'ils allaient punir la France, son pays, et que lui les aiderait. Il dit encore « son pays », mais il ne croit plus que la France est son pays. En France, il végète, il vit la vie d'un petit chômeur dans la cité du Mas-du-Taureau. Il va à la mosquée Bilal, parle parfois à l'imam Mohamed Minta qui l'exhorte à se comporter en bon musulman, à éviter les ennuis avec la police. Alors, il suit les règles de l'islam, prie et respecte les interdits. Mais il attend.

Hier, il a frappé Mounia. Pour son bien, il l'a frappée. Il l'avait prévenue qu'elle était dans l'errance, qu'elle n'était pas une bonne musulmane et qu'il ne pouvait accepter cela de sa fiancée. Il lui a fait comprendre qu'il la tuerait s'il la voyait avec quelqu'un d'autre. La jeune femme a compris.

Ce jour-là, son cœur bondit à la lecture des lignes du *Figaro*. Parce que la dernière fois qu'il a regardé les infos à la télévision, c'est quand Yasser Arafat a trahi la cause palestinienne en serrant la main du juif Rabin. Dans le salon de l'appartement familial, ses parents ont dit que c'était peut-être une bonne chose, ces accords de paix, que le Moyen-Orient sortirait peut-être de la guerre. Khaled s'est tu, mais il a éprouvé de la honte d'être arabe et d'avoir porté le keffieh palestinien.

Aujourd'hui, ses frères en Algérie ont remis les pendules à l'heure. Ils ont puni la France, et ce n'est que le début. Déjà, les intellectuels et les journalistes qui soutiennent le Hezb frança, le parti de la France, tombent sous leurs balles. Ils tombent comme tombaient les harkis et ceux qui soutenaient les Français lors de la guerre d'indépendance.

Désormais, il sera un bon musulman. Et il attend que ses amis lui demandent de les aider à punir la France.

***

Voilà comment ça s'est passé.

Dimanche, 24 octobre 1993. Il est 7 h 30 lorsque quatre fonctionnaires du consulat de France en Algérie rejoignent leur voiture garée dans le parking souterrain privé d'un immeuble cossu perché à mi-pente de la colline qui surplombe Alger, rue Krim-Belkacem, dans le quartier de Telemly.

Alain Fressier ouvre le portail qui donne sur la rue. En compagnie de trois collègues, il s'apprête à partir pour son travail, au service des visas du consulat général de France, un peu plus loin sur le boulevard.

La rue est déserte, alors que d'habitude, à cette heure, de nombreux enfants et passants l'empruntent.

Une camionnette Toyota stoppe brutalement devant l'entrée du parking, trois hommes en sortent, l'un d'eux hurle : « Halte police ! »

Les quatre Français qui s'apprêtaient à monter en voiture une dizaine de mètres plus loin se figent sur place. Michèle Thévenot demande leur carte de police aux trois hommes, celui qui a crié lui pointe un pistolet sur la tempe. Jean-Claude, son mari, tente de calmer l'homme.

Le quatrième fonctionnaire français – dont les médias et l'histoire oublieront le nom – s'échappe alors par l'escalier de secours du parking. Les trois faux policiers restent un instant interdits, mais n'engagent pas la poursuite. Peut-être trois otages sont-ils suffisants. Ils enfournent leurs victimes dans de grands sacs et les jettent à l'arrière de leur véhicule. Un policier en uniforme, un vrai celui-là, apparaît à l'entrée du parking ; comprenant la situation, il tente de s'interposer. L'un des ravisseurs fait feu et le tue sur le coup.

La camionnette Toyota disparaît.

Le quatrième fonctionnaire, celui qui est parvenu à s'enfuir, remonte à son appartement et appelle l'ambassade de France.

Quelques minutes plus tard, la capitale est quadrillée par l'armée et les ninjas du DRS. L'ambassade de France passe en alerte rouge : les Français sont priés de rester chez eux, les femmes et les enfants de préparer leur retour en France. Mais il y a 25000 ressortissants français sur le territoire algérien, il est impossible de tous les mettre en sécurité. L'Élysée va demander des comptes au gouvernement algérien, aux membres de l'ambassade de France à Alger et, bien sûr, à la DGSE. Des proches du ministre de l'Intérieur français sont attendus à Alger dans les heures qui suivent.

La DGSE est en alerte maximale, elle aussi.

Gombert vient de passer une heure au téléphone avec la direction à Paris. À un moment, il a parlé à la conseillère du ministre des Affaires étrangères. Il l'a déjà vue, il la trouve charmante avec ses cheveux argentés. Il sait qu'il n'a pas intérêt à la décevoir. Elle lui a demandé de tout mettre en œuvre pour que les trois fonctionnaires français soient retrouvés vivants : l'Élysée et le Quai d'Orsay donneront les gages qu'il faudra, a-t-elle expliqué. Si ça ne suffit pas et que cette affaire se termine mal, des têtes vont tomber, a-t-elle prévenu avant de mettre fin à la conversation.

La tête de Gombert est donc sur le billot.

Il n'est pas encore midi. Trois fois qu'il demande qu'on lui envoie le lieutenant Benlazar. Et ce con est introuvable.

Gombert aimerait comprendre ce qui se joue depuis 7 h 30. Pour ce qu'il en sait, les forces de sécurité ont hérissé Alger de barrages pour tenter d'empêcher les ravisseurs de sortir de la ville. Benlazar lui a déjà expliqué ça : la grande banlieue algéroise est appelé le Triangle de la mort. À sa pointe sud, il y a les banlieues populaires ; au sud-est, les gorges montagneuses des environs de Lakhdaria ; à l'ouest, Blida. Et au milieu, une zone où se trouvent les localités de Chérarga, Baraki et Lârbaa, dont la population est acquise aux islamistes du GIA. Là, les mouchards et les imams trop permissifs sont exécutés, l'armée et même les ninjas du DRS risquent leur vie en permanence. Lorsque les époux Thévenot et Fressier s'y trouveront, il sera trop tard.

C'est pour ça que Gombert doit mettre la main sur Benlazar. Lui, il saura quoi faire. Le capitaine réfléchit quelques secondes : Benlazar revient d'un exil en France, comment saurait-il ce qu'il faut faire ? Mais Benlazar a l'instinct de l'Algérie, Bellevue le lui a suffisamment répété. Et Gombert se sent au bord du gouffre, il risque de perdre le contrôle. Si ce n'est déjà fait. Sa tête sur le billot, se répète-t-il.

Au téléphone, quelqu'un de la police le prévient que la camionnette Toyota a été retrouvée rue Burdeau, à moins de cinq-cents mètres du lieu de l'enlèvement. Le véhicule appartient à la Sonatrach, une des sociétés nationales de production, transformation et commercialisation d'hydrocarbures. Le chauffeur habituel a disparu depuis la veille. Les flics vont laisser la camionnette sur place pour servir d'appât. Gombert est persuadé que c'est une impasse, le piège ne fonctionnera pas. Mais il se tait.

Il est presque 10 heures quand Tedj Benlazar entre dans le bureau du chef de poste de la DGSE. Sa gueule, ses fringues froissées, son regard fuyant… tout indique qu'il n'a pas dormi.

— Gueule de bois, Tedj ?

Benlazar ne répond pas et se laisse tomber dans un des fauteuils face au bureau de son chef. Celui-ci lui sert une tasse de café, jette son paquet de cigarettes devant lui et gratte frénétiquement la cicatrice derrière son oreille droite.

— Tu es au courant ?

Bien sûr que Benlazar est au courant de l'enlèvement des trois Français. La ville est en état de siège, les radios ne parlent que de ça et les collègues qu'il a croisés en arrivant à l'ambassade quelques minutes plus tôt l'ont affranchi en détail. Ces collègues, comme Gombert, estiment que Tedj Benlazar est le seul qui peut y voir clair dans la situation.

— Qu'est-ce qu'on peut faire, Tedj ? questionne Gombert.

— Téléphone à tes potes du DRS et demande-leur de m'autoriser à aller à Lakhdaria.

— Qu'est-ce que tu irais foutre là-bas ?

— Ils sont passés.

Gombert se lève de son siège. *Qu'est-ce qu'il manigance encore ? Qu'est-ce qu'il a compris que je ne comprendrai jamais ?*

— Qui est passé, putain, Tedj ? Je ne comprends rien.

— Les otages sont passés, ils sont sortis d'Alger. Ils sont partis vers le sud-est. Le DRS va lancer la contre-attaque depuis Lakhdaria. Là-bas, il y a des éléments du 25e régiment de reconnaissance, pas des tendres. Le Centre de commandement de lutte anti-subversive de Beni Messous leur a sûrement donné l'ordre de retrouver les otages. Et les preneurs d'otages, surtout.

Gombert observe Benlazar. Il a l'impression d'être le dernier des cocus : il est le chef de poste de la DGSE à Alger et il sera toujours le dernier prévenu.

— Merde, Tedj, tu tiens ça d'où ?

— Longue histoire, capitaine. Je te raconterai ça, mais faut que tu m'envoies à Lakhdaria.

Il semble réfléchir quelques secondes.

— Dis à tes potes du DRS que j'attendrai leurs mecs à la brigade de gendarmerie de Khemis El Khechna. J'imagine qu'ils sont déjà en route.

Benlazar quitte le bureau tandis que Gombert décroche son téléphone. Il songe que ses possibilités d'action sont vraiment limitées, mais que Benlazar est au courant de quelque chose, sinon il n'irait pas se jeter dans la gueule du loup. Le Triangle de la mort est l'endroit le plus dangereux d'Algérie.

De toute façon, la carte Benlazar, si ténue soit-elle, est la seule qu'il puisse jouer. *Ma tête est sur ce putain de billot, je te rappelle !*

***

Non, Tedj Benlazar n'a pas dormi de la nuit. Quelques minutes, tout au plus.

Mais pour la première fois depuis plus de deux ans, il n'a pas ressenti d'angoisse au petit matin. Pas d'idées noires, pas l'envie de mordre le canon de son pistolet.

Quand il a quitté l'ambassade de France, la veille au soir, il a rejoint la Basse Casbah. Il n'était que 21 heures, mais les rues étaient pratiquement désertes. Peu après qu'il a garé sa Renault 21 rue Abderrahmane et commencé à planquer, deux gendarmes sont descendus d'une auto blindée arrêtée non loin de lui. Il a montré son laissez-passer et sa carte de la DGSE, les deux militaires ont grimacé. L'un d'eux a dit : « C'est pas très sérieux pour un Français de rester ici la nuit. » Benlazar a haussé les épaules. Ils ont repris leur patrouille, à l'abri du blindage de leur véhicule.

Le Français ne croyait pas qu'il aurait de la chance dès le premier soir. Il était résolu à revenir les nuits suivantes jusqu'à croiser la jeune fille. Pourtant, vers 22 heures, il la voit apparaître au coin de la rue Amar-Ali. Elle marche vite, d'un pas qui dénote la peur. Elle cache ses cheveux sous un voile, mais Benlazar ne voit que sa beauté. Et elle a une cicatrice sur la joue gauche. Son cœur s'emballe et il sort de sa voiture. Il marche vers elle. Ils sont seuls dans la rue.

Lorsqu'il est à quelques mètres d'elle, elle lève des yeux terrorisés vers lui.

Benlazar lui adresse un sourire maladroit.

— Mademoiselle, s'il vous plaît…

— Oh non ! Pitié, pitié ! supplie-t-elle, figée sur le trottoir.

Elle l'a reconnu, alors que tant de mois se sont écoulés. Elle doit s'imaginer qu'il est venu la faire taire définitivement presque un an après leur furtive rencontre. C'est comme ça que finissent les témoins gênants en Algérie, tôt ou tard.

Il sourit toujours, ouvre son blouson, montre qu'il ne porte pas d'arme.

— N'ayez pas peur. Je veux seulement vous parler.

La jeune femme se détend un peu, s'efforce de rendre le sourire, n'y arrive pas et jette un coup d'œil inquiet derrière elle. Une jeune Algérienne qui parle à un Occidental – même si l'homme en face d'elle doit avoir du sang arabe –, ça pourrait être très mal interprété par des voisins suspicieux, ou par les gens du FIS et du GIA qui grouillent dans la Casbah.

— C'est votre voiture ? demande-t-elle.

Benlazar montre les clés de contact.

— Allons faire un tour ailleurs, alors.

Le Français obtempère, décontenancé par la proposition. Mais il comprend vite qu'il pourrait attirer des ennuis à la jeune femme, et qu'elle préfère se risquer à accompagner un inconnu plutôt que d'être vue avec lui. La vie est une histoire de choix stupides qui n'ont aucun sens, ici, plus que partout ailleurs, accepte-t-il en se mettant au volant.

La Renault 21 remonte la rue Abderrahmane. Benlazar est bizarrement heureux, il hume l'odeur de la jeune femme, apprécie même les rapides regards qu'elle lui jette en douce.

Il prend la direction de la gare d'Alger puis s'engage sur la nationale 11 qui longe le port.

— Vous ne me ferez pas de mal, n'est-ce pas ? murmure la jeune femme en fixant la route devant elle.

Le conducteur secoue la tête.

— Non, non, au contraire…

Il se tait. Quel con ! Qu'est-ce que c'est, le contraire de ne pas faire de mal ? Faire du bien ? Faire du bonheur ? Faire l'amour, tant que tu y es… mais quel con.

— C'est quoi, votre nom ?

— Tedj. Tedj Benlazar.

— Vous êtes algérien ?

— Non, je suis français. Je travaille à l'ambassade.

Elle se tourne pour la première fois vers lui.

— Vous venez pour Raouf ? C'est vrai qu'il travaille pour la sécurité militaire à Aïn M'guel, en prison ? Je croyais qu'il était mort. Mais je l'ai revu il y a plusieurs jours et il m'a juste dit qu'il partait à Lârbaa. Vous savez ce qu'il va y faire ?

La jeune femme vient de percevoir une incompréhension totale dans le regard du conducteur. Trop tard. Elle parle trop, se dit-elle, furieuse contre elle-même.

Benlazar sort son paquet de cigarettes, s'en allume une.

— Vous en voulez une ?

La jeune femme secoue la tête. Ses lèvres sont pincées.

Benlazar flaire autre chose que le parfum de la jeune fille, un truc comme le hasard le plus incroyable. Mais y a-t-il des hasards incroyables quand on vit, comme lui, de mensonges et de coups tordus ?

— Raouf, c'est qui ? fait-t-il en tirant une bouffée. Votre frère ? Votre fiancé ?

— Mon fiancé.

Ça y est : quelque chose se met en marche dans la caboche du Français. Il n'aime pas ça parce qu'en cet instant, il voudrait seulement apprendre à connaître cette belle jeune femme. Juste apprendre à la connaître, oublier le reste et surtout le boulot. Pourtant ce truc qui le titille soudain, c'est bien ce que certains nomment l'instinct professionnel. À défaut de parler de monomanie. Sécurité militaire, prison d'Aïn M'guel, Lârbaa, un bled du Triangle de la mort, tout ça tourne à une vitesse folle dans sa tête, et il ne peut l'empêcher.

Il stoppe le long de la nationale, non loin de la promenade des Sablettes qui surplombe la mer.

— On ne risque plus rien, ici, dit-il. Allons marcher.

La jeune femme lui lance un regard implorant. Ce n'est pas la peur, elle voudrait qu'il oublie ce qu'elle vient de dire.

— Je vous répète que je ne vous ferai pas de mal. Je vous le promets.

Ils traversent la pelouse desséchée et font quelques pas sur la promenade.

La Méditerranée scintille sous la lune. C'est un cliché, néanmoins c'est vrai : c'est magnifique. Et apaisant. Mais un relent putride lui saisit les narines. L'odeur monte de l'oued El Harrach – toujours lui, le fleuve puant qui refuse que les plages d'Alger soient des lieux de villégiature, comme si la situation politique, cette violence, ces morts, ne pouvait aller de pair avec l'existence de lieux de villégiature.

— Vous vous appelez comment ? fait Benlazar.

— Gh'zala Boutefnouchet.

— C'est très joli, Gh'zala.

C'est idiot, cette phrase.

Benlazar n'est pas bon en courtisan, il se voit comme un adolescent empoté tout juste capable de débiter des compliments stupides. À bien y réfléchir, la mer inspire beaucoup plus les banalités que la poésie. Il est à deux doigts de parler d'infini, de voyages et autres fadaises. Qu'est-il venu chercher dans la Casbah, ce soir ? Une amourette qui lui ferait oublier Évelyne et les filles ? Il n'est pas loin de se trouver ridicule.

— Vous pouvez me reparler de Raouf ? D'Aïn M'guel, de Lârbaa et de son travail avec la sécurité militaire ?

Gh'zala s'arrête et le dévisage, inquiète. Une telle volte-face n'est pas pour la rassurer.

— Vous comprenez, je suis fonctionnaire de l'État français, je dois m'assurer que vous n'êtes pas…

Elle secoue la tête lentement, ce n'est plus l'inquiétude qui assombrit ses yeux noirs. La colère, peut-être ?

— Que je ne suis pas quoi ? Une islamiste ? Une islamiste qui voudrait s'infiltrer au sein de l'ambassade de France ? Je vous rappelle que c'est vous qui m'avez trouvée. C'est vous qui m'avez emmenée ici.

Son visage est fermé, elle fait un effort pour ne pas laisser éclater la colère.

— Vous devez vous assurer de tout ça pourquoi ? Qu'est-ce que vous fabriquez ici ?

Benlazar est incapable d'ébaucher la moindre réponse crédible. Dire à la jeune femme qu'il est tombé amoureux d'elle alors qu'il pointait son pistolet sur elle dans la rue Abderrahmane presque un an auparavant ? Dire que son beau visage l'empêche de penser à Évelyne et aux filles et lui permet de mieux respirer ? Et passer pour un dément ?

— Je ne voulais pas que vous viviez dans la crainte de mon retour, tente-t-il. Je veux dire : la dernière fois, et la seule fois qu'on s'est vus, les circonstances pouvaient laisser imaginer que… Enfin, sachez que vous n'êtes pas en danger.

Elle continue de le regarder, son expression légèrement radoucie. En tout cas, c'est ce que perçoit Benlazar.

— C'est gentil de votre part.

Ils reprennent leur marche lente. Sous la lune, les fleurs argentées de l'*atai el arab* scintillent. Benlazar croit se souvenir que l'on dit « thé arabe » parce que cette plante servait de décoction aux Arabes avant l'introduction du thé. Ou peut-être sont-ce les plus pauvres des Algériens qui s'en servent comme ersatz de thé ?

Il observe les pétales argentés quelques instants.

— La mer, ça inspire des banalités.

Benlazar a laissé sortir ça sans y penser. Gh'zala sourit.

— Vous êtes bizarre. Et c'est bizarre de se promener en pleine nuit avec un Français, à Alger.

Des coups de feu retentissent, très loin, vers l'ouest de la capitale. Normal.

Elle se tait quelque secondes puis :

— Je ne suis pas sûre que ce soit possible de se promener avec un Français, ici et maintenant.

Sur la nationale 11, deux voitures de police foncent vers le centre-ville. Normal.

— Vous voulez bien me parler de Raouf? reprend Benlazar.

Pourquoi accepte-t-elle ? Peut-être est-elle tellement seule que parler lui permettra de contenir l'inquiétude. Peut-être sent-elle qu'elle peut avoir confiance en cet homme, ce grand type un peu étrange, à cheval sur deux cultures. Peut-être en a-t-elle assez de se taire. Peut-être les Algériens se taisent-ils depuis trop longtemps.

Gh'zala raconte ce qu'elle sait, ce qu'elle imagine, aussi. Raouf Bougachiche, son fiancé, était postier et militant du FIS – « mais ce n'était pas un fondamentaliste, n'allez pas croire ça : il ne m'a jamais ordonné de porter le voile ». Il a été arrêté lors de l'occupation des places à Alger en 1991. Elle n'a plus eu de nouvelles de lui. Pas plus la mère de Raouf, ni même son frère, pourtant lieutenant au 25e régiment de reconnaissance, en poste à Lakhdaria.

— Le 25e régiment de reconnaissance, murmure Benlazar.

Gh'zala fronce les sourcils et reprend :

— On a tous cru que Raouf était mort. Et puis un homme, un employé du camp de détention d'Aïn M'guel, est venu me trouver : Raouf était détenu là-bas. Chose incroyable pour moi, il travaillait apparemment pour la sécurité militaire. Je ne sais pas pourquoi cet homme est venu me dire tout ça. Peut-être qu'il reste de l'empathie chez les Algériens… Raouf devait surveiller un prisonnier important, quelqu'un du FIS ou du GIA. Ça n'a rien changé : ma demande de visite à Aïn M'guel est restée lettre morte. On m'a répondu qu'il n'y avait pas de prisonnier du nom de Raouf Bougachiche à Aïn M'guel ou ailleurs en Algérie. Mais il y a quelques jours, Raouf a frappé à ma porte.

La jeune femme secoue la tête comme si elle n'en revenait toujours pas d'avoir vu réapparaître son fiancé.

— Il était sorti du camp d'Aïn M'guel, continue-t-elle. Il m'a dit qu'il ne craignait rien, qu'il était quelqu'un d'important, maintenant. Mais il avait peur – je l'ai vu dans ses yeux. Et il ne voulait plus m'embrasser, comme s'il pouvait me contaminer, vous voyez ? Il est resté un petit moment avec moi, puis il m'a annoncé qu'il partait en mission. Je lui ai crié dessus : « Une mission, Raouf, mais tu es devenu fou ? Une mission pour qui d'abord ? » Il a vu que j'étais folle d'inquiétude, qu'il ne pouvait pas me laisser comme ça. Alors, il a précisé qu'il devait accompagner un dirigeant islamiste, et que sa mission était de le surveiller pour le compte de la police ou des services secrets – peut-être qu'il a dit services secrets, oui. Il a ajouté qu'il se rendait à Lârbaa, qu'il y resterait quelques jours et qu'il serait vraiment libre après.

Lârbaa, Lakhdaria, le Triangle de la mort et un peu plus, réfléchit Benlazar. Il n'en revient pas : il le tient, son témoin ! Celui qui pourra dénoncer l'infiltration des renseignements militaires au sein des maquis, du GIA surtout. Et ce témoin vient du camp d'Aïn M'guel, en plus ! C'est le carton plein s'il parvient à retrouver ce Raouf.

Les yeux de Gh'zala sont remplis de larmes.

— Il a dit le nom de l'homme qu'il surveillait à Aïn M'guel ?

La jeune fille lui adresse un regard triste comme si elle se demandait s'il comprenait vraiment le danger que court son fiancé.

— Djamel quelque chose. Zirouni ?

Elle contemple la nuit autour d'elle, elle est perdue au milieu de nulle part.

Le visage du Djamel, protégé du colonel aux lunettes d'or dans la salle d'interrogatoire de Haouch-Chnou se dessine vaguement dans l'esprit de Benlazar. Il esquisse un geste pour prendre la jeune femme dans ses bras avant de s'abstenir.

— Je voudrais rentrer chez moi maintenant, dit-elle.

Il souffle comme pour repousser l'odeur de l'oued et dit : « D'accord, on y va. »

Sans se presser, il la raccompagne jusque dans la Casbah sans un mot et la dépose devant l'immeuble où se trouve son petit studio.

— Je pourrai prendre de vos nouvelles ? fait-il maladroitement en se penchant sur le siège qu'elle vient de quitter.

La jeune femme hausse les épaules en poussant la lourde porte. Elle se fiche bien qu'il prenne de ses nouvelles, elle se fiche bien de lui. Et comment peut-il en être autrement ? Il se sent ridicule.

Une cigarette, bordel ! Son paquet est vide et Benlazar fouille fébrilement dans la boîte à gants. Un vieux paquet froissé, une cigarette tordue, il l'allume, tente de calmer son cœur qui bat la chamade. Qu'est-ce qui t'arrive, grand con ? C'est cette gamine qui te met dans cet état ? Ou c'est cette histoire de prisonnier surveillant un islamiste pour le compte de la sécurité militaire qui te procure l'adrénaline que tu aimes tant ?

Il ne pourra pas dormir cette nuit. Son corps est tendu à l'extrême et son esprit tourne à cent à l'heure. Ce n'est pas le moment de dormir : Raouf, la sécurité militaire, les maquis islamistes, il veut en avoir le cœur net. Il dispose de quelques heures avant de retrouver Gombert, de reprendre son boulot aux ordres de l'État français.

Khaldoun Belloumi pourra sans doute l'aider à y voir plus clair.

Il démarre et prend la direction de l'ouest de la capitale. Alger est presque silencieuse, des véhicules blindés remontent les avenues trop rapidement. Il traverse El Biar, s'engage sur la nationale 41.

Khaldoun Belloumi aime le jeu, les femmes, et il voudrait s'envoler un jour pour les États-Unis, y ouvrir un restaurant kebab et oublier l'Algérie à jamais. Benlazar le considère comme l'un de ses honorables correspondants les plus efficaces. Plus encore depuis la mort de Chokri Saïdi-Sief. Benlazar, s'il est honnête, doit bien reconnaître qu'il n'a pas pensé à Chokri depuis son retour en Algérie. Il n'en est pas fier, mais ça fait partie de la procédure : il faut oublier l'indic qui meurt en mission pour éviter de remuer la merde et d'éclabousser la France. En résumé.

Belloumi est intelligent, mais il navigue au bord du gouffre en permanence. S'il coopère avec la DGSE, c'est pour le premier terme de l'acronyme MICE : l'argent, seulement l'argent. Belloumi travaille en tant que civil au Centre de commandement de lutte anti-subversive dont dépend justement le 25ᵉ régiment de reconnaissance. L'argent permet donc à Benlazar de savoir, parfois, ce qui se trame du côté du DRS.

Le 25ᵉ régiment de reconnaissance assure la sécurité dans l'ouest du Triangle de la mort. Benlazar connaît leur réputation : ce ne sont pas des tendres. Ils obéissent au DRS et au général Mohammed Lamari, le chef d'état-major de l'armée. Leurs méthodes sont expéditives, mais elles portent leurs fruits : Lakhdaria paraît pacifiée.

À Beni Messous, il s'arrête devant l'hôpital Issad-Hassani, à proximité de la zone militaire. De sa place de parking, il peut voir les bâtiments qui abritent le Centre de commandement de lutte antisubversive. Il est presque 23 heures, Belloumi travaille jusqu'à minuit. Travailler tard dans la soirée, c'est ce qu'il préfère. Un jour, il a dit à Benlazar que ça lui permettait de rejoindre immédiatement les cercles de jeu ou les bordels sans que le soleil lui brûle les yeux.

Benlazar pénètre dans le hall de l'hôpital et passe un coup de fil depuis la cabine téléphonique. Il laisse sonner deux fois, raccroche et rappelle quinze secondes plus tard – c'est le signal.

— Il faut que je te voie. Tout de suite.

Silence.

— Bien sûr : même tarif.

Re-silence.

— Même endroit que d'habitude, dans un quart d'heure.

Benlazar rejoint la Renault 21. Khaldoun Belloumi sera en retard de dix minutes, comme chaque fois qu'ils ont rendez-vous. Il prétend que c'est parce qu'il prend d'extrêmes précautions. Benlazar pense que ce retard est une manière d'affirmer sa supériorité : il n'est pas un indicateur comme les autres, il est un espion, « le James Bond algérien », a déclaré Belloumi un jour en riant. En réalité, Belloumi est criblé de dettes auprès de gens peu fréquentables. C'est aussi un obsédé sexuel qui va aux putes plus souvent qu'à son tour. Son travail au centre de communication du CLAS lui donne cependant accès à des informations de premier ordre. Les refiler au Français est assurément dangereux : s'il venait à être découvert, le James Bond algérien se retrouverait quelque part dans la Mitidja, une balle dans la nuque. Les agents de la DGSE en ont tous « perdu », des honorables correspondants. Un jour, ils ne répondent plus au téléphone, ils disparaissent et on comprend qu'on ne les reverra plus. Bellevue a expliqué à Benlazar les véritables règles du jeu : le traître est nécessaire dans leur travail, mais sa disparition aussi, elle permet au camp cocufié de croire qu'il ne l'est pas complètement. Faire disparaître un indicateur rétablit la coexistence pacifique entre « alliés ». Benlazar repense à Chokri, ses lèvres se tordent en une moue amère.

Pour être franc, Khaldoun Belloumi est la plus belle prise du lieutenant Benlazar. C'est en grande partie grâce à ses informations que ses chefs à la Boîte le considèrent comme le meilleur agent sur le terrain en Algérie.

Plus de cigarettes dans le paquet froissé. Lui aussi risque sa peau en rencontrant Belloumi. Il se demande ce que lui auraient fait les deux types que Gombert a flingués dans la Casbah s'ils l'avaient coincé. Visualiser sa mort dans la Mitidja, Benlazar n'y parvient pas. C'est sans doute pour ça qu'il continue son boulot en Algérie.

— Bonsoir, lieutenant.

Khaldoun Belloumi est toujours aussi gros. Son ventre est toujours prêt à sortir de son pantalon. Son visage est éminemment sympathique. Si Benlazar ne connaissait pas son goût pour l'argent et ses nombreux vices, il se laisserait aller à la politesse avec lui.

Belloumi s'assied à ses côtés.

— Pourquoi la DGSE s'évertue à mettre des plaques algériennes sur les voitures de ses agents ? raille-t-il en sortant une cigarette.

— Donne-m'en une.

Il tend une Rym et la flamme de son briquet.

— Parce que tout le monde connaît vos bagnoles, hein ! Vos plaques ne trompent personne.

Benlazar tire sur sa cigarette.

— Tu m'en laisseras deux ou trois.

L'autre s'exécute et dépose trois clopes sur le tableau de bord.

— Qu'est-ce qu'il se passe dans le Triangle de la mort, à Lârbaa ou dans le coin ?

Benlazar voit les lèvres de Belloumi se plisser. Un petit mouvement qui témoigne chez l'indic du retour à la réalité, celle où il pourrait finir dans la Mitidja, son corps pourrissant au pied des vignes comme tant d'autres.

— Ah oui, quand même, vous êtes déjà au courant...

— Au courant de quoi ?

— Ben, pour ce que j'en sais, mais ça vient de tomber dans la soirée, le 25e régiment de reconnaissance va faire mouvement depuis Lakhdaria. Ce sont les hommes du capitaine Laouar, vous connaissez ?

— Ils vont faire route vers Lârbaa ?

Belloumi lance un regard étonné au Français : apparemment, il est mieux informé que ce qu'il aurait cru.

— Oui, mais je vous répète que ça vient de tomber, il y a moins de deux heures. Je ne sais pas pourquoi ils font mouvement vers Lârbaa. Peut-être une manœuvre d'intimidation à destination des maquis du GIA ?

— Tu crois vraiment qu'ils déplaceraient le 25e du capitaine Laouar pour des manœuvres d'intimidation, toi ?

Belloumi convient d'un hochement de tête que c'est peu probable.

— Et ça te dit quelque chose, un certain Djamel Zirouni, un ancien détenu d'Aïn M'guel ?

Belloumi ouvre de grands yeux. Il baisse la vitre de sa portière, balance son mégot et ses lèvres se serrent violemment. Il jette un regard inquiet dans le rétroviseur extérieur.

— Là, lieutenant, c'est chaud. Enfin, je veux dire : faut faire gaffe où vous mettez les pieds. Bon, vous êtes français, peut-être, mais c'est chaud pour vous aussi.

— On verra ça, Khaldoun. Réponds-moi.

Belloumi fixe la nuit droit devant lui. On a l'impression qu'il observe les bâtiments du Centre de commandement de lutte anti-subversive comme si c'était l'antre d'une bête féroce. Et peut-être qu'une bête féroce s'y cache, en effet.

— Pas Zirouni, lieutenant : Zitouni, Djamel Zitouni. J'ai vu passer ce nom plusieurs fois. Le truc bizarre, c'est que ce n'est pas vraiment un gros ponte du FIS ou du GIA.

Son père vend des poulets, Djamel c'était plutôt un petit voleur. Il est sorti d'Aïn M'guel récemment. Je ne sais vraiment pas ce qui se trame, lieutenant, promis ! Mais c'est vrai que ce nom-là, on le voit beaucoup passer au CLAS, et toujours en lien avec le DRS.

— Et l'arrivée du 25ᵉ de reconnaissance et du capitaine Laouar à Lârbaa, ça a quelque chose à voir avec ce Zitouni ?

Belloumi ouvre une bouche en cul-de-poule. On dirait un idiot.

— Qu'est-ce qui vous fait penser ça, lieutenant ?

Benlazar lance son mégot par la fenêtre, consulte sa montre : il est bientôt minuit.

— Rien, rien, tu peux y aller.

— Et pour le paiement ?

— Comme d'habitude, Khaldoun, tu le recevras dans quelques jours. Comme si tu ne connaissais pas la procédure…

Belloumi sort de la voiture.

— C'est parce que j'ai besoin d'argent, lieutenant…

Benlazar démarre sans même lui adresser un regard.

Il revient vers Alger, la ville est calme, pas de sirène, aucun véhicule de l'armée ou de la police qui file dans les rues. *Pas normal, ça*, songe Benlazar. Bien sûr, Alger la blanche n'est plus ce qu'elle a été, et pourtant la vie continue, même la nuit, même pendant l'état d'urgence. La violence n'a pas complètement éteint la vie, les Algérois font simplement attention. Mais il ne semble plus y avoir âme qui vive, cette nuit.

Sur la route du Frais Vallon, une voiture lui lance des appels de phares. Il dégrafe le holster qui retient son semi-automatique sous le siège.

Il freine lentement et se range contre le trottoir. La voiture se gare à sa hauteur, un homme se penche par la fenêtre de la portière passager.

— J'avais bien cru reconnaître la Renault 21 du lieutenant Benlazar. On a des insomnies, Tedj ?

Le commissaire principal Nasser Filali sourit derrière son épaisse moustache. Longtemps Benlazar a pensé que le commissaire était probablement le seul flic d'Alger sans trop de sang sur les mains. On peut dire que Filali est relativement droit. Il a confié au Français qu'il souffrait de voir son pays aux mains des militaires, mais qu'il souffrirait plus encore de le voir entre celles des islamistes. « Les Algériens vont se relever un jour prochain, il nous faut seulement courber l'échine quelque temps », a-t-il ajouté. Parfois, le commissaire, qui semble apprécier Benlazar pour une raison qui échappe à l'intéressé, lui glisse, l'air de rien, un ou deux renseignements.

— Commissaire, vous êtes en patrouille, en pleine nuit, vous, un des plus grands flics d'Alger ?

L'autre pouffe de rire.

— Disons que ce soir, il y a de la tension dans l'air.

Benlazar questionne d'un signe de tête.

— Et vous, en tant que Français, vous ne devriez pas trop traîner dans les rues si tard le soir.

— Parce que les Français sont ciblés ?

Le flic a toujours son air tranquille.

— Ouh là là, lieutenant ! Moi, je fais respecter l'ordre public, je ne fais pas de politique.

Il tapote une mélodie connue de lui seul sur la carrosserie de la portière.

— Mais oui, les Français sont ciblés, Tedj.

— Par qui ?

— Je n'en sais rien. Faites gaffe à vous tout de même.

Il le salue d'un geste de la main.

— Je dois continuer ma patrouille. Bonne nuit.

Et il s'éloigne en direction du Frais Vallon.

Benlazar éprouverait presque un sentiment de fierté. Quand son instinct le pousse dans la bonne direction, il se sent utile. Quelque chose se trame à Alger et ça concerne les Français. S'il y a bien un mec qui sait ce qui se trame à Alger, c'est Maklouf Moghrabi.

Maklouf le Juif règne sur une bonne partie de la pègre algéroise depuis la cité de Diar El Kef, « El Carrière », un des coins les plus sordides d'Alger, où grouillent les islamistes et les truands. Le Juif tient la prostitution, les islamistes restent à l'écart. Ou plus précisément, ils restaient à l'écart. Mais depuis un an, depuis qu'il a perdu un œil dans un attentat à l'explosif, attribué justement aux islamistes, Maklouf le Juif et ses hommes sont devenus une sorte de commando paramilitaire qui accomplit les basses œuvres du DRS. C'est une rumeur que Benlazar sait fondée.

L'air est frais, le silence s'est emparé de la ville.

Maklouf le Juif est ultra violent et n'agit pas par goût du lucre. De l'argent, il en a à donner. Il en distribue assez aux pauvres de Bab El Oued pour s'assurer le soutien des habitants. Quand il affranchit la DGSE ou quand il travaille aux ordres des militaires algériens, c'est pour se payer du barbu, comme il dit. L'ultra violence est une chose assez fréquente en Algérie, mais Benlazar se méfie de Moghrabi parce qu'il le soupçonne d'avoir de réels problèmes psychiatriques. Khaldoun Belloumi et ses autres indics entre Blida et Alger ne risquent pas de lui planter un couteau entre les deux omoplates, Benlazar les tient. Mais Maklouf le Juif serait capable de lancer ses gars sur l'ambassade de France s'il lui en prenait l'idée paranoïaque.

Benlazar fonce vers Bab El Oued.

Maklouf le Juif vit la nuit, c'est de notoriété publique, mais le Français a conscience que le déranger comme ça, au débotté, peut être envisagé par un paranoïaque comme une embrouille, un piège. Alors, il pense à Gh'zala Boutefnouchet. Il n'en revient pas de penser à elle. Et d'en tirer du courage l'inquiète. Il tente de visualiser le visage d'Évelyne et des filles. Impossible pour sa femme et Nathalie ; Vanessa, oui, il y parvient encore.

La Renault 21 pénètre dans El Carrière. La cité surplombe le quartier Triolet et fait face au cimetière d'El Kettar. La barre d'habitation est décrépite, presque insalubre, elle est attenante à l'immense carrière ECAVA qui lui vaut son surnom. Diar El Kef signifie « la cité du Précipice ». Un jour, peut-être, tout sera rasé pour laisser place à des résidences cossues, et on oubliera à jamais les minuscules appartements, les taudis qui n'excèdent pas 13 mètres carrés et où s'entassent des milliers de pauvres.

Deux jeunes gars s'approchent de sa voiture. Pas de djellabas, pas de barbes, mais blousons de cuir et baskets. Benlazar ne glisse pas sa main jusqu'à son arme.

— Tu cherches quelque chose ? interroge le premier.

Il parle de drogue.

L'autre le dévisage en plissant les yeux.

— Ou quelqu'un ?

Là, il parle de putes.

— Je dois rencontrer Maklouf Moghrabi.

Les deux jeunes hochent la tête pensivement.

— T'es qui ? fait l'un.

— Tu crois qu'on peut déranger M. Moghrabi à cette heure de la nuit, comme ça ? renchérit l'autre.

— Dites-lui que Tedj Benlazar veut lui parler.

Une voix crie dans les étages de la barre. « *Wjah zabi !* » réplique quelqu'un d'autre. La « tête de bite » répond « ta mère la pute ».

Les deux jeunes types laissent échapper un rire.

— Reste ici, on va voir ce qu'on peut faire, dit le premier.

— Tu bouges pas, d'accord ? intime le second.

Et ils disparaissent dans le hall d'entrée le plus proche, celui de l'immeuble depuis lequel Maklouf le Juif règne sans partage sur son business.

Benlazar sort de sa voiture.

La première fois qu'il a approché Maklouf Moghrabi, c'était sur la recommandation de Bellevue. Le commandant lui avait précisé trois points : Maklouf le Juif sait tout ce qui se passe la nuit à Alger ; il prend l'argent, mais ce n'est pas ce qui le motive ; il est très intelligent, un animal à sang froid qui flaire d'instinct quand on essaye de le doubler. Depuis, Maklouf a perdu un œil et Benlazar pense qu'il a laissé son sang-froid dans l'attentat qui l'a rendu borgne. Mais c'est encore vrai, il sait tout ce qui se passe la nuit à Alger. Peu avant son départ définitif pour la France, Bellevue a reconnu que le roi de la pègre algéroise était à manier avec précaution. « De la nitroglycérine qui peut faire jaillir un filon d'or ou de pétrole mirifique, ou te péter à la tronche, lieutenant », avait-il précisé, un soir, dans un bar.

— Tu viens avec nous. Vite !

Les deux jeunes types sont devant lui, l'un le fouille et demande :

— Pas d'arme, hein ?

Benlazar secoue la tête.

— C'est parti, alors, siffle l'autre.

Tous les trois montent au sixième et dernier étage de l'immeuble. L'escalier est lugubre, les murs sales, les marches grasses et collantes. Des jeunes gens, certains armés de fusils-mitrailleurs, montent la garde ici ou là, sur un palier, la cigarette aux lèvres. Pourquoi le Juif continue-t-il à vivre dans cette porcherie ?

Ils pénètrent dans un appartement. Maklouf a préempté une dizaine de logements, fait ouvrir des portes dans les cloisons, tomber des murs entiers et il a aménagé son antre comme un lupanar parisien de la Belle Époque. C'est hallucinant de traverser ces pièces aux murs décorés de tapisseries et de tableaux d'art moderne, meublées de créations sans aucun doute hors de prix et importées d'Europe ou des États-Unis. C'est hallucinant parce que, à l'étage en dessous, des gens vivent à plusieurs dans leur minuscule appartement. On dit que certains habitent même les toilettes communes.

Benlazar aperçoit Maklouf Moghrabi vautré dans un canapé en cuir rouge. Debout, derrière lui, un homme tient une Kalachnikov.

Les deux jeunes types en baskets restent dans le couloir.

— Salut, lieutenant Tedj ! lance le Juif. Viens t'asseoir, on boit un coup, entre amis, tranquilles.

Hormis le garde dans son dos, le salon est vide. Forcément, Maklouf le Juif n'a plus d'ami. Depuis l'attentat, depuis qu'il sert de bras armé au DRS, le roi est seul en son château d'El Carrière.

Le Français s'assied sur le canapé en face de lui.

Entre les deux hommes, sur la table basse, il y a un petit tas de poudre blanche et de nombreuses traces à moitié effacées. Le Juif s'est cocaïné le nez toute la nuit. Pas le meilleur remède contre la paranoïa…

— Whisky, lieutenant Tedj ? propose-t-il en servant un verre.

Benlazar le boit cul sec : ça le réchauffe, ça le calme.

— Qu'est-ce que tu viens faire à la Carrière, lieutenant Tedj ? demande Moghrabi avec un rire gras.

Il prend un peu de cocaïne avec une carte de visite et prépare une ligne.

— La France a encore besoin de Maklouf Moghrabi, peut-être ?

Il sniffe la poudre et lâche un borborygme amusé :

— Tu prends pas de coke, je crois, hein, lieutenant Tedj ?

— Qu'est-ce qu'il se passe à Alger, cette nuit, Maklouf ? Le truc en rapport avec des ressortissants français, je veux dire.

Moghrabi se laisse retomber au fond de son canapé. Son nez se tord à plusieurs reprises, l'une de ses narines est marron, sans doute a-t-elle saigné. Il paraît réfléchir, son air amusé est suspect : on peut imaginer qu'il cherche un bon tour à jouer à son « invité ». Benlazar connaît sa propension à la provocation. Bien des fois, le Juif lui a raconté des histoires vraiment sordides dans lesquelles lui et ses hommes étaient du côté du manche. Il rit de salir les militaires et le pouvoir algérien, il rit des souffrances endurées par des islamistes avant leur mort. Il rit de tout ce qui fait horreur à l'Algérie.

— Chez nous, les amis, on leur fait des confidences, lieutenant Tedj, commence-t-il.

Et c'est parti, le Juif va faire son numéro.

— Alors, en voilà une qui va t'intéresser : c'était le 21 août dernier. Mes gars et moi, on s'est planqués à la fin de l'après-midi à Alger Plage. Je me souviens, on crevait de chaud dans nos bagnoles. On a attendu longtemps.

Il prend un peu de poudre dans le petit tas, dessine une nouvelle trace, se gratte une narine puis inspecte son doigt inquisiteur.

— Vers 19 heures, Kasdi Merbah est arrivé au volant de sa Honda.

Ça y est : Maklouf va lui avouer l'assassinat de l'ancien chef de la sécurité militaire. Il lui a déjà avoué le meurtre de journalistes, d'universitaires ou même de militaires que les islamistes ont revendiqué par la suite. C'est comme une contrepartie aux informations qu'il lui donne.

— Avec lui, il y avait son fils, Hakim, et son frère, Abdelaziz. Et derrière eux, dans une autre voiture, son garde du corps et son chauffeur. Pas de chance pour eux : on a balancé deux fumigènes sous la bagnole et on les a arrosés. Boum, boum, boum.

Il sniffe sa cocaïne et vérifie sa narine.

— Kasdi et son garde du corps ont tiré et un de mes gars a été touché. Ah, les salauds ! Tu parles si je lui ai filé le coup de grâce, à Kasdi. Et on s'est cassés, juste avant que les flics débarquent.

Il s'esclaffe dans son fauteuil, prend à témoin le garde derrière lui qui reste impassible :

— Et le GIA qui a revendiqué le coup, tu te souviens ? C'est Abdelkader Hattab le coupable, pour tout le monde.

Il se marre. Sans doute à cause du visage fermé du lieutenant français. Benlazar essaye seulement de dissimuler son trouble. Et ce trouble est double : Maklouf le Juif a-t-il vraiment descendu Kasdi Merbah sur ordre du DRS ? Et si c'est lui, pourquoi le GIA a-t-il revendiqué le meurtre ? Collusion entre généraux et islamistes, répondrait Bellevue.

— On m'a dit que c'est l'Unité 192 qui s'est occupée de Kasdi Merbah à Alger Plage.

Les lèvres de Moghrabi se fendent d'un rictus ironique.

— Ah ouais, la fameuse 192… 1 pour le mois de janvier, 92 pour l'année du coup d'État. L'unité formée sur demande des généraux Médiène et Lamari. Faut pas croire tout ce qui se raconte, lieutenant Tedj. Les gens aiment bien inventer des histoires. Tu es sûr de ne pas vouloir un peu de droguc ? Elle est bonne, vraiment.

— Dis-moi si c'est vrai que les Français sont ciblés cette nuit.

Le Juif cesse de rire.

— T'es pas un marrant, toi.

Il jette un coup d'œil au tas de poudre et incline la tête d'un air étonné.

— Faudra bien que la France prenne franchement parti, lieutenant Tedj, tu comprends ? Mon père me disait qu'on ne pouvait pas trinquer avec le diable sans boire le verre en entier, tu vois ? Ça n'a pas empêché le vieux de mourir dans son lit, riche et avec deux femmes de vingt ans pour lui tenir chaud. Enfin, c'est ce qu'on dit.

Il se sert un whisky.

Benlazar sait que le père Moghrabi est mort noyé dans un baril d'olives. Oui, il était riche, et son fils a hérité du business. Mais on raconte surtout que Maklouf est un de ceux qui lui ont maintenu les pieds en l'air jusqu'à ce qu'il meure, au père Moghrabi.

— Un attentat ? fait Benlazar.

— Hé, ho ! Lieutenant Tedj, enfin ! On n'est pas des sauvages : on n'est pas obligé de tuer nos amis français.

Il est vraiment taré ou très con, se dit Benlazar.

— Le DRS est derrière ça ? C'est toi qui vas t'en occuper ?

— Le DRS est derrière à peu près tout en Algérie, en ce moment.

Il regarde le fond de son verre.

— Tu peux me donner quelque chose ? continue le Français.

— Les types qui vont faire le coup, on les chopera rapidement.

— Où ? Quand ?

Maklouf a soudain une grimace d'agacement.

— Hé, ho ! Lieutenant Tedj, tu veux que j'avale mon bulletin de naissance ou quoi ?

Il jette un coup d'œil à son garde du corps, toujours impassible.

— Ça se passera dans le Triangle de la mort, nulle part ailleurs. T'as qu'à voir, lieutenant Tedj : les troupes d'élite du 25e de reconnaissance sont déjà en alerte.

Les pièces s'emboîtent petit à petit, constate Benlazar, mais il n'arrive pas à visualiser le puzzle en entier. Ce qu'il veut, c'est retrouver Raouf, son témoin.

— Les noms des Français qui vont…

— Oh, lieutenant Tedj ! Tu veux que je me répète ? Tu sais que je déteste ça, pourtant !

Et il se saisit du fusil mitrailleur du garde.

— Pour toi, je vais faire une exception, gueule-t-il en pointant le canon sur la tête du Français.

Pauvre dingue, tu en serais bien capable…

— Je ne te dirai rien de plus, sinon c'est mon bulletin de naissance que j'avale !

Puis il éclate de rire.

— Ah ! la tronche que tu tires. Ah ! je t'ai bien eu, hein ? Hein, que je t'ai mis la pétoche ?

Les deux jeunes types qui ont accompagné Benlazar se fendent la gueule dans l'entrée. Maklouf s'en aperçoit, désigne le Français du canon du fusil.

— Je lui ai mis la pétoche de sa putain de race de Français, hein, les gars ! leur lance-t-il.

Les autres acquiescent, morts de rire.

Il rend son arme au garde et s'avachit de nouveau dans son canapé.

— Allez, la fête est finie. Je suis fatigué.

Les deux jeunes gars font signe à Benlazar de les suivre.

Quelques minutes plus tard, il démarre la Renault 21 sans demander son reste : Maklouf le Juif, Maklouf le Dingue est capable de s'imaginer qu'il en a trop dit et de lui tirer une rafale dans le dos.

Benlazar coince son Pamas entre ses cuisses et quitte la Carrière, une ligne humide sur la colonne vertébrale. Il récupère l'une des cigarettes de Khaldoun Belloumi et s'empresse d'en tirer une longue taffe. Il en aurait été capable, ce taré…

Après ça, il fonce pour sortir d'Alger. Il a le sentiment que l'ambassade de France n'est pas sûre : cette info à propos des Français visés cette nuit et Maklouf le Dingue le rendent nerveux. Il roule un peu trop vite sur la nationale, fume les deux dernières cigarettes et s'efforce de penser à Gh'zala. Il n'y a que ça pour calmer les tremblements de sa main. Bien sûr, il devrait avertir Gombert et l'ambassade que quelque chose de terrible va se produire. Mais sur la route déserte qui trace au milieu des plantations d'agrumes, il songe à Raouf Bougachiche, le fiancé de Gh'zala, comme à un poisson qui risque de lui glisser entre les mains. Ce type est sa seule chance de prouver la folie des généraux qui comptent infiltrer les maquis. Et d'établir une fois pour toutes qu'il existe de véritables camps de la mort dans le sud du pays.

À Blida, rue de la gare, dans son appartement, il trouve un nouveau paquet de cigarettes et se verse plusieurs verres d'alcool à la suite. Ses mains tremblent encore : le Juif lui a en effet mis la pétoche de sa putain de race de Français.

Il vide la bouteille et son paquet de cigarettes, s'endort au petit matin. Enfin, il ferme les yeux et sombre quelques minutes.

La sonnerie du téléphone retentit longtemps avant de parvenir à le réveiller. C'est le lieutenant Marek Berthier qui l'appelle depuis Constantine.

— Tedj, t'es chez toi ?

— C'est mon téléphone, où tu crois appeler ? gromelle Benlazar, la langue pâteuse.

— Gombert cherche à te joindre depuis une heure, il m'a même réveillé ici. Comme si tu pionçais chez moi…

Benlazar souffle bruyamment.

— Tu veux quoi, Marek ?

— C'est vrai, ce truc avec les trois fonctionnaires ?

La lumière du jour qui traverse les persiennes est un vrai calvaire pour les yeux de Benlazar.

— Quoi, les trois fonctionnaires ?

— Même la radio en parle, Tedj : des fonctionnaires du consulat de France se sont fait embarquer par des islamistes. C'était à 7 h 30, ils allaient récupérer leur voiture dans un parking, dans le quartier de Telemly. Gombert m'a parlé d'un truc grave, mais il n'a pas voulu m'en dire plus. J'ai rappelé l'ambassade, personne ne veut me répondre. Moi je suis seul à Constantine, je veux savoir et…

Benlazar raccroche, s'habille et prend la route d'Alger.

Il roule vite et remarque que les services de sécurité algériens sont sur les dents. Tout le pays doit être sur les dents. Il double des colonnes de véhicules de transport de troupes qui se rendent, elles aussi, à Alger.

Lorsqu'il pénètre dans le parc de l'ambassade de France, il n'a qu'une idée en tête : rejoindre le 25e régiment de reconnaissance, le capitaine Laouar et ses hommes dans le Triangle de la mort. Il veut prouver à tous les mecs du DRS, les généraux arrogants, à ses propres chefs aussi, qu'il n'est pas un fonctionnaire incompétent, qu'il a vu juste à propos des camps et de l'implication des militaires dans les maquis.

C'est ainsi qu'après un bref entretien avec le capitaine Gombert, le lieutenant Tedj Benlazar fonce au volant de sa Renault 21 sur la route qui relie Alger à Khemis El Khechna. Il s'efforce de rester concentré, mais le chaos dans sa tête est maximal. Le chaos est tel qu'il empêche la fatigue de l'assaillir. D'abord, les renseignements de Maklouf Moghrabi ne sont peut-être que les mensonges d'un cocaïnomane en fin de nuit. Ensuite, même s'il trouve Raouf Bougachiche, sera-t-il capable de le soustraire au DRS ? Et surtout, de le faire parler ?

Il a l'impression d'être aspiré dans un tunnel qui accélère vers nulle part. Que dirait Évelyne de toute cette folie ?

Avant d'entrer dans Khemis El Khechna, Benlazar s'arrête sur le bas-côté. Il fouille dans son portefeuille, en tire une photo un peu défraîchie : Évelyne, Nathalie et Vanessa sourient sous le soleil du midi, c'était il y a quatre ou cinq ans. Il contemple la cicatrice d'Évelyne sur sa joue gauche. Cette cicatrice, il l'a toujours trouvée belle, attendrissante. Là, ça ne lui fait rien. Pire, il pense aux yeux noirs de Gh'zala et à sa cicatrice à elle. Il n'est pas assez fou pour ne pas comprendre qu'il devient fou.

Une jeep s'arrête à sa hauteur.

Un sous-officier en descend et jette un coup d'œil à la plaque d'immatriculation de la Renault 21.

— Lieutenant Benlazar, ça tombe bien, dit le sergent en lui adressant un salut, la main au front.

La nuit précédente, Khaldoun Belloumi n'a-t-il pas répété que tout le monde connaît les bagnoles de la DGSE, que leurs plaques ne trompent personne ?

— Sergent Gueddah, du 25e régiment de reconnaissance, je suis chargé de vous réceptionner.

Le sergent observe l'officier français avec scepticisme, il doit le trouver un peu trop arabe pour la DGSE.

— On ne vous attendait pas si vite.

— Le capitaine Laouar est déjà à Khemis El Khechna ?

L'autre lui sourit, ironique.

— Pourquoi, ça vous étonne ? Le 25e est un régiment d'action rapide.

Benlazar répond seulement :

— Je vous suis ?

— C'est ça, oui, lieutenant, suivez-nous.

Et il remonte dans la jeep.

Derrière son volant, Benlazar peine à se maîtriser, il voudrait se foutre des claques pour s'assurer qu'il ne rêve pas ! *Alors comme ça, ils n'y mettent même pas les formes*, se dit-il en suivant le sergent et ses deux hommes en direction de la brigade de gendarmerie de la ville. Alors comme ça, les trois Français sont à peine enlevés que déjà les forces spéciales sont à l'œuvre, ici dans le Triangle de la mort. Laouar et ses gars ont sans aucun doute reçu leur ordre de départ la veille, avant l'enlèvement. Benlazar est saisi par une singulière solitude, la solitude de celui qui sait, mais n'a personne à qui confier sa découverte. Car, ça y est, il en est certain : l'armée a décidé de mouiller la France en faisant enlever trois de ses ressortissants par le GIA. Est-ce que Chevallier, Bellevue, Gombert et la direction à la Boîte l'ont compris ? Est-ce que l'Élysée et le Quai d'Orsay s'en doutent ? Benlazar n'en est pas sûr : une colonne de soldats aveugles qui tentent de se diriger à travers le champ de bataille ne peut rien y voir dans ce merdier.

Raouf. C'est Raouf, le seul pion qu'il peut avancer. S'il retrouve Raouf, il pourra affranchir la direction de la DGSE. Sans Raouf, Benlazar n'est qu'un paranoïaque. Rien d'autre qu'un de ces soldats aveugles remontant vers l'arrière.

***

Depuis le départ du commandant Bellevue, depuis l'annonce de son putain de cancer surtout, le capitaine Gombert fait office de chef de poste de la DGSE en Algérie. Ses contacts sont bons dans les sphères du pouvoir, dans celles du DRS et dans le milieu diplomatique, donc dans les autres officines de renseignement des pays étrangers. Une station à l'écoute des communications de l'armée et des forces de sécurité algériennes a été installée dans les locaux de l'ambassade. Ça devrait être un atout important.

Il tient bien ses subordonnés et, d'une certaine manière, il dispose d'un joker en la personne de Tedj Benlazar. Bellevue ne cesse de lui répéter que le lieutenant sait naviguer en eaux troubles, qu'il a « l'instinct de l'Algérie ». « Peut-être que Tedj ne le sait pas encore, mais chez lui la duplicité est une seconde nature », ricane le Vieux au téléphone. Malgré tout, Gombert reste un Français en Algérie, qui plus est, un fonctionnaire français ; il ne peut imaginer se qui se trame réellement dans ce pays.

C'est Gombert qui est chargé de réceptionner les deux émissaires du gouvernement qui arrivent en France le lendemain de l'enlèvement des trois fonctionnaires français. Parmi eux se trouve Jean-Charles Marchiani, qui fait partie du cercle intime de Charles Pasqua, le ministre de l'Intérieur.

Gombert doit les guider vers qui de droit, et de pouvoir, à Alger. Il ferme sa gueule, comme le lui a conseillé Bellevue.

— Surtout, ferme ta gueule, Sylvain. Ces mecs ne sont pas de ton monde, ils ne sont peut-être même pas dans ton équipe.

Gombert a gratté sa cicatrice derrière l'oreille : il n'aime pas quand le Vieux lui parle comme à un gosse. Mais le Vieux ne lui parle pas comme à un gosse, au contraire.

— Je ne suis pas loin de penser que Marchiani était au courant de l'opération.

— Quelle opération ? a bredouillé Gombert.

— L'enlèvement des Thévenot et Freissier.

— Putain, comment il aurait pu savoir ?

Bellevue a eu un petit rire condescendant – comme face à la naïveté d'un gosse.

— Les militaires, le DRS, je ne sais pas exactement…

Gombert est resté quelques secondes interdit, mais il ne pouvait plus ignorer que les militaires jouent un billard à trois ou quatre bandes depuis longtemps.

— Qu'est-ce que tu racontes Rémy ? Tu ne penses tout de même pas que l'enlèvement est un coup monté ?

— Je ne sais pas, je te dis seulement que, dans l'entourage de Pasqua, on savait ce qui se tramait, a répondu Bellevue d'un ton tranquille. Peut-être. Ou peut-être que les militaires étaient au courant de quelque chose et qu'ils ont simplement laissé faire le GIA. Enfin, bon, ils auraient pu cibler l'ambassadeur, là, on aurait été dans la merde…

La respiration de Bellevue à l'autre bout du fil était épaisse, difficile.

— Quoi qu'il en soit, il y a une embrouille de la sécurité militaire, a-t-il repris. Franchement, comment ça se fait qu'on n'ait pas retrouvé les corps des otages, égorgés sur le bord d'une route ? C'est bien la première fois que les islamistes n'exécutent pas leurs otages dans les vingt-quatre heures.

Gombert en a convenu, mais il s'est senti seul derrière son bureau. Il aurait aimé en parler à Benlazar, voir dans ses yeux que tout cela était normal dans ce pays devenu fou. Benlazar est quelque part dans le Triangle de la mort avec le 25e régiment de renseignement de Laouar, on le lui a confirmé la veille. Son départ précipité n'est pas pour rassurer le capitaine de la DGSE, il conforte même son sentiment d'isolement.

Les deux émissaires français arrivent à l'aéroport d'Alger dans la matinée. Ils saluent rapidement et se comportent comme si l'officier ne savait rien de ce qui se tramait. Il se sent relégué au rang de chauffeur. Tout juste s'ils consentent à lui dire qu'ils ont rendez-vous au ministère de l'Intérieur avec les généraux Mohamed Lamine Médiène et Smain Lamari. Gombert comprend que le DRS est à la manœuvre, comme l'a deviné Bellevue. Le

Vieux est toujours en place, cancer ou pas, exil parisien ou pas. Plus qu'il ne le sera jamais lui-même, Gombert en est conscient.

À l'arrière de la voiture, Marchiani et son collègue échangent quelques mots dans un quasi-murmure. Après l'entretien qui se déroulera au ministère de l'Intérieur, Gombert ne se formalisera plus, ne s'étonnera plus de l'attitude des politiques, français ou algériens.

Il ne s'étonnera pas d'entendre le chef du DRS, le général Médiène, conseiller aux deux émissaires français de ne pas s'inquiéter, car les otages vont être libérés sous peu. Le général Lamari appuiera son chef et dira seulement souhaiter que Charles Pasqua secoue vigoureusement la mouvance islamiste qui se développe en France. Gombert et les deux émissaires comprendront que c'est donc donnant-donnant : « On s'occupe de vos otages, si vous vous occupez des islamistes en France. »

Marchiani semblera d'accord avec les généraux : le donnant-donnant doit être de mise. Il demandera seulement pourquoi ne pas libérer immédiatement les époux Thévenot et Freissier. Médiène répondra : « N'oubliez pas les islamistes, en France. »

Gombert ne s'étonnera pas non plus d'accepter qu'un colonel aux lunettes cerclées d'or, apparemment conseiller de Médiène, l'observe fixement durant tout l'entretien. Dans le regard du colonel, il y aura du mépris pour les Français, mais aussi quelque chose de plus personnel et de plus cynique : comme si Gombert, ses hommes à la DGSE et même leurs indics n'avaient plus de secret pour l'homme aux lunettes d'or.

Pour la première fois de sa carrière, le capitaine Gombert a décidé qu'il était plus facile de ne s'étonner de rien. C'est peut-être pour ça, songe-t-il, que Bellevue et surtout Benlazar sont en Algérie comme chez eux : ils ont compris que dans ce pays la normalité n'est plus celle que désirent les alliés français. Depuis longtemps.

***

Combien de jours et de nuits ont passé ? Trois jours, il en est certain, c'est là que quelqu'un a déposé du pain, du fromage et des dattes. Il a fait durer le pain et les dattes jusqu'au lendemain. Depuis personne n'est venu. Ah si, un matin, hier ou avant-hier, il ne peut plus dire, il a découvert une nouvelle bouteille d'eau. Alors, peut-être que cinq ou six jours sont passés depuis son arrivée. Il observe sa chambre : peut-être une semaine au vu de l'état du matelas taché de transpiration, souillé d'urine.

Raouf se force à se mettre debout, ses jambes sont faibles, mais il redescend l'escalier. Il tente de se concentrer sur sa situation. Est-ce que le colonel aux lunettes d'or veut se débarrasser de lui ? Est-ce qu'il estime qu'il a si bien dressé son espion qu'il peut le laisser mourir dans une maison aux portes ouvertes ?

Aucune réponse ne se dessine à travers la brume de son esprit enfiévré. La seule chose qu'il sait, c'est qu'il est incapable de s'enfuir. Il a trop peur de ses maîtres pour cela.

À l'extérieur, le soleil est de plomb, il n'y a pas un souffle de vent. Il s'écroule avant d'atteindre le banc contre le mur.

Une douleur vive claque sur sa joue, puis sur l'autre joue.

Il ouvre les yeux, un homme barbu lui sourit.

Le goulot d'une bouteille s'immisce entre ses lèvres. L'eau qui coule brûle sa bouche d'abord, puis sa gorge. Mais son corps est complètement déshydraté et réclame le liquide comme un effet de vase communicant.

— Bois, dit l'homme en maintenant le goulot entre ses dents.

Il dépose sur le sol une gamelle contenant une purée de légumes qui baigne dans une sauce rougeâtre.

— Mange.

Fébrilement, Raouf porte la cuillère jusqu'à sa bouche. L'odeur n'est pas appétissante, mais que ça fait du bien !

Il avale un peu trop gloutonnement et manque de

s'étouffer. L'homme lui envoie deux grandes tapes dans le dos en gloussant.

— C'est ça, c'est ça, tout va bien.

L'homme s'assied sur le banc. Il est vêtu d'une djellaba et d'une veste. Un pistolet est coincé dans un étui sous son bras.

— Qui êtes-vous ? demande Raouf en finissant l'assiette.

— Un ami. Je t'emmène avec moi. Tu as bien failli mourir, hein, Raouf?

L'homme connaît son nom, bien entendu. Un ami? Raouf sait qu'il n'a plus d'ami. Et puis, un ami de qui ? De Djamel ? Du colonel aux lunettes d'or ? Des deux ?

Il se relève, les muscles de ses cuisses lui font mal. Mais plus que la douleur, c'est son manque de courage qui l'inquiète : pourquoi n'a-t-il pu s'enfuir ?

L'homme regarde sa montre et grimace. Il pénètre dans la maison. Raouf le voit déposer une carte sur la table, ainsi que d'autres documents qu'il dispose bien en évidence. Une véritable mise en scène.

— Allez, il faut partir, maintenant ! dit-il au jeune homme épuisé.

Il le soutient jusqu'à une Acadiane Citroën garée devant le mur d'enceinte. Dans la caisse arrière, il y a du matériel et des pots de peinture ainsi qu'un petit escabeau. Une odeur de solvant imprègne l'habitacle.

Une fois au volant, l'homme parcourt environ 200 mètres et se gare à l'abri d'un bâtiment.

— On va où ? fait Raouf.

— Attends. Sois patient.

Alors, ils patientent une vingtaine de minutes dans le hameau toujours désert. L'homme fume deux cigarettes jaunes, les yeux fixés sur le rétroviseur extérieur.

Au bout d'un moment, de la poussière monte sur la petite route qui mène au hameau.

L'homme au volant a un rictus, entre nervosité et satisfaction.

Trois véhicules de transport de troupes précédés par une jeep freinent devant la maison aux hauts murs d'enceinte. Là où Raouf a failli mourir de faim, de soif et de peur.

Des soldats lourdement armés bondissent au sol et investissent les lieux.

De la jeep, deux officiers, un soldat et un homme en civil – grand, les cheveux trop clairs pour être Algérien – descendent à leur tour. Ils entrent dans la ferme.

— Les choses tournent bien pour nous, tu vois, Raouf !

— D'accord, c'est Djamel qui t'envoie, hein ? Djamel ne m'a pas laissé tomber, n'est-ce pas ? Mais qu'est-ce que je fiche là-dedans ? Qu'est-ce que Djamel attend de moi ?

L'homme lance l'Acadiane sur la route avec un rire de hyène. La voiture dégage un nuage de poussière qui la ferait repérer à des kilomètres, mais son conducteur n'en a que faire.

Un peu plus tard, les premiers bâtiments de la banlieue d'Alger apparaissent. Mais l'homme au volant prend la direction de l'est de la *wilaya.*

— Si tu veux savoir, on va à Reghaïa, déclare-t-il soudain.

Raouf reste un instant muet.

— Quel jour on est ? demande-t-il enfin.

— On est samedi. Le week-end dernier, trois Français ont été enlevés, tu n'es pas au courant ?

Raouf secoue machinalement la tête : évidemment qu'il n'est pas au courant, cela fait une semaine qu'il n'a plus de lien avec le monde réel. Cet homme se fiche de lui. Et il a l'impression de ne plus maîtriser sa vie – mais depuis son internement à Aïn M'guel, a-t-il eu le moindre contrôle sur sa vie ?

— Il va falloir que tu fasses ce qu'on te dira de faire maintenant, Raouf. Si tu fais ce qu'on te dira de faire, tu ne risques rien.

— C'est Djamel qui…

L'homme lève un doigt sentencieux vers le ciel.

— Pas de questions, Raouf. Tu fais ce qu'on te dira de faire. Seulement.

L'Acadiane pénètre dans Reghaïa.

***

Le sergent Gueddah a conduit Tedj Benlazar à l'extérieur de Khemis El Khechna. Là, autour d'une auberge apparemment abandonnée, peut-être une ancienne pension pour ouvriers agricoles, cinq grandes tentes avaient été montées, des véhicules stationnaient – cinq transports de troupes, trois jeeps et deux automitrailleuses blindées – et des soldats patientaient en nettoyant leurs armes, en fumant des cigarettes et en jouant aux cartes. On avait peine à s'imaginer dans le Triangle de la mort.

Le soleil était implacable et rendait l'athmosphère du camp étouffante. Les quelques *zeboudj*, ces oliviers sauvages, plus buissons qu'arbres, ne parvenaient même pas à offrir de l'ombre aux soldats.

Dans la longue salle du rez-de-chaussée de la pension, un officier est venu vers Benlazar avec l'air satisfait de voir un ami arriver.

— Je suis le capitaine Abdelmadjid Laouar, chef du 25e régiment de reconnaissance à Lakhdaria. Bienvenue, lieutenant.

À l'intérieur, l'air était plus respirable.

Sur les tables disposées au centre de la salle, des cartes d'état-major, des piles de documents, un poste de radio et des cendriers pleins à dégueuler. Les officiers et sous-officiers présents semblent avoir pris leurs marques. Certes, le 25e est un régiment d'action rapide, lui a précisé Gueddah un peu plus tôt, mais Benlazar a compris là que les soldats de Laouar avaient bougé avant l'enlèvement des trois fonctionnaires français.

— Laissez-moi vous présenter mes hommes, continue le capitaine en entraînant le Français.

Benlazar a réussi à masquer sa stupéfaction quand l'officier lui a présenté le lieutenant Slimane Bougachiche. La présence du jeune frère de Raouf dans l'équipe de ratissage mise en place par le Centre de commandement de lutte anti-subversive de Beni Messous était de l'ordre du possible. Ce n'est pas un hasard, c'est juste le fruit d'une logique incompréhensible pour la plupart des gens, une logique basée sur des alliances contre-nature entre défenseurs de l'ordre public et groupes terroristes. *Des alliances qui régentent la politique algérienne depuis des années*, songe Benlazar.

Il a serré des mains. Laouar lui a expliqué d'une voix débonnaire que la colonne motorisée du 25ᵉ régiment de reconnaissance présente à Khemis El Khechna est composée d'une cinquantaine d'hommes triés sur le volet. Il les a sélectionnés pour leur fidélité à la Constitution algérienne et pour leur savoir-faire en matière de chasse à ces « salopards de barbus ».

— Bon, voilà : si vous voulez prendre un café, vous reposer un peu, le sergent Gueddah va vous montrer votre chambre.

Benlazar n'a rien dit, mais son regard a dû être assez éloquent. Laouar a dit :

— Nous attendons les ordres de mouvement d'ici ce soir ou demain matin, ne vous inquiétez pas.

Il a donc suivi le sergent au deuxième étage, sous les toits, et s'est retrouvé dans une chambre minuscule. Il a refusé le café que lui proposait Gueddah et, les yeux sur le mur sale, il a eu l'impression qu'ici aussi on le prenait pour un petit fonctionnaire incompétent.

Sur un petit carnet, il a noté les noms des officiers et sous-officiers, le nombre de véhicules, de soldats, l'emplacement approximatif du camp. Rien qu'il n'aurait pu retenir de tête, mais ça lui donnait une contenance, ça lui évitait de se demander s'il ne venait pas de se faire piéger. Un instant, il a eu cette idée : « Suis-je prisonnier ? » Alors, il est sorti de sa chambre – aucun garde – et est descendu au rez-de-chaussée : la pièce était vide, hormis le lieutenant Bougachiche. Celui-ci a refermé prestement un dossier et a adressé un sourire poli.

— Les autres sont allés manger. Vous avez faim, lieutenant ?

Est-ce qu'il sait, est-ce qu'il sent que je veux retrouver son frère ? Ou est-ce seulement de cette manière que se comporte un officier du 25e régiment de reconnaissance face à un fonctionnaire français incompétent ?

— Oui, un peu. Vous venez, vous aussi ?

L'autre a acquiescé d'un signe de tête.

Ils sont sortis ensemble. La chaleur avait légèrement diminué, l'air était moins étouffant qu'à l'arrivée de Benlazar. Les soldats autour de l'auberge, sous les tentes aux portes entrouvertes, semblaient toujours s'ennuyer. Certains mangeaient dans des gamelles.

Sur le côté de l'auberge, les officiers dînaient autour d'une longue table, sous une pergola. Ils mangeaient l'ordinaire, comme les soldats.

Bougachiche a pris deux rations de marche et en a tendu une à Benlazar.

— Ce n'est pas vraiment de la cuisine française…

Ils se sont assis au bout de la table. Le capitaine Laouar a lancé un « Bon appétit ! » à Benlazar, celui-ci a répondu d'un signe de tête.

Il aurait pu se sentir bien, très loin de la France, de sa femme, de ses filles, de ses chefs, en mission, faisant son boulot comme il aimait le faire, sans filet, avec l'intuition qu'il allait ferrer le bon poisson.

Comment aurait-il pu imaginer que les jours suivant allaient être ceux de l'attente, de l'impatience et de l'humiliation ?

***

Au moment de se lever, Gh'zala sent des picotements dans ses mains, suivis d'une fatigue intense. Elle retombe sur son lit.

Depuis quelques jours, elle est si lasse… Parfois, au milieu de la lassitude, elle pense au Français qui l'a abordée l'autre soir. Tedj, il s'appelle. Il a sans aucun doute des origines arabes, peut-être algériennes. Que lui veut-il ? Elle n'aime pas ne pas comprendre l'attitude des hommes à son égard, alors elle s'efforce de penser à Raouf, son fiancé.

Avec les picotements lui est venue cette idée terrible : elle n'aime plus Raouf. Et depuis longtemps. D'abord, elle a vraiment cru qu'il était mort après l'occupation des places d'Alger, en 1991. Elle s'est trouvée incapable de vouer de l'amour à ce mort. Des gens en sont capables, elle l'a entendu dire. Mais pas elle. Peut-être est-elle trop jeune, peut-être n'a-t-elle pas le courage nécessaire…

Quand elle a appris de la bouche de l'employé du camp d'Aïn M'guel que Raouf était vivant et seulement prisonnier, elle n'a pas eu le temps de se demander s'il était toujours dans son cœur. Elle a cherché à le voir, multipliant les démarches administratives, trop occupée pour sonder ses propres états d'âme. Mais lorsqu'il est apparu devant sa porte, un soir, il y a un peu plus d'une semaine, il a eu un mouvement de recul quand elle a voulu l'embrasser ; et cette forme de rejet a rompu le fil ténu qui la reliait peut-être encore à lui.

Encore que…

Elle a du mal à se cacher que ce soir-là, elle a essayé de l'embrasser machinalement. Ce n'était pas un mouvement d'attirance amoureuse, juste un réflexe.

Elle s'allonge sur son lit. Pour la première fois depuis que Raouf a disparu lors des rafles qui ont suivi l'occupation des places algéroises, elle n'ira pas s'assurer que Djazia va bien, rue des Abdérames. Tout à l'heure, si elle sent quelques forces lui revenir, elle téléphonera à Yamina, la femme de Slimane, et lui demandera d'aller rendre visite à sa belle-mère.

Gh'zala s'endort. Elle ne veut plus que dormir.

***

Tedj Benlazar a pris place dans la jeep du capitaine Laouar.

Le lieutenant Bougachiche est assis à ses côtés.

Le chauffeur est le sergent Gueddah. Il jette parfois des regards soupçonneux dans le rétroviseur intérieur. La présence d'un officier de la DGSE française ne lui plaît pas, c'est évident. Et puis, après tout, Benlazar a été son prisonnier pendant une semaine, c'est normal qu'il le surveille encore.

Parce que la fatigue, l'aigreur, l'absence de réponse, les regards des Algériens ne cachant même pas leur condescendance, voire leur amusement, laissent Benlazar froid. Il se méprise même depuis une semaine, une semaine durant laquelle il a été retenu contre son gré. Aucune contrainte physique à son encontre n'a été nécessaire, pas un mot plus haut que l'autre n'a été prononcé, les gars du 25e RR savent y faire – au CLAS à Beni Messous, on enseigne la guerre psychologique. Au soir de son arrivée à Khemis El Khechna, on l'a prévenu que ses chefs à Paris voulaient lui parler. Il a pris le combiné et, au téléphone, le colonel Chevallier lui a dit d'attendre les ordres auprès de la colonne du capitaine Laouar, de « surtout » ne pas bouger : c'était un ordre qui venait de la direction, de plus haut encore. Apparemment, Bellevue n'était pas à la Boîte. Benlazar a donc attendu sans dire mot pendant quarante-huit heures. Après ces deux jours, il a demandé à Laouar, à Bougachiche et même à Gueddah des éclaircissements sur sa situation : était-il prisonnier ? On lui a souri, on lui a dit : « Qu'allez-vous imaginer ? », on lui a dit de se reposer, que les ordres de mouvement n'allaient plus tarder.

Il est resté une semaine au camp de Khemis El Khechna. Certains soldats, des troufions sans grade, se permettaient de l'observer avec un rictus ironique au coin des lèvres.

Benlazar s'est vite convaincu que des tractations entre Algériens et Français devaient se dérouler en haut lieu – Chevallier avait dit « de plus haut encore » – à propos de l'enlèvement des trois fonctionnaires français. Il s'est souvenu de ce que lui avait dit Bellevue des années auparavant : un agent traitant de la DGSE est parfois un simple pion déplacé ou non sur l'échiquier, infime rouage d'une tactique de jeu qui le dépasse. Il a senti l'humiliation face à ces sourires algériens, et face à la tactique de jeu de ses supérieurs à Paris. Cette humiliation était multipliée par l'incompréhension de son propre rôle. Qu'était-il désormais ? Une monnaie d'échange, un témoin, une assurance vie ?

Au début du week-end, il a pourtant décidé d'enfreindre les ordres. Le camp n'était pas assez bien verrouillé pour qu'il ne puisse déjouer la surveillance des quelques gardes. Mais, comme s'il avait lu dans ses pensées, le capitaine Laouar l'a convoqué dans la salle du rez-de-chaussée de l'auberge.

— C'est parti, lieutenant : on sait où se cachent les otages et les terroristes !

— Est-ce que je peux parler à mes chefs ?

— Vos chefs et les miens sont sur la même longueur d'onde. Pas le temps de leur parler, on part sur l'heure.

Un pion sur l'échiquier.

Les véhicules foncent en direction de Lârbaa, entre Blida et Alger. La poussière vole, les conducteurs gardent les yeux fixés sur les phares de position du véhicule précédent. Le sergent Gueddah conduit la jeep à une vitesse anormale.

C'est parce que Laouar et ses hommes savent où ils vont. À Lârbaa, ils font route vers la petite bourgade d'Oued

Slama et continuent sans hésiter jusqu'à un hameau apparemment désert. Les quelques bâtisses et hangars, d'anciennes exploitations agricoles, se trouvent au milieu de champs d'agrumes laissés à l'abandon.

Les soldats investissent une fermette entourée d'un mur d'enceinte.

Quand Benlazar pénètre à l'intérieur, à la suite de Laouar, de Bougachiche et du sergent Gueddah, il constate que l'endroit est inhabité. Sur la table de cuisine trône une carte de la *wilaya* d'Alger avec une croix tracée à l'encre rouge : elle marque l'emplacement de Reghaïa, dans la banlieue d'Alger. Quelques documents laissés en évidence à côté permettent de localiser une adresse précise. Benlazar n'en revient pas : cette pseudo-découverte est cousue de fil blanc.

La colonne reprend la route en direction d'Alger.

— On va les coincer ! triomphe le capitaine Laouar.

Le lieutenant Bougachiche se tait, il transpire abondamment, comme en proie à un terrible conflit intérieur.

Tout ça pue le coup fourré. Khaldoun Belloumi et Maklouf le Juif avaient raison. Tant pis ! Benlazar s'efforce de penser à Raouf, son témoin indispensable.

Reghaïa est située dans la plaine au nord de la Mitidja, à l'est d'Alger. Ses vastes plages de sable surplombées de falaises et ses marais abritant une réserve naturelle lui donnent des airs de cité agréable, destinée à accueillir les touristes. Mais ici, on sent encore l'odeur de l'oued El Harrach. El Harrach, la malédiction d'Alger. Mais ici des groupes islamistes parmi les plus radicaux sont fortement implantés, comme l'affirme le capitaine Laouar avec un sourire carnassier.

Quand le 25e régiment de reconnaissance encercle le petit immeuble, des coups de feu claquent depuis deux fenêtres au premier étage.

— Restez à couvert, lieutenant ! dit le sergent Gueddah à Benlazar en saisissant son fusil.

Le lieutenant Bougachiche et Gueddah entraînent leurs hommes à l'assaut du bâtiment, et aussitôt la fusillade se déchaîne.

Laouar attend avec Benlazar, caché derrière la jeep.

Au bout d'une dizaine de minutes, Bougachiche et Gueddah les rejoignent.

— Trois terroristes neutralisés, capitaine, explique le lieutenant.

Il tremble, il a l'air dévasté.

— Pas de trace des otages ? interroge Laouar en tirant tranquillement sur une cigarette.

Bougachiche semble chercher sa salive pour répondre :

— Un des terroristes nous a donné une adresse avant de mourir : un lieu de prière à Oued Koriche. Le sergent s'est assuré qu'il disait vrai.

Gueddah adresse un drôle de sourire à Bougachiche avant de confirmer :

— Oui, il disait vrai. Et le lieutenant s'est assuré qu'il ne dirait plus de mensonge.

— Alors, allons-y ! ordonne Laouar en grimpant dans la jeep.

Benlazar reprend sa place à l'arrière, à côté du capitaine : la facilité à récolter des indices ou des témoignages tient plus du jeu de piste pour gamins que d'une traque de terroristes prêts à tout. Il se fait balader en beauté, et avec lui la France et son gouvernement. Mais il n'est pas là pour sauver l'honneur de la France, il est là pour Raouf.

Justement, son frère, le lieutenant Slimane Bougachiche paraît ailleurs. Dans le rétroviseur, Benlazar voit le regard du jeune officier vaciller. Putain, mais ce sont des larmes qui coulent de ses yeux ! Bougachiche les essuie prestement et s'allume une cigarette. Il en propose une au sergent.

— Rien d'autre à faire, dit celui-ci en fixant la rue devant lui.

Oued Koriche, autrefois Climat de France, est un quartier coincé entre Bab El Oued et la Casbah, une cité dortoir complètement sinistrée. Les islamistes doivent y faire leurs choux gras. Arrivés au pied des barres d'immeubles, les soldats observent le même *modus operandi* qu'à Reghaïa : ils foncent tête baissée, lâchant leurs rafales au hasard. On dirait qu'ils ne savent pas faire autrement.

Mais juste avant l'assaut, Laouar dit à Bougachiche :

— Laisse Gueddah mener la danse, cette fois, lieutenant.

Bougachiche ne moufte pas, il a l'air épuisé et son supérieur l'a remarqué.

Le sergent mène donc la danse et il connaît la musique, observe Benlazar depuis le siège arrière de la jeep. Il a l'impression d'être au spectacle et d'assister au dernier acte d'une partition écrite à la va-vite. Ses muscles sont parcourus par des picotements d'adrénaline : il espère que l'un des rôles sera tenu par Raouf, c'est sa dernière chance.

Quelques minutes plus tard, le sergent et ses hommes ressortent, leurs visages déformés par des sourires. À leurs côtés, deux hommes sales, hébétés. Benlazar les reconnaît immédiatement : Jean-Claude Thévenot et Alain Freissier.

Il ne parvient pas à retenir un éclat de rire.

— Un problème, lieutenant ? fait le capitaine.

— Non, non, mais je ne vois pas Mme Thévenot.

Le capitaine passe la tête par la fenêtre et hèle Gueddah :

— Sergent ! Où est Mme Thévenot ?

Le sergent accourt vers le véhicule de commandement.

— Il n'y avait personne d'autre, capitaine. Juste ces deux-là. Le frère du lieutenant nous avait bien dit que les otages avaient été séparés. Pas vrai, lieutenant ?

Bougachiche est prostré sur son siège. Ses yeux fixent un lieu imaginaire par-delà le pare-brise.

— Il n'y avait rien d'autre à faire, lieutenant, dit le capitaine en posant une main presque affectueuse sur l'épaule de Bougachiche.

Gueddah confirme d'un hochement de tête.

Benlazar reste un instant paralysé. Il sent un frisson

parcourir son échine. Il doit se faire violence pour déglutir et prendre une profonde aspiration.

— Vous avez tué qui, là-bas à Reghaïa ?

Laouar lance un regard mauvais au Français.

— On vous transmettra notre rapport détaillé lorsque l'opération sera close, lieutenant.

Mais les yeux déments de Bougachiche dans le rétroviseur intérieur ne trompent pas : Raouf, il a tué Raouf.

Et il a fait disparaître le témoin de la connivence entre les militaires au pouvoir et le GIA. Benlazar ne peut détourner son regard de celui du lieutenant Bougachiche.

Il a tué son frère…

Benlazar a la nausée.

***

Slimane Bougachiche a tué son frère aîné d'une balle dans la tête.

Il s'efforce de se convaincre qu'il l'a tué pour l'honneur.

Un crime d'honneur…

Un crime qui le rabaisse au niveau des hommes qu'il pourchasse. Certains de ces hommes reviennent d'Afghanistan, ils ont combattu les Soviétiques là-bas, mais ils ont aussi ramené des interdits passibles de lapidation, de décapitation, et autres horreurs. Ceux-là tuent leur femme ou leur sœur si elles se comportent mal au vu des règles absurdes qu'ils croient édictées par Allah. Pour ça et pour d'autres choses, ils méritent la mort.

Alors, mérite-t-il la mort, lui aussi ?

Car il a tué Raouf pour que son innommable conduite ne vienne pas entacher à jamais le nom de la famille. Sa mère en serait morte. Sa carrière à lui en aurait été irrémédiablement entravée. Il ne se serait pas cru capable d'un tel acte. L'acte le plus impardonnable, il le sait, il le sent au plus profond de lui.

Ce fratricide est-il pire que la faute de son frère ? Un officier du CLAS lui a confié que Raouf était un agent double travaillant pour le DRS – ça, Slimane en était plutôt fier, cela voulait dire que son frère avait finalement choisi le bon camp. Mais l'officier a ajouté qu'on le surnommait « la pute du GIA ». « C'est de mon frère que tu parles », a menacé Slimane. L'autre a répondu que si Raouf était proche d'un des leaders du GIA, c'est parce qu'il couchait avec lui. Bougachiche s'est renseigné auprès de gens du DRS et à la prison d'Aïn M'guel. Oui, on lui a dit que son grand frère était bien la pute du GIA, retourné par le DRS. Dès lors, il n'a plus vu qu'une solution à cet honneur bafoué.

Et la solution, on la lui a soufflée un soir. Un colonel aux lunettes cerclées d'or et deux officiers du DRS sont venus le voir à Lakhdaria. Le capitaine Laouar était présent pendant l'entretien. Le colonel a parlé d'honneur, de sécurité nationale, d'un péril gigantesque, d'honneur encore, de la famille et de la carrière du lieutenant Bougachiche. « Un frère reste-t-il un frère dans le déshonneur et la trahison ? » a-t-il demandé. Après un moment, Slimane Bougachiche a convenu d'un léger hochement de tête que les liens du sang ne justifiaient pas le renoncement à l'honneur, oui, oui. Le colonel a expliqué que Raouf était l'une des pièces d'un complot qui avait pour ambition de faire croire à l'Algérie et au monde entier que le pouvoir était responsable de l'enlèvement des fonctionnaires étrangers. Sans Raouf, le complot tombait à l'eau et la lutte légitime de l'armée contre le terrorisme islamiste pouvait continuer.

— Et la victoire est proche, lieutenant, a ajouté le colonel.

Face à la trahison de son frère, Slimane Bougachiche a accepté cette solution. Il a bien senti que quelque chose le dépassait, que lui, son frère et beaucoup d'autres autour de lui n'étaient que des pantins, mais il croyait aussi qu'il était plus facile de se voiler la face et d'accepter de supprimer le problème Raouf. Le supprimer au sens premier du terme.

Le sergent Gueddah et le capitaine Laouar sont au courant de son acte. Il est évident qu'ils lui vouent désormais une estime encore plus grande. Dans la troupe, on dit déjà que le lieutenant Bougachiche est une bête féroce, un dur parmi les durs, que dix hommes comme lui feraient rendre gorge au GIA. Il sait qu'il obtiendra bientôt un grade supérieur ou une affectation intéressante, il sait que ce crime atroce lui assurera de belles opportunités de carrière. Ça lui fait honte.

Franchement, Slimane, être honoré par des assassins – oui, tes collègues ne sont ni plus ni moins que des assassins –, est-ce une vie comme tu la voulais quand tu t'es engagé dans l'armée ? Et Yamina, ta femme, et les enfants que tu auras peut-être un jour, te verront-ils comme un militaire de valeur ou comme un meurtrier ? Hein, Slimane, ce canon de pistolet que tu glisses contre ta tempe, ne vas-tu pas en faire usage pour un crime d'honneur, de nouveau ? La mort que tu t'apprêtes à te donner n'est-elle rien d'autre, hein ? Réponds, putain, mais réponds !

Tu parles d'honneur, Slimane, alors que tu devines qu'on t'a ordonné de tuer ton frère. Cet ordre n'a pas été formulé en autant de mots, mais parfois les circonstances sont plus explicites que des ordres. La mort est peut-être bien la seule solution face à cette sensation intolérable…

Une main saisit la sienne qui serre la crosse du Beretta. Il tente de résister.

Une autre main détourne lentement le canon de l'arme vers le sol. Il se laisse faire.

— On se suicide toujours trop tard, lieutenant, murmure à son oreille Tedj Benlazar.

Qu'est-ce qu'il fout là, ce maudit Français ? Il devait repartir hier pour Blida ou Alger. Il n'a rien à foutre dans les affaires des Algériens. Et surtout pas dans les miennes.

— Ça ne vous regarde pas…

Le ciel au-dessus de Lakhdaria scintille de mille étoiles. Cette nuit, il n'y a ni cri ni supplique dans la Villa Coopawi. Aucun prisonnier ne descendra vers l'oued pour y être abattu. Non, l'ambiance est plutôt à la fête, à la célébration de la victoire. Les soldats ont eu le droit de boire quelques bières, et les officiers ont distribué à chacun un paquet de cigarettes au repas, cadeau de leurs chefs à Beni Messous.

C'est le 25e de renseignement qui a sauvé deux des otages français. La troisième, Michèle Thévenot, a été relâchée par ses kidnappeurs le lendemain. Et les hommes du capitaine Laouar ont mis hors d'état de nuire cinq terroristes. Deux recherchés pour meurtre : Guezmir Mohammed et Berafta Aïssa ; deux autres condamnés à mort par contumace par les cours spéciales antiterroriste et anti-subversion : Djafaar l'Afghan et Djabri Rachid. Enfin, il y a Raouf Bougachiche, que les rapports officiels présenteront comme le bras droit de Djamel Zitouni. Justice a été rendue.

Le Français qui lui a pris son pistolet et en retire le chargeur avant de lui rendre l'arme vide a raison : son suicide ne servirait à rien. Sa mère, si elle est encore à même de comprendre quelque chose, en mourrait. Il prononce le nom de sa femme, et loin, au fond de son cœur endolori à jamais, il ressent une pointe de douceur.

***

La Renault 21 roule dans la nuit en direction d'Alger.

Benlazar a coincé son Pamas sous sa cuisse, on ne sait jamais, même si l'enlèvement des trois Français a déclenché de vastes opérations de ratissage qui ont sans aucun doute mis en sommeil forcé nombre de maquis. Pendant quelques jours, quelques semaines peut-être, les barbus ne tenteront rien, ils resteront cachés, bien contents d'avoir échappé à l'armée.

Deux jours après le kidnapping, des centaines d'Algériens, islamistes, opposants ou individus ordinaires, ont été arrêtés. Plusieurs cadavres ont été retrouvés, les cadavres d'hommes interpellés par l'armée. Ces arrestations de masse continuent, selon les dires de Gombert. En France, maintenant que les trois fonctionnaires français sont sains et saufs, le ministre de l'Intérieur s'apprête à lancer une grande rafle dans les milieux musulmans de Paris soupçonnés de sympathies islamiques. Benlazar a appelé Gombert dès son retour à Lakhdaria.

— Salut Tedj, ça va ?

Benlazar a cru rêver.

— C'est tout ce que ça te fait, Sylvain ? Tu es censé être le chef de poste de la DGSE en Algérie et un de tes hommes est retenu prisonnier pendant une semaine…

Gombert s'esclaffe au bout du fil :

— Prisonnier ! Faut pas exagérer quand même…

— Ta gueule ! hurle Benlazar. Je sais ce que je dis : j'étais prisonnier ! Qu'est-ce que vous avez fait, merde ? Chevallier et la direction à Paris, ils ont fait quoi ? L'année dernière, je manque me faire tirer comme un lapin dans la Casbah…

— Ouais, ben, c'est grâce à moi que tu ne t'es pas fait tirer comme un lapin, je te rappelle !

Benlazar déteste être interrompu. Surtout lorsque son interlocuteur a raison.

— On dirait que tout le monde s'en fout qu'on flingue des mecs de la DGSE ou qu'on les séquestre. Merde, quoi !

Gombert se marre peut-être. Il ne doit pas savoir plus que Benlazar ce qui se trame dans les ministères à Alger ou à Paris. Et il préfère ne rien savoir, évidemment.

— Faut plus s'étonner de rien, n'est-ce pas, Tedj ?

Benlazar pénètre dans Alger endormie. Les véhicules des forces de sécurité ont repris leur ronde. Le journaliste qui parle à la radio a un ton triomphant : hier et aujourd'hui, les tribunaux d'exception d'Alger, Oran et Constantine ont prononcé 86 condamnations à mort, dont

23 par contumace. Il reconnaît que le mois d'octobre a été meurtrier : 130 islamistes ont été tués et – le ton du journaliste se fait plus lent, plus triste – une quinzaine de fonctionnaires de police, dont deux commissaires et un officier de l'armée, ont perdu la vie dans l'exercice de leurs fonctions.

Benlazar ne se rend pas à l'ambassade de France où l'attend Gombert – à n'importe quelle heure, a-t-il précisé. Il pénètre lentement dans la Casbah, se gare sur le trottoir, en bas de chez Gh'zala. La rue Abderrahmane est déserte, il est presque une heure du matin. La jeune femme sait-elle, pour Raouf ?

Son pistolet glissé dans sa ceinture, il pousse la porte de l'immeuble. Quelques minutes plus tard, dans le noir, grâce à la flamme de son briquet, il lit « G. Boutefnouchet » sur une sonnette. Son souffle est court, son corps est parcouru de légers frissons. Il frappe doucement. Une deuxième fois. De la lumière filtre sous la porte.

— Qui est là ? s'enquiert une voix ensommeillée au bout de longues secondes.

— Tedj.

Le noir presque complet, le silence du couloir… Benlazar a un instant l'impression de flotter.

La serrure claque. Gh'zala apparaît. Elle lance un regard perçant à l'homme qui se tient devant elle, puis lui fait signe d'entrer.

— Mais ça va pas ? siffle-t-elle, ses yeux noirs toujours fixés sur lui. Il ne faut pas venir ici, surtout en pleine nuit. Vous imaginez ce que penseront les voisins, les gens du quartier si…

Elle porte une espèce de pantalon de pyjama qui ressemble à un jogging. Son tee-shirt moule sa poitrine. Un peu trop à son goût, visiblement : elle enfile une veste de laine.

— Pour qui vous prenez-vous à débarquer chez moi à cette heure ?

— Je voulais savoir si vous alliez bien.

— Pourquoi je n'irais pas bien ?

L'appartement est sommairement meublé. Deux murs entiers sont occupés par des étagères remplies de livres. Quelques romans, mais surtout des livres de droit – oui, c'est vrai, Gh'zala fait des études de droit.

— Je ne sais pas, cette semaine a été... l'enlèvement et la libération des Français, les arrestations partout. Je me demandais si vous...

— Et en quoi ça me concerne ? Cette semaine n'a pas été différente de toutes les autres pour nous, les Algériens.

Elle fronce les sourcils.

— Parce que trois de vos compatriotes ont été enlevés, vous croyez que les miens ont vécu des jours hors de l'ordinaire ? Non, rien n'a changé : il y a des arrestations, des meurtres, sans doute des attentats... l'Algérie a vécu une semaine comme elle en vit depuis des années.

Elle ne sait encore rien de la mort de Raouf. Le corps n'a pas été rendu à la famille, c'est évident. Si le lieutenant Slimane Bougachiche s'était fait sauter le crâne, la semaine n'aurait pas été aussi banale. Mais Benlazar l'en a empêché.

Quand il a vu le regard perdu du jeune lieutenant dans le rétroviseur intérieur, après que les soldats eurent libéré les deux otages, Benlazar a compris qu'il allait faire une connerie. On dit que la preuve est toujours dans le regard. Peut-être. Benlazar a l'expérience de ce regard. Combien de fois l'a-t-il croisé dans le miroir de sa salle de bains ? Parfois il l'a même poussé à embrasser le canon d'un flingue, à contempler longuement une boîte de somnifères ou même un couteau de cuisine. Personne n'a arrêté sa main, à l'époque, et il ne comprend toujours pas ce qui l'a empêché de commettre l'irréparable. Sans doute croit-il vraiment, profondément, que l'on se suicide trop tard.

Benlazar n'est pas dupe de son propre jeu. Il est peut-être fou et un peu menteur, mais il sait qu'il a sauvé Slimane Bougachiche pour ménager Gh'zala. La mort du lieutenant aurait eu des conséquences désastreuses pour la jeune fille. Il a arrêté la main armée tout en sachant que l'officier était loin d'être un type irréprochable qui méritait une seconde chance. Le 25e régiment de reconnaissance, les types du CLAS et particulièrement ceux qui se trouvent en poste à Lakhdaria ont les mains couvertes de sang. Du sang d'innocents, entre autres. Et en ce qui concerne Bougachiche, c'est le sang de son propre frère. C'était suffisant pour le laisser se suicider. Mais Benlazar se considère à peine moins dégueulasse que lui.

— Vous avez des nouvelles de Raouf ? demande Gh'zala en s'approchant de lui.

Leurs corps sont séparés d'à peine cinquante centimètres. Benlazar hume son odeur, il doit se retenir de l'enlacer.

— Non, pourquoi j'en aurais ?

Gh'zala lâche un petit rire cynique.

— Parce que l'autre soir, sur la plage, je vous ai dit que Raouf travaillait pour la police et qu'il partait pour une mission avec l'islamiste qu'il surveillait. Vous vous souvenez ? Bien sûr que vous vous souvenez…

Elle fait un demi-pas vers lui. Cette fois, il a presque la sensation de son corps à elle. Il sent sa poitrine, son ventre, ses cuisses sans doute encore tièdes de la chaleur du sommeil. Il réfrène le tremblement de ses mains.

— La semaine a été très chargée pour moi, murmure-t-il en déglutissant comme un idiot. Les otages français, vous voyez…

— Je vois, oui, dit la jeune femme. Bon, il faut partir maintenant. Vous avez vu : je vais bien. Merci.

Benlazar saisit la poignée de la porte, envisage pendant une seconde qui lui paraît plus longue que les trois années qui viennent de s'écouler de prendre Gh'zala dans ses bras et de l'embrasser.

La seconde d'après, il est dans le couloir obscur et dévale les marches quatre à quatre.

***

Khaled lit les journaux qu'il trouve dans la salle de lecture de la mosquée Bilal, à Vaulx-en-Velin, ou parfois sur le comptoir du bar du petit centre commercial, non loin de l'immeuble où vivent ses parents. Il suit dans la presse les actions de ses frères de l'autre côté de la Méditerranée. Ça l'aide à patienter.

Il comprend bien que d'autres bons musulmans ont pris les armes ailleurs qu'en Algérie. En Bosnie, la brigade El Moudjahid regroupe les étrangers venus combattre dans l'armée des musulmans de Bosnie-Herzégovine. Il y a des Algériens et des Français parmi eux. Khaled se demande si là-bas il pourrait être utile. Mais à Mostaganem, l'été dernier, on lui a dit d'attendre les ordres. C'est sa mission d'attendre, c'est comme ça qu'il doit servir le djihad.

Le 15 décembre, le journal relate comment douze employés croates et bosniaques de la société Hidroelektra ont été égorgés par un commando d'une cinquantaine d'hommes qui a fait irruption sur un chantier de Tamezguida. Khaled imagine les mécréants rassemblés dans la nuit, livides de peur, suppliant, pleurant. Il imagine ses frères, armés de couteaux, appliquant le jugement de Dieu en leur tranchant la gorge un par un. Le gouvernement kafir a déclaré que les victimes étaient toutes chrétiennes. Le GIA a dit que c'était une vengeance pour le massacre des musulmans en Bosnie.

Khaled sourit au comptoir du café. L'article se termine par une citation de l'AFP : « Il est à noter d'ailleurs que le nombre de pays organisant des rapatriements augmente : après Paris, Madrid, Rome, Bonn, Moscou et Washington, Ottawa a annoncé, mardi, le rapatriement des familles de ses diplomates en Algérie. Hier, une deuxième vague de départs a commencé, certains définitifs, notamment pour les Français. »

Le jeune homme dépose quelques francs près de sa tasse et sort dans le froid de l'hiver. Il se sent bien : pour lui, l'heure ne va plus tarder. L'année 1994 qui s'annonce sera celle du début de son djihad, il en est certain.

***

Il y a encore des traces de sang au sol. C'est là que les douze employés d'une entreprise croate ont été égorgés quelques jours auparavant. Le massacre s'est déroulé dans la nuit de mardi à mercredi. Le GIA l'a revendiqué. Auparavant, un ultimatum avait été envoyé aux sociétés étrangères leur intimant de quitter l'Algérie. Elles avaient jusqu'au 30 novembre.

Plus loin, on voit le barrage en construction. Le chantier est désert, des engins et du matériel ont été abandonnés, témoins d'une fuite précipitée.

Benlazar observe le petit village à un ou deux kilomètres de là. L'armée a procédé à de nombreux ratissages, en vain. La région est infestée de maquis. En août précédent, plusieurs dizaines de soldats ont été abattus dans une embuscade, là-haut dans les montagnes.

Une vingtaine d'hommes du DRS, lourdement armés, entourent quelques officiers. Le capitaine Gombert discute avec le colonel aux lunettes cerclées d'or. Les Algériens ont invité les Français à venir voir ce contre quoi la France doit s'engager fermement. C'est Bellevue qui a expliqué ça à Gombert et à Benlazar. Il s'est marré, le Vieux, en leur disant qu'il fallait bien sûr accepter « l'invitation » : c'était une question de politesse, de savoir-vivre en bonne intelligence avec nos « amis ». Benlazar a demandé à Bellevue quel avait été son rôle dans la libération des fonctionnaires français, quelle était la raison de la rétention d'un lieutenant de la DGSE pendant toute une semaine dans un bled paumé du Triangle de la mort…

— Quelque part, les Algériens tenaient Pasqua, et peut-être même Mitterrand, par les couilles. Je ne sais pas où ni comment, mais je pense qu'il fallait que tu puisses témoigner de la libération de nos compatriotes par l'armée algérienne. S'il est nécessaire, tu pourras dire que tout s'est fait dans les règles de l'art, non ?

Benlazar n'a pas eu plus de réponse : Bellevue n'était pas dans le secret des dieux.

Depuis l'expiration de l'ultimatum du GIA, le chantier de Tamezguida était sécurisé par l'armée. Les mecs du GIA sont pourtant entrés sur la base vie des employés et ont coupé la tête à douze types sans tirer un coup de feu. Où étaient les gardes cette nuit-là ? Benlazar s'accroupit machinalement vers les taches de sang – il ne trouvera pas d'indice, mais il n'en cherche pas non plus.

— Vous ne semblez pas convaincu, lieutenant Benlazar.

Le Français se relève et fait face au colonel aux lunettes d'or, celui qui a ramené le prisonnier à Aïn M'guel, après l'interrogatoire dans la caserne de Haouch-Chnou.

— Convaincu par quoi, colonel ?

— Par l'évidence, réplique l'autre.

Il fait mine d'observer à son tour les montagnes et le petit village.

— Tout a été dit sur le massacre de ces pauvres gens.

Benlazar aperçoit Gombert qui continue à discuter avec les autres officiers, tout en lui lançant des coups d'œil inquiets. Il devine que le capitaine voudrait se rapprocher de son subordonné pour éviter que celui-ci raconte des conneries au colonel.

— Mais vous êtes de ceux qui écoutent les rumeurs, n'est-ce pas ? C'est d'ailleurs un peu votre travail à la DGSE...

Benlazar tire une Gitane de son paquet, l'allume, mais n'en propose pas – le savoir-vivre a été assez respecté aujourd'hui. Le colonel a-t-il tué ou fait tuer Chokri Saïdi-Sief ?

— Qui êtes-vous, au fait ? questionne Benlazar en soufflant la fumée.

— Colonel Ghazi Bourbia, du Département du renseignement et de la sécurité, je suis l'adjoint du général Médiène.

— Le DRS est convaincu par l'évidence, colonel ?

— Qu'en pensez-vous, lieutenant ?

— Disons que, parfois, les apparences sont moins trompeuses qu'elles le paraissent.

Bourbia adresse un sourire au Français : il y a de l'amusement dans son regard, et une pointe d'intérêt.

— Qu'entendez-vous par là, lieutenant ?

À travers la fumée de sa cigarette, Benlazar observe Gombert qui tente de couper court à la conversation que lui imposent les officiers. Il s'efforce encore d'observer le savoir-vivre, lui.

— J'entends que le GIA est coupable, le FIS aussi, mais qu'ils ne sont peut-être pas les seuls, colonel. Et j'inclus mes compatriotes.

— Français ou Algériens, lieutenant ? susurre le colonel d'un ton fielleux.

Benlazar ne relève pas. Ce Bourbia, qu'est-ce qu'il fiche là, sur ce chantier ?

— Quoi qu'il en soit, je ne crois pas qu'il y ait de fumée sans feu, colonel Bourbia.

L'autre retire ses lunettes, passe un petit chiffon sur les verres et les replace sur son nez, l'air satisfait.

— Il n'y a pas de fumée sans feu, croyez-vous, lieutenant ?

Il se tourne vers les autres officiers, fait quelques pas, puis lance à Benlazar :

— Envisagez donc un tas de fumier et vous me direz s'il n'y a pas de fumée sans feu…

Putain d'enfoiré, va ! Ce colonel et les autres officiers du DRS se foutent pas mal des Français comme lui, les fonctionnaires incompétents. Le jeu se joue à un niveau supérieur : Pasqua a mis la main sur des islamistes prêts à passer à l'acte en France, paraît-il.

— Je cherche un certain Raouf Bougachiche, colonel, continue-t-il. Enfin, je le cherchais parce que… Vous connaissez Raouf Bougachiche ?

Benlazar tente le tout pour le tout, mais il n'est pas certain que Bourbia se laissera impressionner par un nom.

— Cet homme serait-il un des kidnappeurs que le 25e régiment de reconnaissance a tué à Reghaïa, lors de la libération des otages français, colonel ?

Benlazar regarde Bourbia s'éloigner. *Putain d'enfoiré!* se répète-t-il. Peut-être que deux noms réussiront à le destabiliser :

— Qui est le prisonnier qui a assisté à l'interrogatoire à Haouch-Chnou, colonel ? Celui que vous avez ramené au camp d'Aïn M'guel. Djamel Zitouni, peut-être ?

Bourbia se fige, peut-être hésite-t-il à faire demi-tour pour menacer l'officier français. Mais il sait sans doute aussi qu'on ne menace jamais un ennemi : c'est le prévenir, lui donner une chance de s'échapper. Benlazar reconnaît qu'il est futé, très futé.

Le colonel reste impassible, mais ses poings se crispent comme par réflexe.

— Il faudrait m'expliquer cette incroyable coïncidence, Raouf Bougachiche et Djamel Zitouni si proches. Il faudra l'expliquer, à moi ou à mes supérieurs.

Bourbia observe une immobilité totale pendant quelques secondes avant de s'éloigner enfin.

Gombert s'est libéré et il adresse un petit signe de tête à Bourbia en le croisant. Celui-ci ne répond pas.

— Qu'est-ce que vous vous êtes raconté ? demande le capitaine à Benlazar.

— Des histoires de fumiers…

Les soldats remontent dans leurs véhicules, c'est l'heure du départ.

Un sous-officier fait signe aux Français. Il a un sourire ironique comme s'il pensait que les agents de la DGSE ne survivraient pas une heure, laissés seuls sur le chantier.

— Putain d'enfoirés, va! murmure Benlazar en regagnant la Renault 21.

***

Dans le petit salon, Djazia Bougachiche est assise dans son fauteuil, les yeux rivés sur les terrasses de la Casbah ou sur la Méditerranée qu'on aperçoit entre deux toits, au loin. À son regard vide, on devine qu'elle est perdue quelque part; jamais elle ne refera surface.

Dans la cuisine, son fils Slimane est attablé face à sa femme, Yamina. Ni l'un ni l'autre n'ont touché au thé que leur a préparé Gh'zala. Elle-même se retient à la gazinière comme si le monde autour d'elle vacillait. Et de fait, il vacille depuis longtemps.

La mère ne remontera plus jamais à la surface. Elle a entendu et compris ce que lui a dit son plus jeune fils, tout à l'heure. Elle a poussé un petit cri, une sorte de miaulement, et s'est tue.

Slimane venait de prévenir les trois femmes.

— Raouf est mort. Il a été tué par l'armée lors d'un affrontement avec les terroristes du GIA.

Après, il y a eu un long silence qui se prolonge encore.

Slimane contemple son thé comme s'il s'évertuait à y lire l'avenir.

— Raouf était un terroriste du GIA. Il a pris un chemin qui devait le mener à la mort. Nous n'y sommes pour rien, ce chemin mène à la mort.

Yamina le regarde discrètement. Elle cherche dans le comportement de son mari l'indice qui prouvera ce qu'elle subodore : il cache quelque chose. Mais à quoi bon? Elle ne se fait plus d'illusion : depuis qu'il fait partie du CLAS, il ne lui dit plus rien de son travail. Elle a accepté cet état de fait qui, selon lui, n'est autre qu'une protection. « Les gens qui savent ce qui se passe exactement à Lakhdaria sont en danger », lui a-t-il dit un soir.

Elle boit une gorgée brûlante. Elle n'est pas différente de toutes les femmes algériennes, en ce moment : elle accepte et elle la boucle. Elle n'est pas loin de penser que si l'Algérie est plongée dans la violence, c'est parce que les hommes s'entretuent, comme ils se sont toujours entretués. Au milieu, les femmes et leurs enfants se taisent et, souvent, se font tuer. Les hommes sont responsables : son mari, Raouf, les militaires au pouvoir, les islamistes du FIS et du GIA, les étrangers qui puisent sans vergogne dans la manne financière du pétrole et du gaz de son pays... Tous responsables. Elle voudrait croire qu'un jour les femmes refuseront de se taire et s'opposeront à la violence des hommes. Elle ne sait pas trop comment ni quand, mais cet espoir lui permet de tenir le coup, de se résigner à voir son mari devenu un criminel au service d'un État criminel. Elle est enceinte de lui.

Elle regarde Gh'zala passer devant elle. La jeune fille se tient aux meubles, elle chancelle. Elle vient d'apprendre que son fiancé est mort, son monde s'écroule. Mais Yamina ne parvient pas à être triste pour elle. Au contraire, elle voudrait lui dire que c'est la meilleure chose qui pouvait arriver : elle n'aura pas à épouser un islamiste. Ni un militaire... Peut-être pourra-t-elle choisir sa vie. Elle, elle a encore cette chance, elle fait des études, elle est jeune. Dans quelque temps, Yamina lui parlera. Gh'zala est intelligente, elle comprendra. Elle a la possibilité de ne pas finir comme Yamina. Ou comme Djazia.

— Bon, il faut que je retourne à Beni Messous, déclare soudain Slimane.

Il ne porte pas son uniforme de lieutenant du 25e régiment de reconnaissance, ce serait trop dangereux dans la Casbah. Ses habits civils le font passer pour un étudiant, croit-il. Mais sa démarche, son port de tête, la morgue de son regard ne trompent personne : il est un soldat, rien d'autre.

— Occupe-toi de ma mère, ordonne-t-il à sa femme d'un ton presque autoritaire.

Ta mère, je devrais la pousser par la fenêtre... Peut-être qu'alors tu souffrirais, que tu saurais ce que veut dire se taire.

Slimane sort de l'appartement sans un mot.

Bien sûr qu'elle ne poussera pas Djazia par la fenêtre. Jamais elle ne lui fera de mal. Elle s'approche d'elle et lui caresse doucement la main.

— Vous avez soif, mama ? demande-t-elle en lui présentant un verre d'eau.

Gh'zala observe la scène d'un œil vide. Yamina s'en aperçoit et lui lance :

— Rentre chez toi, Gh'zala. Il n'y a plus rien pour toi, ici.

***

— Roule, Farid. Je n'ai pas envie de rentrer tout de suite au ministère.

Le chauffeur jette un œil dans le rétroviseur.

— Je roule au hasard, colonel ?

Le colonel Bourbia hoche la tête et laisse errer son regard sur les trottoirs d'Alger.

La colonne de véhicules militaires qui l'escortait depuis le chantier Hidroelektra à Tamezguida l'a quitté à Blida. Seule une jeep du DRS l'a accompagné jusqu'à Alger. D'un signe de la main, Bourbia intime aux ninjas de le laisser aussi. À Alger, un véhicule rempli de soldats masqués attirerait trop l'attention, ça pourrait donner des idées à des gamins qui voudraient jouer les durs, ressembler aux grands frères qui ont rejoint les maquis.

Alger vit. Ça doit étonner les étrangers, mais Alger continue à vivre malgré les attentats qui ensanglantent tout le pays. Bourbia aime cette ville, il ne croit pas pouvoir vivre ailleurs. Lorsqu'il fait la route jusqu'au camp d'Aïn

M'guel, il a l'occasion de ressentir l'ennui qui l'étoufferait s'il s'éloignait trop longtemps d'Alger.

Aïn M'guel. Il y a quelques mois, l'idée que les chancelleries occidentales découvrent ce qui s'y passe réellement l'aurait terrassé. Et ses chefs auraient pu l'en rendre responsable… Aujourd'hui, les choses ont changé : que Paris, Berlin ou Londres apprennent l'existence de camps de prisonniers disséminés çà et là dans le sud du pays, où les interrogatoires trop poussés entraînent la mort de dizaines de prisonniers chaque semaine, c'est la moindre de ses préoccupations. Non, ce qui pourrait être vraiment problématique pour lui, pour ses chefs, pour son clan, ce sont les liens étroits qui unissent le GIA et l'armée, les services de renseignement, surtout. Et ces liens sont la clé du maintien au pouvoir de ses chefs, donc de sa propre ascension au sein de ce pouvoir.

Le minaret blanc et bleu de la grande mosquée d'Alger apparaît au loin.

— Va donc à la Djamaâ El Kebir, Farid.

Le chauffeur se dirige vers Bab El Oued. Il doit penser que ce n'est pas très sûr de rentrer dans la Casbah sans escorte. Mais il n'en dira rien : si le colonel a décidé d'aller prier à la grande mosquée, il ira y prier.

Tandis que Bourbia observe les Algérois vaquant à leurs occupations, ne laissant guère transparaître la peur qui doit les habiter en permanence, il pense à l'officier français, ce lieutenant Benlazar. Mi-français, mi-algérien, rectifie-t-il avec un rictus narquois. Celui-là, il fouine un peu trop… Il fouine peut-être encore sans trop savoir ce qu'il cherche, mais ce genre de fouineur trouve toujours quelque chose. Il connaît le nom de Djamel, il connaît peut-être ses liens avec le jeune Raouf – même si le problème Raouf est désormais réglé. Pour éviter une fuite embarrassante pour ses chefs, il va devoir couper les branches pourries. C'est ainsi qu'il a toujours assuré la réalisation de ses plans : faire disparaître les témoins gênants. Raouf Bougachiche mort, reste à effacer son frère Slimane, l'officier fratricide. Il faudra ensuite faire le ménage autour de la fratrie : l'ex-fiancée de Raouf, la femme de Slimane peut-être, les gardiens ou prisonniers qui ont trop approché Raouf. Le colonel Ghazi Bourbia sait qu'un nettoyage satisfaisant est un nettoyage total.

Il pense de nouveau au lieutenant Benlazar. Il finira par comprendre le rôle exact du jeune Raouf, c'est évident. Lui aussi devra finir dans les poubelles de l'histoire algérienne. C'est évident.

***

Un coup de fil à Évelyne, vite fait, et Benlazar s'est rendu dans une petite épicerie où il sait qu'on lui vendra du whisky.

Dans les rues de Blida, il y a quand même quelques décorations annonçant Noël. Souvent dans les vitrines des magasins, parfois sur le fronton de bâtiments administratifs. Mais fêter Noël, pour beaucoup en Algérie, c'est *kouffar;* et les gens du GIA n'apprécient pas ces concessions faites à l'Occident, à la société de consommation qu'ils abhorrent. Benlazar fait quelque pas jusqu'à la place Toute pour sentir l'air frais sur son visage.

Dans un bureau de tabac, en bas de chez lui, il achète trois paquets de Gitanes.

Arrivé chez lui, il jette un coup d'œil par la fenêtre comme pour s'assurer que le soleil est couché. Il se verse un verre, fume une cigarette et décroche son téléphone.

— Salut Rémy, ça va ?

Comme si le Vieux allait répondre que tout roule, que le cancer n'est qu'un inconvénient mineur, qu'il s'y fait.

— Oui, je reviens de Tamezguida.

Benlazar boit une gorgée.

— Gombert était là, oui. (Il se marre, Bellevue aussi.)

Et il y avait tout un aréopage de mecs du DRS, des flics aussi. Je t'enverrai une copie de mon rapport.

Il ouvre son paquet de cigarettes, le referme.

— J'ai eu une discussion « intéressante » avec Bourbia. Tu te souviens, le colonel Bourbia, qui était à Haouch-Chnou ? Le type qui a emmené le prisonnier jusque dans le Sud ? Le mec qui a fait buter Chokri.

Il ricane de nouveau, un rire aigre.

— Si, Rémy, c'est lui, c'est ce fils de pute qui l'a buté. Et je pense même que ce type, il faut s'y intéresser. Et vite.

Il s'allume une cigarette.

— Aucune preuve, Rémy. Arrête avec tes preuves, merde ! Je lui ai parlé de Raouf Bougachiche, il n'a pas répondu, mais ça l'a secoué. Je lui ai même parlé de Djamel Zitouni et de ma certitude que le prisonnier qu'il a escorté de Haouch-Chnou à Aïn M'guel, c'était Zitouni, un des chefs du GIA. Je ne te raconte même pas sa gueule…

Benlazar se lève de son fauteuil et entrouvre la fenêtre qui donne sur le boulevard de la Gare : le nuage de fumée est comme aspiré à l'extérieur.

— Raouf est mort, jamais il ne dira ce qu'il savait. Mais ce Bourbia, bon sang ! Il est le chaînon manquant entre les généraux et les maquis. Ce mec est le putain de lien.

Il se laisse retomber au fond du fauteuil.

— Mon intuition, Rémy, seulement mon intuition…

D'une pichenette, il envoie la fin de la cigarette dans les airs, par la fenêtre.

— Oui, je sais, je sais, Rémy : des preuves, trouver des preuves. Ces foutues preuves qui viendront toujours trop tard.

1994.

Le lieutenant Marek Berthier songeait qu'une nouvelle journée était passée sans embrouille. Une journée de plus durant laquelle il avait réussi à passer au travers de la violence… Jusqu'à ce qu'un coup de téléphone le tire de ses pensées.

— Monsieur Marek, ça tire à Tazoult, à la prison. Y a beaucoup de morts.

L'homme était paniqué.

— Qui tire ?

— Ben, les barbus ont attaqué la prison. Des centaines de barbus. C'est la guerre à Tazoult, monsieur Marek, j'vous jure !

Depuis son arrivée à Constantine, Berthier n'a cessé d'avoir peur. Il fait le job, mais il vit la trouille au ventre. Il travaille pour un service de renseignement occidental dans un pays devenu fou, aux mains de militaires qui jouent un jeu malsain, et aux prises avec des islamistes qui massacrent leurs compatriotes sans raison apparente. En tout cas, Berthier ne la comprend pas. Les maquis sont actifs sur tout le territoire : du sud-ouest d'Alger jusqu'à Sidi Bel Abbès, des plages de la Méditerranée au Sahara. Des Français ont été tués ainsi que beaucoup d'autres étrangers ; personne n'est à l'abri, pas même un agent de la DGSE.

Il raccroche au nez de son indic et compose le numéro du domicile de Gombert parce qu'il est tard. Personne. Il appelle alors l'ambassade de France. Ça décroche.

Tiens, Gombert fait des heures sup' ou il se planque à l'ambassade ?

— Salut Marek, ça biche ? fait Gombert, comme si le moment était à la rigolade.

— Il y a une bataille rangée au pénitencier de Tazoult.

À l'autre bout du fil, il y a du bruit, on s'agite, on s'énerve.

— Tazoult se trouve dans la 5e région militaire, hein ? demande Gombert, dont la voix trahit désormais l'inquiétude.

— Oui, c'est le CTRI de Constantine et le colonel Hamour qui supervisent le coin.

— La prison est un centre de rétention d'islamistes. Putain, ils vont se retrouver dans la nature en moins de deux…

Gombert demande aussitôt qu'on lui trouve le lieutenant Benlazar.

— Bordel ! Il n'y a presque plus personne à l'ambassade…

Il crie encore quelque chose à quelqu'un.

— Il doit être chez lui à Blida s'il n'est pas ici ! hurle-t-il à nouveau

Puis à l'adresse de Berthier :

— Mais je suis entouré d'une putain de bande d'incompétents, c'est pas possible ! Bon, Marek, tu vas voir ce qui se passe là-bas et tu me rappelles. Je veux savoir ce qu'il en est réellement.

Si Berthier avait reçu un direct à l'estomac, il n'en aurait pas été plus stupéfait. Il est incapable de bouger, oscillant entre douleur et trouille.

— Capitaine, il y a des centaines de mecs qui attaquent la prison en ce moment. C'est… c'est la guerre.

— Putain de merde, Berthier ! hurle Gombert au téléphone. Je sais que c'est la guerre ! Et toi, tu es un militaire, je te rappelle. Alors tu files à Tazoult et tu me fais un rapport aux petits oignons.

Sans laisser à Berthier le temps de protester, il raccroche.

Berthier enfile sa veste, l'enlève, met son holster d'épaule et glisse son pistolet dans l'étui, remet sa veste, l'enlève, farfouille sous son lit, en tire un gilet pare-balle, l'ajuste sur sa poitrine, remet encore une fois sa veste et avale bruyamment sa salive. Sans trop savoir comment, il se retrouve au volant de sa voiture, démarre et prend la nationale 3, direction Batna.

Il parcourt une quarantaine de kilomètres sans s'en rendre compte. La peur a mis son cerveau en berne ou quoi ? Lorsqu'il s'arrête sur le bord de la route, face au Sebkhet El Zemoul, il prend conscience de son état de stress : il observe les eaux endormies du lac dans lesquelles se reflète la lune. Au loin, il y a le mont Tarbent qui paraît massif, sombre, menaçant. Il sent ses mâchoires contractées comme un étau. Il descend de voiture pour souffler. D'un geste fébrile, il dégaine son pistolet, la sueur rend la crosse glissante. Il est seul au milieu d'un territoire où les islamistes font la loi, c'est de la folie ! Il n'a pas à obéir aux ordres absurdes de Gombert qui ignore tout de la situation. Gombert, bien peinard derrière les murs de l'ambassade… Il peut refuser d'obtempérer, rien ne l'oblige à se suicider, merde !

Après quelques minutes, il remonte en voiture. Il laisse passer un convoi militaire d'une dizaine de véhicules et reprend la nationale. Bon, il se calme en se promettant d'être prudent. Il croisera bien des flics ou des militaires capables de le renseigner, pas besoin de s'approcher du pénitencier. Gombert n'est pas censé savoir que ses renseignements seront de deuxième main.

Il stoppe devant Batna qui ressemble à un camp retranché, tant les forces armées sont en nombre. Il préfère contourner la ville et prend la route, à gauche, qui mène à Tazoult, une dizaine de kilomètres au sud-est. Il s'y engage malgré la peur qui l'étreint.

— C'est quoi ces conneries ? grogne l'agent de la DGSE en s'avançant vers la petite localité qui résonne de coups de feu et d'explosions.

Des colonnes de fumée montent des murs du pénitencier qu'on aperçoit au bout de la route. Berthier freine et fouille dans la boîte à gants à la recherche d'une paire de jumelles. En vain. Il se rappelle les avoir laissées à son bureau.

— Quel con ! Mais quel con !

Il reprend le volant et doit se faufiler entre deux tranchées creusées dans la chaussée : il y a tout juste la place pour les roues. Le bulldozer qui a servi à l'entreprise est abandonné sur le bas-côté, capot ouvert, moteur saboté. Voilà pourquoi les militaires restent à Batna : ces tranchées ont été creusées par les assaillants de la prison, bloquant le passage de tout transport de troupes ou autre véhicule blindé.

Berthier parvient à s'approcher encore d'un kilomètre avant de capituler face à une deuxième tranchée, celle-ci infranchissable : les bords du trou se sont effondrés. Les terroristes ne pourront pas s'enfuir par ici. Au-dessus de la route, les fils électriques ont été sectionnés entre deux poteaux. Tazoult est coupée du monde.

Il assiste à une véritable scène de guerre – il ne baratinait pas Gombert tout à l'heure : des dizaines de voitures et de pick-up sont massées devant le pénitencier et des centaines d'hommes ont pris d'assaut la prison. La porte principale est éventrée.

Berthier est terrorisé, la main serrée sur son Pamas. La tranchée est le seul rempart qui pourra lui éviter d'être pris dans un flot de terroristes effectuant une retraite sanglante. Il a peur, mais il est fasciné par ce qu'il voit. En théorie, le pénitencier de Tazoult est une véritable forteresse, conçue pour empêcher toute évasion. Construite à l'époque coloniale par les Français, qui y enfermaient ceux qui refusaient leur tutelle. Les doubles murs d'enceinte, le verrouillage et le cloisonnement des différents blocs, le nombre de gardes en font une citadelle inexpugnable. C'est pour ça que des activistes islamistes y sont retenus.

Qu'est-ce qui se passe alors ? Comment les barbus ont-ils pu investir la prison aussi facilement ? Pourquoi les autorités n'interviennent-elles pas ? Bien sûr, les routes et les communications ont été coupées, mais cela ne saurait retenir une armée en marche. Berthier sent bien que la situation lui échappe. Sa trouille en est décuplée.

Enfin, alors qu'il tapote nerveusement son volant, une horde de combattants se rue hors du complexe. Ça y est : les terroristes ont gagné. Les coups de feu ont presque cessé et les détenus grimpent dans les voitures. Des caisses sont hissées sur les plateaux arrière des pick-up.

— Merde de merde, alors ! grogne Berthier en démarrant.

Il fait demi-tour et reprend la route.

— Rien à foutre de Gombert. Il veut ses renseignements, il les aura et il se démerdera avec ça.

Il manque de verser dans la première tranchée, seule la chance permet aux roues avant de mordre dans la poussière, lui évitant de basculer.

À la sortie de Batna, des militaires lui font signe de s'arrêter. Certains reconnaissent peut-être les plaques minéralogiques algériennes d'une voiture de la DGSE. Se gaussent-ils de voir fuir cet Européen ? Se demandent-ils un seul instant si cet officier a compris qu'on ne leur a pas transmis d'ordres pour intervenir ? Qu'ils n'ont pu qu'assister de loin à l'attaque de la prison de Tazoult ?

Berthier se fiche bien d'eux : il ne veut pas mourir dans ce coin pourri. Il montre sa carte de la DGSE, un laissez-passer remis par le DRS. L'un des soldats apporte les documents à un colonel assis à l'arrière d'une berline noire. L'homme porte des lunettes de soleil cerclées d'or, il adresse un signe de la main et un sourire énigmatique à Berthier.

— Qui c'est celui-là ? gromelle le Français à part lui.

Mais il se fiche aussi de ce colonel, de ce que signifie ce salut dérangeant, de tout ce qu'il ne comprendra jamais : il reprend sa route sans moufter. Quelque chose s'est brisé en lui, quelque chose qui ne tenait plus qu'à un fil. Sa décision est prise : il rentre en France, et tant pis si Gombert et Chevallier le saquent, l'envoient croupir dans une caserne paumée ou le limogent.

Merde, il ne s'est pas engagé dans l'armée pour se faire tuer !

***

Le soleil n'est pourtant pas couché. Gombert sert deux verres de whisky, en pousse un devant Benlazar et prend l'autre.

— Bois avec moi, Tedj.

Celui-ci écrase sa Gitane dans le cendrier et boit une gorgée. C'est le whisky que buvait Bellevue. *Si Gombert croit égaler le Vieux parce qu'il picole le même malt, on est mal barré*, grimace intérieurement Benlazar.

— Il n'est même pas repassé chez lui à Constantine. Il a tout abandonné, et à Boumédiène, tôt le matin, il a pris le premier avion pour Marseille.

Le ton de Gombert est fataliste : la peur, ça arrive aux meilleurs ; alors, qu'un tocard comme Berthier déserte, ça n'étonnera personne.

La veille, le lieutenant Marek Berthier a donc été porté déserteur. Enfin, pendant quelques heures seulement : en fin de journée, il se présentait devant le lieutenant-colonel Chevallier de la cellule Algérie à la DGSE. Chevallier a consenti à ce qu'il rencontre un toubib et un psy. Bellevue a participé à son débriefing.

— Il a fondu un plomb à Tazoult, reprend Gombert. Des mecs du DRS qui se trouvaient à Batna ont parlé d'un type au teint cadavérique qui parlait tout seul au volant de sa bagnole. Il fonçait pleins gaz.

Benlazar termine son verre et le repose sur le bureau. Oui, il sait tout ça : Bellevue lui a raconté ce qu'a dit Berthier à son retour. Et il lui a même confié que le lieutenant Berthier avait sans doute croisé le colonel Bourbia : « Un colonel, lunettes noires à monture dorée, m'a salué comme s'il me connaissait. » Gombert ne sait pas pour Bourbia. Bellevue veut des preuves solides avant de balancer des noms à la direction de la DGSE.

— Chevallier et Bellevue n'auraient jamais dû l'envoyer à Constantine. Il n'a pas les épaules, c'était plié d'avance. Et puis ce qui s'est passé à Tazoult, merde, ce n'est pas rien.

Il prend le rapport du DRS sur une pile de feuilles dans un coin du bureau de Gombert.

— Ils étaient plus de 300 à attaquer, et 1 200 prisonniers se sont tirés. Tu as vu ce qu'ils ont embarqué, en plus ? (Il lit.) Cinquante Makarov, 50 Thomson, trois mitrailleuses lourdes, 25 fusils semi-automatiques MAT 36… Et une quinzaine de grenades lacrymogènes. Tu parles d'un arsenal !

Il aurait bien aimé voir la gueule de Berthier s'il a réellement assisté à la scène.

— Franchement, capitaine, comment c'est possible, tout ça ? Comment 300 gus peuvent-ils en faire évader 1 200 autres d'une prison comme celle de Tazoult ? Je parie que cette fois le DRS ne nous a pas conviés à une petite visite des lieux, contrairement au chantier de Tamezguida.

Gombert lâche un long soupir.

— Tu ne vas pas recommencer avec ça, Tedj. L'armée n'a pas facilité l'évasion d'un millier de détenus parmi les plus dangereux. Je veux bien que les généraux trafiquent des trucs par très raccords avec la démocratie, mais là tu déraillles.

Il est tenté par un deuxième verre.

— Quel serait leur intérêt ? Ces mecs et toutes ces armes se retrouvent dans la nature.

Quelqu'un frappe à la porte du bureau. Une jeune femme passe la tête dans l'entrebâillement.

— Capitaine, monsieur l'ambassadeur souhaiterait vous voir.

Elle est jolie, ses lunettes cachent à peine ses yeux bleus.

— Prenez rendez-vous cet après-midi ou demain, répond Gombert d'un ton cassant. Regardez mon agenda, prenez des initiatives, bon Dieu !

La jeune femme lui adresse un regard méprisant et claque la porte derrière elle.

— Je suis vraiment entouré d'une bande d'incompétents…

Et il se ressert un verre.

— Hein, pourquoi le DRS ferait évader tous ces tordus ? reprend-il comme si de rien n'était.

Il indique la bouteille à Benlazar, celui-ci refuse.

— Vas-y, j'ai l'impression que tu as une théorie édifiante sur la collusion des militaires et des islamistes.

Benlazar acquiesce sans relever le ton ironique de Gombert.

— Un : l'évasion a pu permettre de se débarrasser des détenus qui posent vraiment des problèmes, les islamistes qui refusent le jeu du pouvoir. Tu vas voir qu'on va retrouver des cadavres un peu partout dans les jours qui viennent.

Il s'allume une Gitane.

— Deux : elle peut aussi permettre de truffer les maquis du GIA ou de l'AIS d'agents doubles ou d'officiers du DRS infiltrés.

Finalement, il tend son index vers la bouteille de whisky, Gombert verse. Benlazar avale une lampée avant de conclure :

— Trois : de tous ces détenus, il va rester quoi, une fois les véritables islamistes éliminés ? Des agents du DRS et des criminels de droit commun, des types capables de commettre des actes criminels vraiment dégueulasses qui couperont définitivement les maquis et tous les islamistes, FIS compris, de la population.

Gombert observe son subordonné avec un large sourire.

— Je suis entouré d'une putain de bande d'incompétents et de quelques grands malades, dit-il. Tu n'as rien à envier à Berthier. Tu devrais aller voir un psy, toi aussi. Tu frises la paranoïa, tu es au courant, Tedj ?

Évelyne lui disait ça souvent. Les filles pouffaient. C'était il y a tellement longtemps, Benlazar a du mal à s'en souvenir.

Il prend congé d'un hochement de tête.

— Tu retournes à Blida, Tedj ?

— Oui, Blida, Alger, un peu partout dans le pays… Mais d'abord il faut que je rencontre quelqu'un.

— Un de tes indics ? Tu vas encore nous trouver une conspiration qui implique l'Élysée, Mitterrand et Zéroual, la main dans la main, hein ?

Gombert refuse d'y croire parce que ça détruirait tout son système de pensée. Un système où la France, à défaut d'être une puissance économique ou militaire de premier plan, reste un acteur diplomatique incontournable dans certaines régions du monde. Un système de pensée dans lequel son travail d'agent de renseignement a une force, un sens.

Le système de pensée de Benlazar, en revanche, n'implique pas que la France soit au premier rang dans quelque domaine. Le monde, et cette partie du monde en particulier, le Maghreb et l'Afrique, est à jamais aux mains d'une clique qui ne rendra le pouvoir au peuple à aucun prix. Cette clique est soutenue par la France, et elle rit de la France. Voilà le système de pensée de Tedj Benlazar, dans lequel son travail a aussi un sens.

***

Trois semaines plus tard, Benlazar se gare non loin de la rue Abderrahmane.

La Casbah bruisse de cette vie que la violence n'a pu éradiquer. Les regards des habitants sont peut-être plus fuyants, leurs pas plus rapides, mais pour qui ne connaît pas Alger depuis longtemps, rien ne semble avoir changé. Benlazar, lui, sent tout de même une résignation, un fatalisme dans cette foule.

Gh'zala est toujours dans ses pensées. Il se surprend à chercher son nom sur les listes de disparus qui sont publiées chaque jour dans la presse, après chaque nouveau massacre. L'idée qu'elle puisse finir égorgée dans un fossé lui serre l'estomac. Mais comment pourrait-il la protéger ici ? À Alger, il n'est qu'un Français toléré par les autorités algériennes : il ne dispose pas des moyens nécessaires à une protection. Il a cherché une solution, longuement. La seule qui lui paraît envisageable, c'est de faire quitter le pays à la jeune femme. Il sait que Gh'zala n'acceptera pas facilement et il craint même de lui soumettre l'hypothèse d'un départ en France.

Mais la veille au soir, il a croisé le commissaire principal Nasser Filali. Celui-ci lui a fait lire un rapport de service, une nécrologie glaçante – le flic n'arborait plus son air débonnaire habituel.

Le 20 mars, quatorze corps ont été retrouvés dans les rues de Blida. Des témoins ont parlé à des journalistes : selon eux, des parachutistes avaient enlevé la veille quatorze hommes et expliqué à leurs familles qu'ils allaient venger six policiers tués quelques jours plus tôt. Le DRS a démenti.

Le 28 mars, onze habitants ont été arrêtés dans une cité du nord de Blida par des éléments masqués des forces spéciales, venus de Biskra. Tous ont été retrouvés égorgés quelques heures plus tard. La rumeur dit que les ninjas agissaient en représailles au meurtre de gendarmes et de policiers une semaine auparavant. Le DRS a démenti.

Le DRS dément toujours. Pour le DRS, la seule priorité est de mettre la main sur le principal suspect dans l'enlèvement des trois Français : Abdelkader Hattab. Hattab, l'homme qui aurait également organisé l'assassinat de Kasdi Merbah à Alger Plage, le 21 août dernier. L'homme invisible, autant dire. Benlazar fait plus confiance à Maklouf le Juif, qui lui a avoué le meurtre de l'ancien chef du gouvernement, qu'au DRS.

Le commissaire Filali aurait pu lire au Français une vingtaine d'autres rapports similaires concernant les principales villes du pays.

— Un pays devenu fou, a murmuré le flic par la fenêtre de sa portière.

— C'est bizarre, on se voit toujours en bagnole, lui a dit Benlazar. Vous en patrouille et moi en balade. Et on se rencontre toujours par hasard.

— Je bosse comme un forcené et vous, vous faites du tourisme, faut croire.

Il reprend le rapport de service et le dépose sur le siège passager avant de remettre le contact.

— Sachez, lieutenant, qu'il n'y a plus de hasard en Algérie de nos jours.

L'absence de hasard, c'est ce qui a décidé Benlazar pour Gh'zala : il faut qu'elle quitte ce pays de fous. Le plus tôt possible. Elle a un bon niveau en droit, elle pourra intégrer une université en France. Il fera jouer ses relations à la Boîte, il doit bien y avoir quelqu'un avec de l'entregent au ministère de l'Intérieur. Et puis, Bellevue l'aidera – lui qui a fait venir Fadoul Bousso à Paris, il comprendra. Tedj devra rentrer en France pour accompagner Gh'zala. L'idée ne lui fait pas horreur, c'est la première fois. Bien sûr, il faudra s'arranger avec Évelyne. Mais elle aussi comprendra : ça fait si longtemps qu'ils ne vivent plus ensemble, et les filles sont grandes, aujourd'hui.

***

Le DRS donne des noms. Les hommes du 25e régiment de reconnaissance, en formation commando, débarquent dans les maisons ou les appartements, tard dans la soirée. Ils en sortent les maris et les fils. Parfois, il faut rudoyer les femmes et les filles qui tentent de s'interposer. Parfois, il faut abattre un voisin qui demande le mandat d'amener ou menace de prévenir la police. « La police, c'est nous ! » gueule le sergent Gueddah en faisant feu – en général, c'est lui qui réduit au silence ceux qui crient trop fort.

On emmène les suspects à Beni Messous, au CLAS ou à la Villa Coopawi, ou encore dans la caserne de gendarmerie la plus proche. L'interrogatoire qui suit ne donne pas toujours des résultats probants. Combien de fois les suspects se sont-ils révélés des individus sans lien réel avec les milieux islamistes ? Combien de fois ont-ils été incapables de donner un fait, un nom, quelque chose d'intéressant ?

Un jour, tout est devenu clair : le lieutenant Slimane Bougachiche a compris que le DRS et les islamistes étaient dans le coup, qu'ils se combattaient sans pitié, mais jouaient la même partition. Il s'en est rendu compte au début du mois au cours d'une rafle dans un village, non loin de Lârbaa. Huit hommes menottés sans résistance, sans un coup de feu. Leurs proches n'ont rien tenté, le visage lugubre du sergent Gueddah les en a sans doute dissuadés.

Bougachiche a placé les prisonniers sous la garde de Gueddah pendant qu'il allait prendre ses ordres auprès du capitaine Laouar, resté dans le centre-ville. Il n'a pas trouvé Laouar, alors il est revenu auprès de sa section. Quand il a rejoint ses hommes, Gueddah lui a expliqué que deux officiers du DRS étaient venus entre-temps récupérer les huit suspects. « Fait chier ! a râlé Bougachiche, le capitaine pourrait nous prévenir, quand même. »

Les soldats n'avaient pas l'air très à l'aise. Bougachiche a pris Gueddah à part et lui a demandé pourquoi les gars tiraient cette gueule d'enterrement, ils n'en étaient pas à leur première rafle, quand même ! Le sergent lui a raconté que les deux officiers du DRS avaient immédiatement transféré les prisonniers dans une camionnette conduite par des barbus. D'abord Bougachiche a cru que le sergent plaisantait. Mais le sergent ne plaisantait plus depuis longtemps, depuis qu'il faisait la guerre, et la guerre, il la faisait depuis tant d'années que son visage était exempt de rides au coin des yeux. Il ne riait pas et ne parlait jamais à la légère. « Mais c'est quoi, ces conneries ! » a explosé Bougachiche en retournant vers le centre-ville à la recherche de son supérieur. Le 25e avait levé le camp, son chef et le reste du régiment étaient retournés à Lakhdaria. Un caporal est néanmoins venu à sa rencontre pour lui transmettre que le capitaine Laouar considérait l'opération de ratissage comme un succès.

Le lendemain, les huit prisonniers ont été retrouvés exécutés au bord d'une route. Et le lieutenant Slimane Bougachiche, le fratricide, n'a pas demandé d'explications quand il est rentré à la Villa Coopawi : ç'aurait été accuser le capitaine Laouar et la direction du CLAS – et plus haut encore dans l'armée, les généraux au pouvoir – de trahison et de crime de guerre. Bougachiche était une bête féroce : la politique, ce n'était pas de son ressort.

Lorsqu'il était à l'école militaire, il allait encore au cinéma. Pour être juste, c'est Yamina qui l'y traînait le plus souvent. C'était à la fin des années quatre-vingt, il se souvient d'avoir vu un film français avec Jean-Pierre Marielle, *Les Mois d'avril sont meurtriers*. Depuis presque trente jours, il y repense tous les soirs en essayant de s'endormir : oui, ce mois d'avril est particulièrement meurtrier. Et chaque soir, il peut ajouter une ligne au décompte macabre.

4 avril 1994 : huit hommes sont arrêtés dans une cité de Lârbaa, ils seront exécutés dans la nuit.

10 avril 1994 : une opération de ratissage de grande envergure impliquant les forces spéciales, des blindés et

des hélicoptères est menée à Dellys. Des centaines de personnes sont interrogées, une dizaine d'entre elles seront exécutées.

11 avril 1994 : cinq hommes sont tués d'une balle dans la tête sur la place principale d'Aïn Naâdja, devant la gendarmerie. Le commando cagoulé qui procède à l'exécution déclare aux témoins qu'il venge la mort d'un colonel, tué le matin même dans ce quartier.

13 avril 1994 : le quartier de Benzerga, dans la banlieue est d'Alger, est la cible d'éléments de l'armée. On retrouve onze corps égorgés et criblés de balles dans un oued proche.

18 avril 1994 : le maire d'Arbaatache, dans les environs de Boumerdès, est exécuté par un groupe armé.

Et aujourd'hui, le 29 avril 1994, dans son lit, Slimane Bougachiche ajoute 65 morts. Ce sont les hommes que des soldats ont enlevés à la mosquée de Taoughrit, à Ténès. Tandis qu'il se tourne et se retourne à la recherche du sommeil, il sait qu'on a déjà retrouvé leurs corps à l'extérieur du village. Mais ce décompte ne l'empêchera pas de dormir. Il ne se ment plus : un homme qui tue son frère de sang-froid n'est pas la proie des insomnies parce que, dans la guerre qu'il mène, des hommes parfois innocents sont tués. Au contraire, ce décompte lui apparaît comme une manière de trouver le sommeil. Certains comptent les moutons, lui compte les morts.

Il ferme doucement les yeux et il a une vision de bêtes féroces qui se dévorent entre elles.

Et il s'endort.

***

Tous les matins, Fadoul Bousso se réveille à N'Djamena. Depuis qu'elle a quitté le Tchad, sa famille et ses amis, elle a l'impression, pendant les quelques secondes qui suivent son réveil, d'être encore là-bas.

Ça fait pourtant presque sept ans qu'elle a suivi Rémy. D'abord en Algérie, mais elle ne s'est jamais plu à El Biar, rue Mustapha-Ali-Khodja. Elle n'a jamais pu se faire à l'obligation de porter un voile lorsqu'elle sortait dans la rue, à la violence endémique et à la peur qu'un soir Rémy ne rentre pas.

Le pays est magnifique et les Algériens sont des gens très généreux. Même si, parfois, des hommes la regardaient de travers et des gosses du quartier lui criaient dessus : « *Kahlouch !* ». Évidemment, elle est persuadée que s'il elle n'a jamais décroché un emploi, c'est parce qu'elle est noire. Mais le racisme qui existe en Algérie comme partout dans le monde, ce n'est pas la question. Non, en fait, c'est comme si l'Algérie était en train de basculer sur elle-même, de sombrer dans une violence sans retour. Peu avant leur départ pour la France, Rémy a dû tuer un homme qui l'avait agressé sur le parking de leur résidence. Dès lors, comment aurait-elle pu hésiter à prendre l'avion pour Paris ?

De toute façon, Rémy est tombé malade. Le cancer. Agressif. « Invasif », disent les médecins. Elle s'attend à ce qu'ils lui annoncent qu'il n'en a plus pour longtemps. Ça la rend triste, mais elle a la conviction que les choses sur lesquelles on n'a pas de prise ne doivent pas empêcher d'avancer. Elle est encore animiste, quelque part au fond d'elle, elle espère que l'âme des défunts peut aider les vivants – ou leur faire du mal.

Elle a rencontré Rémy au Tchad, en 1987, après que les Français eurent repoussé les Libyens hors du pays. Il était charmant et ouvert à sa culture. Elle, elle avait été éduquée à l'occidentale, sa famille avait assez d'argent pour lui faire suivre des cours au lycée français de N'Djamena. Elle pensait que la connaissance pouvait changer les hommes, qu'elle la rendrait meilleure et lui offrirait une vie passionnante. S'éloigner de la tradition familiale et du Tchad était déjà inscrit en elle. C'est à cette période qu'elle repense quand elle ouvre les yeux chaque matin.

C'était juste avant que le président Tombalbaye soit assassiné, et que le pouvoir passe de mains en mains. Il y a eu la guerre, la capitale a connu deux terribles batailles. Les Libyens soutenaient Goukouni Oueddei ; les Français, son rival, Hissène Habré.

La guerre dans son pays n'est pas terminée, même si les yeux occidentaux se sont détournés vers d'autres latitudes. À la télévision, dans les journaux, aujourd'hui, on parle surtout des Balkans, de la guerre fratricide qui déchire l'ex-Yougoslavie. Là-bas aussi, il y aurait des camps de concentration, des massacres de masse et des fosses communes pleines de femmes et d'enfants. Là-bas aussi, les Occidentaux jouent un jeu incompréhensible.

Rémy de Bellevue est un homme bon. Fadoul l'a perçu la première fois qu'il lui a adressé la parole. Depuis, elle a compris que son travail l'a obligé à des agissements douteux, peut-être immoraux… Des actes qui, sans son accréditation de la DGSE, l'auraient mené devant la justice. Elle a connu la guerre ouverte dans son pays, elle l'a vue en Algérie, lorsqu'elle ne disait pas son nom… Elle conçoit donc qu'elle peut se mener habillé en civil, avec des formules de politesse entre légations diplomatiques et ministères, concomitamment avec des coups bas dans les ruelles sombres et les bars minables – et les parkings de résidence, tard le soir.

La veille, Rémy l'a prise dans ses bras. Il a dit :

— Tu vas m'engueuler, mais ce soir, je me sers un verre de whisky. Un seul.

Et il s'est servi avec un sourire.

— Benlazar a mis un coup à ma réserve, la dernière fois…

Il voulait boire un verre parce qu'il avait quelque chose d'important à déclarer, a-t-il expliqué.

Fadoul a tout de suite compris. Elle attendait ça depuis des années.

— Je crois qu'il est grand temps qu'on se marie, mon amour.

Son sourire gêné a attendri la jeune femme. Rémy est toujours un séducteur. Certes, depuis quelques mois, il a beaucoup maigri et son teint est terne, surtout le matin, mais il a toujours le regard perçant, intelligent. Elle ne sait pas comment il fait, mais il a toujours un coup d'avance sur les autres, il lirait dans les pensées de ses interlocuteurs que ça ne l'étonnerait pas plus que ça. Sauf que s'il lit aussi dans ses pensées à elle, il a pris son temps.

Évidemment, elle a accepté. Elle n'est pas idiote : s'il la demande en mariage, c'est qu'il craint pour sa vie. Rémy ne s'est jamais fait d'illusions sur ses chances de guérison et il doit sentir la fin approcher. Dans le cœur de Fadoul, la tristesse se mêle à la joie. Ils se sont embrassés tendrement et ils ont fait l'amour dans le petit salon. Mais depuis il ne lui plus reparlé mariage. Il lui parle de l'Algérie, de Tedj, de ses craintes pour la France dans cette histoire, mais plus de mariage.

Ce matin, après avoir eu la vision du N'Djamena idyllique de son adolescence, elle a pensé aux gens qu'ils pourraient inviter à leur mariage. Les amis de Rémy sont surtout ses collègues : ils seront là, la plupart en uniforme de parade. Elle voudrait que Tedj vienne en compagnie de sa femme et de ses filles. Il est en Algérie actuellement, il y est retourné l'été dernier quand des Français se sont fait enlever. Sa famille vit à Montrouge. Elle n'a jamais rencontré la femme de Tedj, Rémy lui-même ne l'a jamais vue. Ni elle ni lui ne comprennent pourquoi Tedj la tient à distance. Lorsqu'elle termine son petit déjeuner, elle a pris sa décision : elle ira voir Évelyne Benlazar pour lui remettre l'invitation en main propre.

Sur le transistor, Fadoul écoute tous les matins RFI. Elle espère avoir des informations du Tchad. Mais ce n'est pas le Tchad qui fait la une aujourd'hui. Au début du mois, les présidents rwandais et burundais ont perdu la vie dans un attentat. Depuis, les nouvelles en provenance de Kigali sont dramatiques : les extrémistes hutus massacreraient à la machette les Tutsis. Des casques bleus belges ont été tués, les Occidentaux semblent avoir été plus émus par leur mort que par celles, en même temps, d'Agathe Uwilingiyimana, la Première ministre rwandaise, et de dizaines de milliers de ses compatriotes. Le journaliste annonce d'ailleurs que les Nations Unies ont décidé de diminuer drastiquement les effectifs de la force de paix au Rwanda. Fadoul a un mauvais pressentiment : le massacre n'est pas près de se terminer.

Elle éteint la radio. Cette nuit, Rémy n'a pas beaucoup dormi. Il s'est enfermé dans son bureau avant 4 heures du matin, et encore, il tournait dans le lit depuis plus d'une heure.

— Ne t'inquiète pas, mon amour ! lance-t-il de l'autre côté du mur : c'est l'Algérie qui me donne des insomnies. Faut que j'éclaircisse un truc.

Il a toujours un coup d'avance sur elle, mais là, elle n'y croit pas. Les docteurs lui ont-ils dit quelque chose ? Non, Rémy ne lui cache rien de son état. Lorsqu'ils ont emménagé rue Tesson, elle le lui a fait promettre.

Il est allé prendre sa douche, elle a fouillé dans un carnet d'adresses qui contient les coordonnées de ses subordonnés ou de ses supérieurs. Rien de confidentiel, elle ne se serait pas permis. D'ailleurs, il laisse parfois ce carnet traîner sur la table de la cuisine et lui a déjà demandé d'y rechercher le numéro de téléphone d'un tel ou d'un tel.

Peu avant 9 heures, elle a passé une main douce dans ses cheveux épars – la chimiothérapie lui fait perdre les cheveux.

— Je vais aller faire quelques courses, a-t-elle dit.

Il a souri.

— Je crois que je vais me raser la tête. Ça te dérange ?

Elle a déposé un baiser sur son front trop large.

— Et puis, ne t'inquiète pas pour cette histoire de Rwanda, continue-t-il en replongeant le nez dans les documents qu'il lit : on va y envoyer une force d'interposition. Ça va se calmer.

— Qui, « on » ?

Rémy relève la tête, l'air étonné.

— Ben, la France. La France et les pays d'Afrique qui pourront s'y joindre. Nous, on va envoyer la légion et des paras.

Dans le métro, Fadoul ne parvient pas à chasser son mauvais pressentiment. Elle aime Rémy d'un amour sans limite, mais elle n'est pas convaincue que lorsque l'armée française met les pieds en Afrique le meilleur puisse advenir.

Comme il fait beau, elle descend Porte d'Orléans et décide de terminer son chemin à pied. Elle ne s'est jamais faite à Alger et ne sait pas si elle se fera un jour à Paris. Surtout s'il arrive malheur à Rémy… Les Parisiens marchent trop vite et ils toussent sans arrêt. On ne l'a jamais traitée de négresse, ici. Même les enfants. Mais les regards ne trompent pas : certains sont salaces, des hommes qui la reluquent de bas en haut presque en salivant ; et puis il y a tous les autres, ceux qui voient en elle une étrangère venue voler le travail des Français ou leurs allocations familiales avec sa nombreuse progéniture. Rémy essaye de la convaincre que ce n'est pas vrai, qu'il n'y a qu'une députée Front national à l'Assemblée et que les Français se souviennent de la bête qui a sévi dans les années quarante. Chez elle, on dit pourtant que l'ennemi d'hier peut toujours être l'ennemi d'aujourd'hui.

Arrivée rue Victor-Bach, elle se rend au numéro 12. Elle doit attendre presque dix minutes qu'une vieille dame sorte de l'immeuble pour retenir la porte et pénétrer dans le hall. Une dizaine de boîtes aux lettres lui fait face, elle s'aperçoit rapidement qu'il n'y a pas le nom Benlazar. Elle vérifie une seconde fois et ressort dans la rue : c'est bien le numéro 12, comme indiqué sur le carnet de Rémy. Peut-être Rémy s'est-il trompé en notant l'adresse, ou bien c'est elle qui a mal déchiffré ses pattes de mouches ? Elle essaye donc au numéro 13 et au numéro 11 : rien.

Alors, elle fait tous les immeubles de la rue. Une heure plus tard, elle n'a trouvé aucune boîte aux lettres au nom de Benlazar. Donc, deux possibilités : soit Évelyne et les filles de Tedj ont déménagé, soit elles ne s'appellent plus Benlazar. Se peut-il que Tedj et Évelyne aient divorcé ?

L'idée que Tedj n'ait rien dit à ce sujet à Rémy l'inquiète. Dans le métier de Rémy – ce métier qui l'a obligé à des actes immoraux –, qu'un subordonné (et ami) mente est un problème, voire un danger.

Rémy n'est pas en forme, il subit les assauts du cancer, n'appartient encore à la DGSE que parce que le colonel Chevallier a besoin de ses lumières pour diriger efficacement la cellule Algérie. Silas a tenté de la rassurer quand il est venu le débaucher : pas de terrain, juste de la paperasse et de la gestion de ressources humaines. Fadoul a fait un effort pour ne pas lui rire au nez. Pourtant, elle sait que Rémy a besoin de ce lien avec sa vie d'avant. C'est une question de survie, ou ça pourrait le devenir.

En repassant le boulevard périphérique, la jeune femme sait qu'elle ne lui dira rien. Peut-être parce que ça le blesserait d'avoir été trompé par Tedj. Peut-être aussi parce qu'il y a sans doute une explication logique à cette disparition. Tedj l'expliquera.

***

Tedj Benlazar a fait ce qu'il ne fallait pas faire. Il est retourné dans la Casbah.

Gh'zala a accepté de l'accompagner de nouveau sur la promenade des Sablettes. Elle était visiblement inquiète. Benlazar a promis que personne ne saurait jamais. La jeune femme a eu un regard étrange : personne ne saurait quoi, en fait ? semblait-elle demander.

— Je peux vous faire venir en France, si vous voulez.

Gh'zala a fixé le Français pendant une longue minute.

— Qu'est-ce qui vous fait croire que je veux aller en France ?

Benlazar a écarté les mains.

— Vous avez vu ce qui se passe ici ?

Un cortège de véhicules des forces de sécurité, toutes sirènes hurlantes, est passé sur la route non loin d'eux.

— Ça, par exemple ! s'est emporté Benlazar en montrant les 4x4 qui s'éloignaient vers le centre-ville.

Il l'a saisie par les épaules.

— La mort de Raouf, tous ces morts, tous les jours… Vous ne voyez pas que l'Algérie est devenue folle ?

Et il a essayé de l'embrasser.

Elle l'a repoussé et s'est écartée de plusieurs pas. Elle est effrayée.

Benlazar a fait ce qu'il ne fallait pas faire. Il n'a même pas éprouvé le désir d'embrasser Gh'zala. Celui de la protéger, peut-être. Il voulait surtout l'empêcher de répondre. Il ne voulait pas entendre ce qu'elle allait lui rétorquer : « L'Algérie est mon pays, jamais je ne la quitterai. »

— Vous voulez bien me ramener chez moi, s'il vous plaît ? a-t-elle demandé d'une voix craintive.

Sur le chemin du retour, il veut trouver les mots pour s'excuser. Il retient la jeune femme par le bras.

— Je pense que les militaires ont créé le GIA et que leur créature risque de leur échapper. Je pense qu'ils ont utilisé Raouf pour surveiller quelqu'un d'important au sein du GIA. Et il a été éliminé parce que, après avoir fait son travail de mouchard, il n'était plus qu'un témoin gênant. Le DRS agit toujours comme ça avec les témoins gênants. Tous les témoins gênants. Ils vont faire le ménage tout autour de ce quelqu'un d'important. Vous n'êtes plus en sécurité, Gh'zala…

Il voit un instant le colonel aux lunettes cerclées d'or, repousse un petit frisson qui lui titille la nuque.

Elle descend de la voiture, il lui emboîte le pas jusque dans le hall de l'immeuble.

— Partez, partez ! dit-elle en le repoussant. Les voisins, s'ils vous voient…

Mais il la suit dans l'escalier.

— Gh'zala, pensez-y. Pensez à venir avec moi en France.

Elle s'arrête au deuxième palier.

— Avec vous ?

Elle paraît complètement abasourdie.

— Avec moi, c'est une façon de parler. Mais en France vous serez en sécurité.

Elle continue à monter les marches plus lentement.

— Parce que je suis en danger, ici ?

— Tous les Algériens sont en danger.

Il croit l'entendre rire.

À la porte de son appartement, elle n'essaye même pas de l'empêcher d'entrer. Les voisins…

Une fois dans l'appartement, il ferme la porte derrière lui. Gh'zala se retourne vers lui, campée sur ses deux pieds : cette fois, il n'avancera pas plus. Lui, il ne parvient pas à détourner ses yeux de la cicatrice qui court sur sa joue, une ancienne marque de quelques centimètres plus brune que sa peau, très fine, presque douce. La jeune fille passe sa main sur son visage, à l'endroit où il regarde.

— Je n'irai pas en France. Ni avec vous, ni avec personne. Je ne vais pas fuir mon pays. Ça serait donner raison à tous ceux qui essayent de nous terroriser, les islamistes et vos amis, les militaires.

— Ce ne sont pas mes amis.

Pour toute réponse, elle retire sa veste, ôte son pull et fait glisser sa jupe à ses pieds. Elle apparaît en sous-vêtements blancs. Sa peau sombre agit comme un électrochoc sur Benlazar.

— Vous êtes folle ? balbutie-t-il sans savoir que faire de ses mains ni de ses yeux.

— Allez-y, dit Gh'zala en avançant d'un pas vers lui. Allez-y, vous êtes venu pour ça, non, pour me baiser ?

Il ne la croyait pas capable de tenir un tel langage.

— Rhabillez-vous, rhabillez-vous, bafouille-t-il en détournant le regard.

Il doit se contraindre à repousser l'incroyable désir qui monte de son ventre. Parce qu'il a vu que cette femme était d'une beauté inimaginable. Une beauté à rendre fou. Bon Dieu, ce qu'il aimerait la baiser…

— Je suis venu pour vous proposer d'aller en France. Pour votre sécurité. C'est tout.

— Vous êtes venu pour me baiser, tranche la jeune femme d'une voix glaciale. La France a toujours baisé l'Algérie, non ?

Aucun mot ne peut répondre à ça. Il ne peut que reculer jusqu'à la porte, l'ouvrir et sortir dans le couloir. On dirait un gamin.

La porte claque devant lui et il se retrouve dans le noir.

Il cherche la rampe de l'escalier à tâtons. Une envie d'alcool lui prend la gorge.

Quelques minutes plus tard, il roule vite pour sortir de la Casbah, la colère le ronge de l'intérieur, elle lui brûle l'estomac. Une bouteille de whisky à peine entamée l'attend sur la table de la cuisine de son appartement de Blida. C'est son objectif. Le seul qu'il s'autorise pour éviter d'avoir à réfléchir à ce qu'il vient de faire. Mais aussi à sa vie, à Évelyne, aux filles. Et puis à Gh'zala.

***

Il crève lentement d'un putain de cancer, mais il a encore de la ressource.

Rémy de Bellevue se répète ça comme un mantra depuis quelques heures. Il a passé la journée à téléphoner en

Algérie, il a recoupé des rapports d'honorables correspondants que lui a transmis Chevallier, il a relu des documents classés secret-défense et il commence à y voir clair, le Vieux. C'est quand même grâce à Benlazar qu'il sait désormais dans quelle direction chercher. Benlazar et ses foutues intuitions… Mais il n'a pas repoussé celle qui concernait le colonel Ghazi Bourbia, le second de Médiène. Un de ses indics lui a confirmé ce qui semble être, pour les Algériens, un secret de polichinelle : l'homme est en charge de l'infiltration des maquis et des islamistes à l'étranger.

Fadoul s'inquiète de l'entendre se lever la nuit et s'enfermer dans son bureau. Elle lui dit qu'il n'est pas Superman, que les docteurs lui ont conseillé de ne pas se fatiguer. Les toubibs, il les emmerde. Ce ne sont pas les toubibs qui le guériront. Et puis franchement, qui guérit d'un cancer ? Des rémissions, ça arrive, oui ; une période plus ou moins longue où l'on se dit vainqueur. Mais un jour, on apprend que Machin ou Truc a cassé sa pipe. Alors, on demande : « Ah oui ? Je croyais qu'il était sorti d'affaire pourtant ? » Et la réponse est : « Non, faut croire que non. » Des conneries, tout ça. Pourtant, il a décidé de ne pas baisser les bras, de continuer d'ici, de Paris, ce qu'il aurait dû mettre en œuvre à Alger. C'est peut-être sa dernière croisade, mais il est résolu à la mener à son terme. Là-bas, Benlazar lui servira de bras armé. Tous les deux, ils vont faire péter le système mis en place par les militaires.

Bellevue est maintenant certain que les militaires sont à l'origine du chaos. Et que Bourbia en est le metteur en scène. À la DGSE, le lieutenant-colonel Chevallier le premier, on lui rétorquerait qu'il est devenu dingue, que la chimio, la proximité de la mort lui ont faussé le jugement. Il lui faut des preuves, il en est conscient, et c'est Benlazar qui va les trouver. Pour lui, désormais, c'est une évidence : le DRS a infiltré les rangs des islamistes. La spectaculaire évasion de la prison de Tazoult est l'exemple type de ce genre d'opération : parmi les prisonniers, il devait y avoir des officiers des forces spéciales qui ont ainsi pu rejoindre les maquis. D'ailleurs, beaucoup de prisonniers évadés ont été retrouvés fusillés, çà et là. Sans doute des islamistes qui refusaient de jouer le jeu du DRS. Bellevue n'a pas pu établir là de certitudes.

Mais ça, c'est la deuxième phase de l'infiltration. La première a probablement commencé plusieurs mois, voire plusieurs années auparavant. De vrais islamistes sortis des camps de détention du sud de l'Algérie – ou d'extermination, comme l'a toujours dit Benlazar – ont été intégrés dans les groupes des forces spéciales dont la mission était de réduire les poches d'insurgés. Ces poches étaient bien souvent des villages qui avaient fait allégeance à tel ou tel groupe de rebelles ou – plus fréquemment – qui refusaient de prendre partie. Le *modus operandi* était toujours le même : lors des attaques, les soldats des forces spéciales restaient en retrait, et c'étaient les « terroristes » qui montaient à l'assaut. Mais ils prenaient soin d'épargner les habitants des premières maisons, afin qu'ils puissent témoigner que des islamistes avaient massacré le reste de la population. Car ensuite, le reste du village était en effet massacré sans pitité

Bellevue se frictionne les épaules, il se sent fébrile. Une petite migraine s'installe derrière ses yeux. La fatigue, forcément : il est éveillé depuis 4 h 30 ce matin. Il prend un analgésique par précaution.

Plus tard, des officiers de la sécurité militaire ont été infiltrés dans les groupes de combattants islamiques. Coup double : les officiers renseignaient leur hiérarchie sur les agissements de l'ennemi. Et comme ils risquaient leur vie si leur couverture tombait, ils étaient souvent pires que les vrais terroristes, afin de prouver leur appartenance au groupe. Bientôt, ces soldats devenaient des monstres, tellement coupables qu'ils en venaient à considérer la défense du régime, des généraux en place, comme celle de leur propre survie. Au passage, leurs exactions contribuaient à désolidariser la population des terroristes.

Bellevue est persuadé que la deuxième phase enclenchée, une troisième suivra : impliquer la France pour qu'elle aussi soutienne le pouvoir algérien. Fadoul lui dit parfois qu'il a toujours un coup d'avance sur les autres. Cette fois, il veut bien le croire. Et son coup d'avance, c'est le glissement du chaos algérien par-delà la Méditerranée, son exportation par des salopards qui veulent se maintenir à la tête d'un État au bord de la rupture.

La présence de Bourbia aux alentours de la prison de Tazoult, authentifiée par le débriefing de Berthier après son retour piteux de Constantine, a fini de convaincre Bellevue.

Ah ! merde, s'il n'avait pas ce putain de cancer…

Il regarde sa montre et doit se concentrer pour lire l'heure. Cette saloperie de chimio lui bousille tout : il vomit dix fois par jour, a constamment la chiasse et devient myope comme un vieillard. Tedj doit se faire prendre pour un imbécile par Djebbar et Allouache à Haouch-Chnou, comme tous les lundis matin.

Il pense à appeler Gombert, ou peut-être Berthier – celui-là, il faudrait le remettre en service, on ne démissionne pas comme ça de la DGSE. Mais une vive douleur lui enflamme subitement le bas du crâne. Une lame lui transperce le cerveau et celui qui la tient la fait tourner sur elle-même.

— Putain de cancer, grogne-t-il, soudain pris d'un vertige qui lui file la nausée.

Et il chute de sa chaise.

Son corps s'écrase lourdement au sol et il voit la silhouette renversée de Fadoul dans l'encadrement de la porte.

— Rémy ! hurle-t-elle.

Il n'arrive plus à se souvenir s'il lui a proposé le mariage ou s'il y a pensé très fort. Il faudra accélérer les choses parce que le cancer, lui, il accélère tous les jours un peu plus.

Ses yeux se ferment. Il ne peut s'empêcher de sombrer.

***

Non, ce matin-là, le lieutenant Tedj Benlazar ne se fait pas prendre pour un imbécile par les chefs du CTRI de Blida.

La nuit précédente, il a descendu la bouteille de whisky et s'est écroulé sur le canapé dans son appartement du boulevard de la Gare. Il a bu jusqu'à plus soif pour calmer la honte qui le tient depuis qu'il a essayé d'embrasser Gh'zala la veille au soir.

Le commandant Mehenna Djebbar, le chef du CTRI de Blida, et son adjoint le capitaine Abdelhafidh Allouache, dit Hafidh, sont en discussion dans le bureau du premier lorsque le Français apparaît. Il vient récupérer le rapport de la veille et quelques documents inutiles que lui remettent habituellement les gens du DRS.

Un sous-officier le fait rentrer.

Avec Djebbar et Allouache se trouve le colonel Ghazi Bourbia. Peut-être grâce à sa gueule de bois qui l'oblige à grimacer pour limiter les maux de tête, Benlazar ne laisse pas paraître son trouble. Désormais, pour lui comme pour Bellevue, le colonel aux lunettes dorées est la cible prioritaire ; Bellevue a donc « levé » sa véritable mission : l'infiltration des maquis et des islamistes à l'étranger, leur déstabilisation, leur éradication. Le Vieux a accepté son intuition : Bourbia est en lien avec le GIA. Benlazar l'a dit à Bellevue la veille : ce lien contre-nature entre militaires et islamistes engendrera inévitablement le grand bordel. Le grand bordel, comprendre l'importation des problèmes algériens en France.

— Ah ! Lieutenant Benlazar, le salue d'ailleurs Bourbia avec un air trop arrrogant. Comment allez-vous depuis notre petite rencontre sur le chantier du barrage à Tamezguida ?

Comment peuvent-ils se foutre de sa gueule à ce point-là ? Bourbia semble réfléchir quelques secondes en observant le capitaine Allouache qui sourit.

— Comment va le commandant Bellevue ? reprend-il. Le cancer, c'est une calamité, tout de même.

Là, il lui fait savoir qu'il est bien renseigné, ici en Algérie et là-bas en France.

— Il se bat courageusement, répond Benlazar.

— Comme nous tous, dit Bourbia en secouant la tête.

Benlazar récupère le mince dossier sur le coin du bureau de Djebbar. Chaque jour, il sait qu'il ne contient que quelques feuilles concernant des attentats et peut-être des pistes qui ne mèneront jamais jusqu'aux véritables auteurs de ces attentats.

Il lit au hasard.

4 mai 1994 : 173 cadavres dans la forêt d'El Marsa – Ténès (*wilaya* de Chlef). Feraient partie d'un groupe de 200 citoyens enlevés par des terroristes le 25 avril à Taoughrit, Ouled Boudoua, Sidi Moussa et Tala Aïssa.

Des terroristes, d'accord. Mais qui ? se demande le Français en prenant place sur la chaise que lui propose d'un geste vague le capitaine Allouache. Il se souvient qu'à Ténès, la veille ou l'avant-veille du 25 avril, une quinzaine de soldats ont trouvé la mort dans une embuscade. Gombert lui opposerait sa paranoïa, mais Benlazar pense immédiatement à une action de représailles de l'armée. Et 173 morts ? Ce n'est plus des représailles, c'est de la démence.

— Vous êtes toujours à la chasse aux fantômes, lieutenant ? demande Bourbia.

— Plaît-il, colonel ?

— Les gens que vous cherchiez ou que vous avez cru voir, ceux dont vous m'avez parlé à Tamezguida : des informateurs du DRS au sein du GIA, des terroristes manipulés par nos services, et je ne sais qui encore.

Un instant, les trois officiers fixent Benlazar. Puis Djebbar et Allouache jettent un coup d'œil nerveux au colonel Bourbia. Ils n'ont pas l'air vraiment au courant de ces gens que chasse Benlazar.

— L'informateur Raouf Bougachiche est mort, comme je vous l'ai dit lorsque nous nous sommes croisés sur le chantier du barrage, poursuit Benlazar. Je sais, j'étais présent dans la Mitidja, à Reghaïa, lorsqu'il a été abattu pendant la libération de Jean-Claude Thévenot et d'Alain Fressier, mes deux compatriotes. Abattu par son frère, en plus ! Alors, bon, j'aimerais savoir si vous en savez plus sur cette incroyable coïncidence ?

Si Djebbar et Allouache n'étaient pas au courant, Benlazar vient de mouiller Bourbia jusqu'au cou.

— En ce qui concerne le deuxième « fantôme » que je chasse, colonel, il s'agit bien de Djamel Zitouni, membre du GIA. Et lui, il est toujours vivant. N'est-ce pas vous qui l'avez personnellement ramené à Aïn M'guel ? Et d'ailleurs, il semblerait qu'il ait été libéré depuis.

Djebbar et Allouache regardent leurs chaussures. Bourbia le fixe d'un regard acéré.

Il leur a mis un bon coup dans la gueule, le fonctionnaire incompétent. Bien sûr, il se fait l'impression d'être un pirate qui incendie son navire avant l'abordage. La victoire ou la mort, pas de retour en arrière possible.

— Bon, on m'attend ailleurs, messieurs, déclare le colonel Bourbia en se levant.

Il s'arrête devant Benlazar. Il a du métier, mais là, il a du mal à cacher sa colère.

— Ces histoires me semblent saugrenues, lieutenant. Un informateur au sein du GIA ? Jamais entendu parler. Un membre du GIA que je racompagne dans un camp d'internement au sud du pays ? Des élucubrations.

Il n'est pas heureux, le colonel aux lunettes dorées, mais il sait conserver son air bonhomme, il est rompu aux techniques de dissimulation. Un vrai caméléon en vert kaki.

— Nous verrons ça, lieutenant, nous verrons, mais tout cela nous dépasse ; je pense que vous en êtes conscient, n'est-ce pas ?

Il quitte le bureau sans attendre la réponse, laissant Djebbar et Allouache terminer la rencontre.

Benlazar leur adresse un petit sourire condescendant. Après toutes ces années, il se permet de leur rendre la pareille. Ça n'arrivera plus.

***

Le capitaine Laouar était présent. Il avait le droit de se taire.

L'homme aux lunettes dorées, en civil, avait le grade de colonel. Il était surtout l'un des bras droits de Médiène au DRS. Il était accompagné de deux hommes qui n'ont pas quitté leurs lunettes noires.

Slimane Bougachiche est resté au garde-à-vous durant tout l'entretien.

Dans la villa Coopawi, le silence régnait. Comme si ce qui se passait dans le bureau de Laouar était d'une importance cruciale.

De quoi m'accuse-t-on ?

Il est bon soldat, il n'a plus d'états d'âme. Il n'en a plus depuis qu'il a logé une balle dans la tête de son frère. On ne peut rien lui reprocher : il obéit et croit être un excellent élément au 25e régiment de reconnaissance, son capitaine peut en témoigner. Mais justement, le meurtre de son frère, n'est-ce pas ce qui amène ces gens ?

Slimane s'est résigné à vivre avec ce fratricide. Après que le Français de la DGSE l'a empêché de se tirer une balle dans la bouche, il a accepté ce poids à jamais sur son âme. Comme punition. Bien sûr, il croit en Dieu. Alors il a relu le Coran, la sourate 5 Al-Ma-Idah, les versets 27 à 32 surtout, là où il est raconté le meurtre d'Abel K'abil par son frère Caïn H'abil. Abel ne s'est pas défendu parce que, soumis à Dieu, il ne pouvait porter la main sur son frère. Caïn n'hésita pas et le verset 30 dit que « son âme l'incita à tuer son frère. Il le tua donc et devint ainsi du nombre des perdants ». Slimane se considère effectivement du nombre des perdants, mais il n'est pas assez croyant pour craindre ce qui est dit dans le livre sacré. Et il est persuadé que son acte était nécessaire.

Peut-être les hommes qui l'interrogeaient n'en étaient-ils pas persuadés, eux.

— Gh'zala Boutefnouchet, la fiancée de Raouf Bougachiche, travaille pour le GIA, a asséné le colonel Bourbia.

— Impossible, a répliqué le lieutenant.

Bourbia a roulé des yeux : comment ce petit soldat osait-il le contredire ?

— Je crois même que Gh'zala était sur le point de rompre avec Raouf, explique le petit soldat, parce que son engagement religieux ne lui…

— Taisez-vous, lieutenant ! a hurlé Bourbia.

Mais il ne paraissait pas hors de lui : il a hurlé parce qu'un subordonné lui a répondu, simple réflexe militaire. D'ailleurs les deux hommes aux lunettes noires n'ont pas cillé.

— Nos services de renseignements sont formels : cette femme est une terroriste comme l'était votre frère. Et pire encore, elle s'apprête à vendre des secrets à une puissance étrangère. L'un de ces secrets est la cause de la mort de Raouf Bougachiche. Il serait dommage que cette puissance étrangère en vienne à ébruiter, ici, ce secret. Vous imaginez si on apprenait qui a tué votre frère ?

Slimane Bougachiche non plus n'a pas cillé : il se sait du nombre des perdants. La menace du colonel n'était rien d'autre qu'une pierre de plus reçue sur son chemin de croix. Il a accepté de la recevoir en plein visage. Il savait même que, d'une certaine façon, le colonel avait raison : jamais il n'aurait accepté que son meurtre fût connu. Il a pensé à sa mère surtout, à sa femme aussi.

— Cette femme est une ennemie, lieutenant, a conclu le colonel. Vous m'avez compris, n'est-ce pas ?

Bougachiche a salué, les doigts sur son front.

— Oui, mon colonel.

— Vous veillerez à ce que mon ordre soit observé, capitaine ? a dit Bourbia à l'adresse de Laouar.

Ils agissent toujours comme ça, les mecs du DRS : impliquer le plus de personnes possible pour se couvrir toujours plus. Bougachiche n'est pas grand connaisseur des arcanes des services de renseignements algériens, mais ça, tout le monde le sait.

Les trois hommes sont sortis et quelques minutes plus tard ils quittaient la villa, escortés par une demi-douzaine d'engins militaires.

Ensuite, le capitaine Laouar lui a donné un mois de permission, le temps nécessaire à l'accomplissement de sa mission.

— Il faut que ça soit proprement fait, hein, lieutenant. Personne ne doit remonter jusqu'à toi.

Le soir même, il regagnait Alger et la rue des Abdérames.

Sa mère ne l'a pas vu entrer dans l'appartement, le regard toujours perdu sur les terrasses et les toits de la Casbah.

Sa femme est là. Depuis la mort de Raouf, la vraie mort de Raouf, Gh'zala ne vient plus si souvent aider Djazia. Yamina a pris le relais.

Lorsqu'il a franchi la porte, elle n'a pas eu l'air surpris.

— Tu as eu une permission ? fait-elle seulement en continuant de passer le balai dans le salon.

— Non, je travaillerai à Alger ces prochains jours. Quelque chose à faire au ministère.

Yamina ne demande rien d'autre.

— Tu n'es pas contente ?

— Si, si, bien sûr.

Elle s'approche de lui et dépose un rapide baiser sur ses lèvres.

Après avoir mangé un reste de tajine de poulet aux pruneaux dont le goût de brûlé a presque écœuré Bougachiche, ils ont passé toute la soirée devant la télévision. Depuis une semaine, plus de 70 cadavres ont été retrouvés sur l'autoroute A1, à la sortie de Lakhdaria. Sa femme lui a lancé un rapide regard. Comprend-elle ce que ses hommes et lui ont fait là-bas ? Lorsqu'il la regarde à son tour, discrètement, elle semble pourtant indifférente.

— Et Gh'zala, comment va-t-elle ? demande-t-il au bout d'un moment.

— Elle ne vient plus. Il ne faut pas lui en vouloir.

Slimane prend sur lui.

— Je ne lui en veux pas. Après ce qui est arrivé à Raouf, c'est compréhensible qu'elle ne veuille plus nous voir. Ça doit lui rappeler trop de choses.

Yamina reste muette, les yeux fixés sur l'écran. Cheb Hasni chante « *Ma bkatch elhedda* ». Elle n'a même pas l'air de l'entendre.

Elle sait ce que le 25e fait à Lakhdaria. Ou elle s'en doute. Elle se pose des questions, forcément. Partout en Algérie, on commence à se poser des questions : pourquoi l'armée et la police ne parviennent-elles pas à stopper les terroristes ? *Tout ça va finir en bain de sang*, songe Slimane. Puis il lâche un petit rire, immédiatement masqué par un toussotement maladroit : le bain de sang a déjà commencé, c'est même une vraie mer de sang qui se déverse sur l'Algérie. Il ne devrait pas s'inquiéter du pire à venir, car le pire advient tous les jours depuis deux ou trois ans déjà.

— Je vais faire un tour, dit-il en se levant.

Aucune réponse de Yamina.

Je lui parlerai demain, je lui expliquerai, se promet-il en enfilant son blouson. En évitant de faire trop de bruit, il passe dans la chambre à coucher et glisse son pistolet dans sa ceinture. Il est toujours armé lorsqu'il sort à Alger. Ici, il a plus peur qu'à Lakhdaria. Pas de sergent Gueddah pour couvrir ses arrières. Ici, il est seul, un civil parmi les civils, à la merci d'une balle, d'une bombe. Il est comme tous les Algériens : en sursis.

Il marche le plus silencieusement possible jusqu'à la rue Arbadji-Abderrahmane. Ce soir il ne passera pas à l'action. D'abord, il n'en est pas encore capable : l'idée de tuer Gh'zala lui est pour le moment insupportable. Et puis, il lui faut prendre d'infinies précautions. Si les flics venaient à remonter jusqu'à lui, donc jusqu'au 25e régiment de reconnaissance et au capitaine Laouar, le DRS lui réglerait son compte.

La fenêtre du petit appartement de la jeune femme est éclairée. Elle est chez elle. Peut-être devrait-il aller simplement la saluer, prendre de ses nouvelles.

***

Benlazar roule au hasard dans Alger. C'est ce qui fait passer les montées d'angoisse qui souvent débouchent sur des crises de panique.

Il fume, la fenêtre ouverte. Air chaud, odeurs viciées de l'embouchure de l'oued El Harrach.

Dans son rétroviseur, la voiture du commissaire Filali est apparue. Benlazar se gare le long du trottoir, le flic l'imite et sort. D'un pas nonchalant, la moustache amusée, il vient se porter à la hauteur de la portière du Français.

— Encore des insomnies, lieutenant ?

— Je vais finir par croire que votre seul travail est de me surveiller, commissaire.

— Ce n'est pas vrai : j'ai aussi les chiens écrasés et les gamins qui font l'école buissonnière pour m'occuper.

— Je me disais bien qu'il y avait d'autres problèmes importants en Algérie, en ce moment…

Un groupe de jeunes gens, filles et garçons, passent sur le trottoir en riant. Les deux hommes les regardent : ce n'est pas si fréquent en ces temps troubles à Alger. Filali fait un mouvement, peut-être veut-il leur dire de ne pas trop traîner dans les rues à cette heure, mais il se ravise.

— Vous n'êtes pas sans savoir que les kidnappeurs de vos collègues français se sont fait tuer par le 25e régiment de reconnaissance, n'est-ce pas ? Parmi eux se trouvait un dénommé Raouf Bougachiche, qui habitait la Casbah. Sa fiancée y réside toujours.

Filali se promène la nuit dans Alger parce qu'il aime ça. Rien à voir avec des crises d'angoisses.

— Nous, en bons policiers, on fait notre boulot. Et notre boulot, c'est d'essayer de remonter la piste des kidnappeurs jusqu'aux commanditaires.

Il tire une cigarette de son paquet, Benlazar le devance en sortant une Gitane.

— J'ai placé deux de mes hommes, de parfaits idiots, pas très loin de son appartement. Et devinez ce que me racontent ces deux idiots ? Un officier de la DGSE française se promène certains soirs rue Arbadji-Abderrahmane. Le hasard, n'est-ce pas ?

— J'aime la Casbah, la nuit, c'est un crime ?

Filali tire une longue bouffée, il sourit toujours.

— Il y a des choses qui ne sont pas interdites mais qu'il ne faut pas faire pour autant, lieutenant. C'est ce qu'on appelle communément le bon sens.

Il écrase sa cigarette.

— Qu'est-ce que vous foutez avec la petite Boutefnouchet, lieutenant ?

Et il cesse de sourire.

— On a appris que vous aviez fait une demande de visa pour elle. Vous êtes cinglé ou quoi ? Vous imaginez si ça se sait en haut lieu ? Un agent de la DGSE qui essaye d'exfilter la fiancée d'un terroriste…

Il secoue la tête, sincèrement déçu. Puis il semble réfléchir, quelque chose lui traverse l'esprit.

— Je ne sais pas ce que vous faites réellement, lieutenant, mais vous devriez arrêter ça tout de suite.

Il donne une tape amicale, quoiqu'un peu rude, au Français.

— Je ne voudrais pas vous retrouver, un matin, sur une plage, avec une balle dans la nuque. Ça me peinerait beaucoup.

Il remise son sourire derrière sa moustache et retourne à sa voiture, l'air sceptique.

Benlazar ne peut s'empêcher de l'aimer, ce flic. Bien sûr, il ne sera pas celui qui contredira l'ordre établi. Il pourrait même être un de ceux qui le défendraient bec et ongles. Mais il y a quelque chose chez lui de réglo, de sain peut-être bien. Lui, on peut en être sûr, il ne mettra jamais en danger une jeune femme pour des raisons obscures. Tant pis. Benlazar a accepté, plusieurs années auparavant, de ne pas être quelqu'un de bien. Un jour, il n'a pas pu être à la hauteur de sa tâche. Ce jour-là, quelque chose s'est fissuré en lui, la petite carapace qui le protégeait de la médiocrité partagée par tant de ses contemporains a cédé. Alors tant pis si Filali est meilleur que lui.

Il reprend sa route au hasard des avenues du centre-ville. Si les flics algériens s'intéressent à Gh'zala, le DRS peut très bien s'y intéresser aussi. Il doit donc agir au plus vite. Demain matin, il appellera une dernière fois Évelyne. Les filles seront peut-être là, il leur dira qu'il les aime toutes les trois. C'est vrai : il les aime tant. Il aime aussi Gh'zala, mais ça ne posera aucun problème.

***

Au début, on a dit qu'il n'y avait rien, qu'il n'y a jamais rien au début. C'est faux, au début il y a au moins le rien et ce rien suffit pour établir une idée totalitaire, destructrice ou nihiliste.

Mais c'est vrai qu'au début de la al-Jama'ah al-Islamiyah al-Musallaha, le GIA, il n'y avait pas vraiment de hiérarchie, pas d'organisation. Mansouri Meliani et Abdelhak Layada ont mis en place la première structure du GIA, en lien avec le FIS. C'est ce que Benlazar a entendu de la bouche du prisonnier interrogé au CTRI d'Haouch-Chnou.

Mais le principal instigateur du GIA a sans doute été Abdelkrim Gharzouli, un « Afghan » algérien, appartenant au comité consultatif d'une organisation dirigée par un saoudien et basée en Afghanistan, Al Qaïda.

Bellevue griffonne sur la feuille : Al Qaïda, danger ? Il verra ça plus tard. *C'est dingue, quand le diagnostic est posé et que la vie n'est plus qu'une question de mois, toutes les choses que l'on peut remettre à plus tard*, se dit-il. Il pense en premier lieu à son mariage avec Fadoul. Ça, il faut qu'il arrête de le remettre à plus tard.

En mai 1992, Djafar « el Afghani » prend la tête du GIA. Il ordonne aux étrangers de quitter le pays et déclare que ceux qui le combattront par les mots ou les écrits périront par le sabre. En février dernier, El Afghani est abattu par l'armée algérienne sur les hauteurs de la capitale. Chérif Gousmi lui succède. D'autres hommes attendent leur heure. Elle ne tardera pas.

— La mienne non plus, murmure Rémy de Bellevue.

— Tu m'as parlé ? demande Fadoul Bousso, assise dans un fauteuil du salon.

— Non, non.

C'est vrai, son heure à lui non plus ne tardera pas. Les toubibs lui ont fait passer un scanner après qu'il s'est cassé la gueule dans son bureau. Le cerveau est touché. Tous les quinze jours, on lui injectera une saloperie censée réduire ses tumeurs. Il n'a qu'une confiance limitée en ces traitements de cheval. Fadoul s'est amusée de cette expression : « Traitement de cheval, c'est drôle, non ? Toi, tu es têtu comme un âne, plutôt. » C'est elle qui le maintient en vie, qui lui donne la force de travailler encore aujourd'hui.

Même Chevallier lui a demandé de lever le pied, d'y aller doucement. Bellevue a eu un sourire ironique : sans lui, la cellule Algérie serait juste une coquille vide. Quant aux dossiers qu'il constitue chez lui, il ne voit que Benlazar pour savoir qu'en faire. Chevallier, Gombert et tous les autres n'accepteront jamais les recoupements et les théories qui en constituent les fondations.

Fadoul se consacre à la préparation de leur mariage. Il lui laisse le champ libre, ça lui permet de ne pas s'en soucier. Il sait qu'elle s'active secrètement : il y a quelque temps, elle a même fouillé dans ses affaires et dans son carnet d'adresses. C'est bien, ça l'occupe, ça lui évite de penser qu'elle sera peut-être veuve d'ici peu.

Il est triste d'une seule chose : l'abandonner. Cependant Fadoul est largement capable de se débrouiller seule, même en France. Peut-être plus capable qu'une Française. Il sait qu'au Tchad elle a traversé des situations extrêmement dangereuses.

Bellevue reprend sa lecture : cette putain d'enquête ne peut pas être remise à plus tard, elle. Il compile des notes, son organigramme du GIA prend forme. Les liens de l'organisation islamiste avec le pouvoir, les militaires, le DRS ne sont encore que supputations. Et au milieu, la clé de voûte peut-être, la courroie de transmission sans aucun doute, un colonel aux lunettes trop clinquantes. Voilà l'incroyable ossature qu'il est en train d'exhumer, squelette d'une bête qui dévore un pays et qui s'apprête à en dévorer un autre, la France. Bellevue y croit ; pour l'instant, avec Benlazar, ils sont seuls à y croire.

À la Boîte ou plus haut encore, place Bauveau et au Quai d'Orsay, qui accepterait d'imaginer que les deux hommes dont il surligne les noms en jaune vif pourraient être les envoyés directs des militaires algériens au sein du GIA ?

— Djamel Zitouni et Ali Touchent, murmure-t-il.

— Tu commences à parler tout seul comme un vieux, remarque Fadoul.

— C'est un peu ce que je suis.

Il sait que Benlazar, Gombert et les autres l'appellent « le Vieux ». Il a toujours aimé ça. Quand il était à Alger, valide, opérationnel, « le Vieux », c'était le surnom viril d'un homme qui avait de l'expérience, à qui l'on pouvait se fier. Maintenant, gavé d'antidouleurs et de substances chimiques qui lui bousillent les organes, le Vieux est devenu un vieillard. S'il avait pu s'imaginer, au Togo, au Tchad ou même à Alger qu'il finirait avec des tuyaux dans le nez, les yeux rivés sur le plafond blafard d'un hôpital parisien… peut-être qu'alors il aurait ri.

Zitouni et Touchent ont eu des liens trop étroits avec le DRS, et particulièrement avec le colonel Ghazi Bourbia. Les deux noms sont remontés d'un indic de Benlazar, un certain Khaldoun Belloumi, croit se souvenir Bellevue. Belloumi travaille au centre de communication du CLAS à Beni Messous, autant dire qu'il est en mesure d'entendre des choses fort intéressantes pour la DGSE. Ces liens ont d'ailleurs été confirmés par nombre des anciens correspondants de Bellevue en Algérie.

Dans certains milieux de l'ombre, à Alger, les noms de Zitouni et Touchent circulent. Malgré leur récurrence, ces affirmations ne tiendront pas devant la direction de la DGSE, encore moins devant ces messieurs les ministres. Il soupçonne carrément le ministère de l'Intérieur d'être déjà plus ou moins au courant des liens contre-nature entre les barbus et les galonnés. Tout le monde sait que Jean-Charles Marchiani était à Alger lorsque les époux Thévenot et Fressier ont été enlevés, Gombert lui a même servi de chauffeur.

Que fout Benlazar ? s'emporte-t-il en refermant le dossier sur ses genoux. Il devient de plus en plus difficile de le joindre. Gombert affirme que tout va bien, qu'il tient ses gars. *Tu parles*, pense Bellevue en tapotant nerveusement la couverture cartonnée : depuis le départ de Berthier, il n'est même pas certain qu'il y ait un agent en poste à Constantine. Les autres, ailleurs dans le pays, font profil bas, c'est comme s'ils ne servaient à rien. Et Benlazar qui ne répond qu'une fois sur dix…

— Ça ne va pas, Rémy ?

Il a un sourire pour Fadoul, incapable de lui cacher sa nervosité.

— Tu devrais prendre du recul avec tout ça.

— Tout ça, quoi ? fait-il stupidement.

— L'Algérie.

Il hoche la tête : comment pourrait-elle comprendre qu'il ne se bat pas contre des hommes, mais que le temps est son principal ennemi ? Depuis deux ou trois mois, la violence s'exerce de plus en plus contre les étrangers. Les enlèvements et meurtres d'expatriés se multiplient. C'est nouveau. Pour lui, ça préfigure son cauchemar : l'extra-territorialisation de la guerre civile algérienne en Europe. Ça se rapproche, il en est certain. Bellevue sent que son cauchemar va devenir réalité. Il en veut à ses chefs de leur cécité, il en veut au pouvoir de ses intrigues, il en veut au cancer de sa malignité. Il s'en veut aussi, il ne sait pas trop pourquoi.

— C'est vrai, ce qu'ils disent ?

Il émerge et dévisage Fadoul. Elle lui montre la télé, il n'a pas fait attention qu'un journaliste en direct de Kigali venait de donner des chiffres effrayants.

— C'est vrai qu'il y aurait 300 000 morts ?

— Je crois, oui.

Le regard de Fadoul trahit son abattement.

Bellevue fixe l'écran mais il sait que les chiffres qui circulent dans les cercles autorisés – et la DGSE en est un – font déjà état de 500 000 morts, voire 700 000. On parle de génocide. D'un génocide tel que les nazis doivent s'en retourner de jalousie dans leur tombe.

— Tu ne voudrais pas regarder un film, plutôt ? suggère-t-il en lui caressant doucement le bras.

Elle acquiesce d'un sourire et éteint le journal télévisé.

***

Désormais, lorsqu'elle rentre chez elle, Gh'zala Boutefnouchet a peur. Avant elle n'avait pas peur, elle savait que la violence pouvait s'abattre sur n'importe qui, à n'importe quel moment. Mais c'était une possibilité qu'elle avait intégrée et cette possibilité n'avait pas de visage, pas de forme.

Depuis que le Français lui a dit qu'elle était en danger, que la police ou la sécurité militaire pouvait essayer de l'éliminer comme un témoin gênant, elle a peur et elle se sent surveillée en permanence.

— Je deviens folle, comme ce pays, murmure-t-elle en marchant sur les trottoirs de la Casbah.

Elle ne devient pas folle, mais peut-être seulement paranoïaque, ce qui est une forme de folie, songe-t-elle tandis qu'elle a l'impression que deux hommes la suivent. Ils étaient là, à la sortie de la faculté Ben-Aknoun. Elle les a remarqués parce qu'ils n'ont pas l'air d'étudiants ni d'islamistes. En fait, maintenant qu'elle y pense, ils ont la dégaine de Tedj, le Français : quelque chose de trop neutre dans leur attitude et de trop passe-partout dans leurs vêtements.

Elle essaye de se raisonner : la paranoïa, c'est croire que les gens normaux ne le sont pas. Mais ça ne fonctionne pas, car ces deux hommes sont encore là lorsqu'elle remonte la rue Arbadji-Abderrahmane. Elle décide de ne pas s'arrêter chez elle. La rue est pleine de monde, les boutiques sont ouvertes, quelques terrasses accueillent des consommateurs sous l'œil de militants barbus qui, sans le laisser paraître, vérifient qu'il n'y a pas d'alcool dans les verres. Cette surveillance rappelle à tous que la Casbah est un fief officieux des mouvements islamistes. On dit que même le GIA y a des bases militaires.

Gh'zala continue jusqu'au marché Djamaa-Lihoud, entre la rue Bencheneb et la rue Ali-Amar. Ici, il y a beaucoup de monde, elle ne risquera rien. Les vendeurs parlent fort et les clients leur répondent par des haussements d'épaules. Des enfants courent çà et là. La vie a l'air de suivre son cours normalement. Elle fait mine de regarder les étals de primeurs et les deux hommes passent dans son dos. Ils rigolent.

Elle leur jette un coup d'œil par-dessus son épaule : ils s'approchent de deux jeunes femmes et les saluent. Ils s'éloignent, presque bras dessus bras dessous – mais bras dessus bras dessous, c'est maintenant licencieux dans la Casbah.

Gh'zala sourit : oui, la paranoïa, c'est croire que les gens normaux, les gens comme elle, ne le sont pas.

Les deux hommes et leurs compagnes ont disparu, pourtant la jeune femme se sent toujours épiée. Elle continue de flâner et essaye de repérer quelque chose de louche. Mais tous les gens autour d'elle pourraient être des indicateurs de la police ou des militants islamistes. À y réfléchir, elle ne reconnaît plus son quartier, sa ville, son pays. Et peut-être ne distingue-t-elle plus ses amis de ses ennemis.

Pourtant la Casbah vit, elle résonne de la vie. Gh'zala se souvient de ses parents qui n'ont jamais voulu quitter l'Algérie. Même aux pires moments, disait son père, même quand Ali-la-pointe s'est fait sauter un peu plus loin, rue des Abdérames, et quand les Français pourchassaient les terroristes dans la ville, lorsque n'importe qui risquait d'être emprisonné ou même d'être assassiné par les jusqu'au-boutistes de l'OAS. Ils n'ont jamais voulu quitter leur terre, même quand le système unique du colonel

Houari Boumédiène restreignait les libertés individuelles. Ils n'auraient pas voulu la quitter même durant cette période noire, elle en est certaine. Ses parents sont morts dans un accident de la route. Elle était trop jeune pour conserver l'épicerie, et d'ailleurs, celle-ci ne valait rien. Seul lui est resté le petit appartement au 7 de la rue Abderrahmane. Raouf l'a beaucoup soutenue à l'époque. Un an plus tard, des collègues à la poste l'invitaient à une réunion du FIS.

Elle lève les yeux vers les deux hautes tours de la mosquée Ketchaoua qui s'élèvent dans le ciel bleu. Elle observe les Algérois vaquer à leurs achats, rire et se crier dessus ; sa ville est belle, vivante malgré tout, et elle l'aime. Elle déteste sa violence et sa corruption, mais elle aime ses rues et ses habitants, l'espoir de ses habitants.

***

Slimane Bougachiche n'a plus d'états d'âme. Avec le 25e régiment de reconnaissance, il a tué beaucoup d'hommes. Quelques femmes aussi. Il est aux ordres d'un pouvoir qui se défend contre des ennemis qui veulent établir un califat en Algérie, imposer la charia et un islam d'une rigueur terrible. Eux aussi tuent, violent et terrorisent. Ce pouvoir est en guerre, Slimane Bougachiche est un guerrier.

Lorsqu'il s'est engagé dans l'armée, il voulait rester honnête, droit, propre, se souvient-il. Sauf que la guerre ne rend pas les hommes meilleurs, elle les transforme en bêtes féroces.

Ce matin, chez lui, il a reçu un coup de téléphone du Centre de commandement de lutte anti-subversive, à Beni Messous. C'était un sous-officier qui transmettait les ordres et venait aux renseignements : on lui demandait où en était sa mission. Il a répondu qu'elle avançait, que ce n'était plus qu'une question de jours. Ce n'était pas le CLAS qui voulait des nouvelles ; c'était le DRS, le colonel aux lunettes cerclées d'or, certainement. Bougachiche a raccroché brutalement puis s'est rendu à la sortie de l'université Ben-Aknoun.

Il n'y a plus beaucoup d'étudiants, l'été. Des doctorants, des professeurs... Très peu de jeunes femmes continuent leurs études assidûment au point de venir à la faculté au mois d'août. Au bout d'une heure, il a vu Gh'zala en sortir. Il l'a suivie discrètement, il sait se rendre invisible. La jeune fille semblait pourtant méfiante : elle ne s'est pas arrêtée chez elle, au 7 rue Abderrahmane. Bougachiche a même cru qu'il avait été repéré. Ç'aurait été vraiment problématique, il aurait fallu passer à l'action sur-le-champ avec le risque de se faire coincer.

Sa mission ne l'enchante pas, loin de là. Éliminer Gh'zala est un crève-cœur, même pour une bête féroce comme lui. Son ex-belle sœur n'a rien fait pour mériter une telle fin. Elle est jeune, intelligente, et sa vie aurait pu être longue et passionnante. Mais Bougachiche obéit aux ordres. Il n'obéit pas seulement parce qu'il croit en la cause qui l'a poussé à devenir un soldat d'élite. Il obéit surtout à ce que lui a répété Yamina : « Quoi qu'il t'en coûte, ne meurs pas. » Alors, même si son couple a du plomb dans l'aile, même si sa femme le regarde comme un étranger, et s'il peut lire la peur dans ses yeux, il ne mourra pas. Quel qu'en soit le prix.

« Quoi qu'il t'en coûte, ne meurs pas. » Loin de son unité, de ses compagnons d'armes, habillé en civil, il ne s'est jamais senti aussi vulnérable. Lorsqu'il observe Gh'zala, absorbée dans la contemplation des légumes sur un étal du marché Djamaa Lihoud, il a le sentiment qu'il n'a jamais autant risqué sa vie. L'inquiétude le gagne soudain, elle se change rapidement en peur irraisonnée, la peur de mourir. Un instant, il pense dégainer son pistolet, loger une balle dans la tête de la jeune fille et s'enfuir en courant par la rue Bencheneb. Il rejoindrait alors le 25e à Lakhdaria dans la soirée. Mais il doit prendre des précautions : s'il se fait choper, ses chefs le feront tuer. Le colonel Bourbia n'est pas du genre à s'encombrer de témoins gênants. Ici, dans la Casbah, s'il tirait sur Gh'zala, il ne ferait pas 100 mètres.

Il ravale sa salive, s'efforce de respirer normalement. Son ennemi est une étudiante de vingt-quatre ans : il ne risque rien, tente-t-il de se convaincre. Mais ce n'est pas vrai : son ennemi n'est pas cette femme. Il est bien plus puissant et Bougachiche est à ses ordres. Il n'est pas assez aveuglé par son engagement pour ne pas comprendre que si Gh'zala parle, il en subira les conséquences. La mort peut-être, ou la relégation dans un camp d'internement dans le sud du pays. Et Yamina et sa mère seraient elles aussi tenues pour des témoins gênants.

Son ennemi, ce sont ses chefs. Il n'en revient pas de penser ça. Quel homme est-il devenu pour penser ça et accepter de continuer à servir ses chefs ?

Gh'zala lève les yeux au ciel vers la mosquée de la rue Aoua-Abdelkader. Elle a l'air apaisée, comme protégée par les deux tours byzantines. Bougachiche se demande comment elle peut être si sereine. Raouf est mort, le pays sombre dans une guerre intestine, des morts innocents sont relevés tous les jours et toutes les nuits, et elle, son visage reste celui d'un ange.

Il continue à la suivre lorsqu'elle retourne vers la rue Abderrahmane. Il a tué son frère, il doit tuer un ange maintenant. Bougachiche secoue la tête pour en expulser ces idées stupides. L'Algérie a besoin de lui, elle a besoin d'hommes qui exécutent les ordres sans états d'âme : la survie du pays est à ce prix. Il n'y a pas d'ange, il n'y a même pas de frère qui tienne dans cette guerre sans merci.

L'angoisse s'estompe et finit par disparaître, le lieutenant Slimane Bougachiche a réintégré son uniforme mental lorsqu'il abandonne Gh'zala au pied de son immeuble.

***

Il ne doit pas être loin de 6 h 30. Le soleil éclaircit le ciel depuis peu, au-dessus des immeubles de la cité Ain-Allah. C'est là que logent l'essentiel du personnel diplomatique et les gendarmes de l'ambassade de France.

Alger se réveille lentement. En fin de compte, la ville est agréable. Valenciennes est loin et, à tout prendre, le ciel est plus beau ici. Bien sûr le pays est plongé dans le chaos, mais pour les Français, en faisant attention et en respectant les procédures de sécurité, la ville reste agréable.

Au loin, deux voitures de la police s'arrêtent devant les grilles de la cité.

Un vigile ouvre les portes.

Les huit flics sont armés, ils échangent quelques mots avec deux fonctionnaires de l'ambassade de France à l'entrée puis se dirigent vers les bâtiments.

Le gendarme Christophe Magnier s'avance vers eux. Ce matin, il doit relever ses deux collègues à l'entrée. Il fera équipe avec Fabrice Descamps.

— Bonjour, dit-il tranquillement. Que se passe-t-il ?

Descamps arrive derrière lui.

Immédiatement, les flics ouvrent le feu.

Magnier reçoit une balle au menton, à gauche ; elle ressort par le cou, à droite. Il s'écroule, suffoque, pense que ça y est, c'est la fin. Le ciel est plus beau qu'à Valenciennes, mais c'est la fin.

Il a encore le temps de voir la scène d'horreur qui se déroule à quelques mètres de lui : les faux flics vident leurs chargeurs sur les Français. Descamps est abattu, deux autres de ses collègues, Jean-Michel Serlet et Stéphane Salomon, aussi. Les deux employés de l'ambassade sont également fauchés.

Et puis, tout devient flou, Magnier se sent glisser. Il comprend que les assaillants remontent en voiture et essayent de l'écraser. L'un d'eux le voit peut-être bouger, il lui tire dessus et deux brûlures lui déchirent le ventre. La douleur est insoutenable, le gendarme ferme les yeux.

Il est presque 7 heures, le mercredi 3 août 1994, à Alger.

***

Cinq morts, un blessé dans un état désespéré. Carton plein à l'ambassade de France.

Le GIA n'a plus peur de rien. Si c'est bien du GIA qu'il s'agit. Bien sûr, la revendication est tombée via *Al Ansar*, le quotidien londonien.

Mais combien sont-ils, comme Benlazar, à se demander comment les meurtriers se sont procuré autant d'uniformes et deux véhicules de police ? Les terroristes avaient forcément des complicités au-delà de la sphère islamiste.

Complicités, amitiés, manipulations : ces mots tournent dans sa tête. Il vient d'avoir Bellevue au téléphone. Le Vieux avait une voix d'outre-tombe, il ne doit pas passer des heures agréables. Lui non plus ne croit pas que l'attaque ait pu s'organiser sans éveiller quelqu'un du côté du DRS – et sans qu'on ait demandé à ce quelqu'un, à tout le moins, de se rendormir.

Le capitaine Gombert est effaré, perdu au milieu du parking de la cité Ain-Allah, perdu au milieu du chaos algérien. Ce sont ses camarades qui gisent, là, sur le sol, sous des couvertures siglées de la police algérienne. Ç'aurait pu être lui.

Un employé de l'ambassade lui tend une feuille de papier et, en regardant les corps, dit :

— On ne leur a rien fait. Pourquoi ils s'en prennent à nous ?

Benlazar retient un rire cynique qui lui obture la gorge. *Pauvre con, va*, lâche-t-il *in petto* tandis que le type s'éloigne.

Gombert lui donne le papier qui dit : « Le Premier ministre, M. Édouard Balladur, a décidé que les gendarmes

Fabrice Decamps, Stéphane Salomon et Jean-Michel Serlet, ainsi que M. Gérard Tourreille, fonctionnaire du ministère des Affaires étrangères, et M. Armand Bard, fonctionnaire du ministère du Budget, qui ont été assassinés ce matin lors de l'attentat perpétré à Alger contre un immeuble abritant des fonctionnaires français, seraient cités à l'Ordre de la Nation. » Déjà. Les honneurs posthumes ne traînent jamais en France.

— Pauvre con... murmure Benlazar.

Gombert et lui s'approchent d'une camionnette que des flics en civil auscultent.

— C'est bon, déclare un officier en uniforme de la gendarmerie : elle est désamorcée.

En partant, les assaillants ont abandonné le véhicule bourré d'explosifs. La bombe n'a pas fonctionné.

— Putain ! Ç'aurait été un carnage... dit Gombert.

Il a cet air désemparé qui sied si mal à sa fonction.

Les civils, à leurs fenêtres, ont le même air que lui : comment se peut-il que la France se laisse ainsi attaquer ? Beaucoup vont faire leurs valises dès ce soir.

— Et à Paris, ils disent quoi ?

Gombert secoue la tête.

— On attend. Mitterrand ou Balladur vont faire une déclaration. Après, la direction nous dira quoi faire.

— Franchement, tu crois qu'il y a quelque chose à faire ?

Gombert ne répond pas.

Tout à l'heure, Bellevue a simplement dit : « Ils nous mettent au pied du mur, ils doivent bien rigoler, tiens. » Et tout de suite il a demandé : « Et toi, comment tu vas, Tedj ? Il paraît que Gombert se fait des cheveux gris à ton propos. Donne-lui des infos, même de dernière main. Fais comme si tu le tenais au courant, fais-lui sentir que tu es là, que tu bosses – tu bosses, hein, Tedj ? Donne le change, Tedj, sinon le colonel Chevallier va finir par te remonter les bretelles. Parce que, tu vois, je ne vais plus pouvoir te couvrir longtemps. » Il a mis la main devant le combiné, Benlazar l'a entendu tousser, ou geindre. Puis il a repris la conversation sur tout autre chose : il a demandé des nouvelles d'Évelyne et des filles et n'a même pas attendu la réponse, il a conclu par : « Fais gaffe à toi, Tedj. »

— Je vais aller faire un tour à Haouch-Chnou, dit-il à Gombert. Peut-être que Djebbar ou Allouache savent quelque chose. Peut-être qu'ils voudront bien m'en dire plus, de ce quelque chose.

Gombert le retient par le bras.

— Tu sais que Bellevue n'en a plus pour longtemps ?

Benlazar n'essaye pas de se soustraire à l'emprise des doigts de son supérieur.

— Tu sais qu'il ne va plus pouvoir arrondir les angles très longtemps avec la Boîte ? Fais pas le con, Tedj. Tu as vu le merdier dans lequel on patauge ?

Il relâche sa prise.

— Et puis, me laisse pas tomber, Tedj. Tous les mecs veulent décarrer d'Algérie, ils veulent tous rentrer à Paris. Depuis que Berthier s'est cassé de Constantine la queue entre les jambes, tous les jours je reçois un coup de fil d'un agent persuadé d'être ciblé par le GIA qui me demande un rapatriement d'urgence. Putain, la DGSE est devenue une colonie de vacances ou quoi ?

Bellevue voit encore les choses, il a toujours son coup d'avance.

— Je te lâche pas, capitaine.

Benlazar l'observe et craint que le chef de poste de la DGSE en Algérie, lui-même, ne se retienne de réclamer son rapatriement.

Il remonte dans sa Renault 21 et prend la direction de la Casbah. Il voit le visage du colonel Bourbia et se demande si, en ce moment, ses yeux pétillent de contentement derrière ses lunettes à monture dorée.

***

Le colonel Ghazi Bourbia a passé la matinée au téléphone. Toujours la même question, plus ou moins enrobée dans des périphrases diplomatiques selon qu'elle vient de ses chefs, de la police ou des diplomates et ministres français : qui est derrière l'attaque de la cité Ain-Allah ? Toujours la même réponse : nous recherchons les coupables et nous serons sans pitié.

Le colonel aux lunettes dorées sait qui se trouve derrière le quintuple meurtre – l'un des gendarmes devrait survivre. C'est Djamel qui a tout organisé. Il en a les moyens maintenant qu'il est le numéro deux du GIA. Tôt ou tard, il supplantera Chérif Gousmi, l'émir. Il faudra peut-être lui donner un coup de main, mais ce n'est qu'une question de semaines pour qu'il obtienne la première place.

Bourbia apprécie son travail. Certes, il lui faut prendre d'extrêmes précautions, mais le jeu de quilles qu'il a mis en place satisfait ses chefs et pourrait bien, à terme, lui permettre d'accéder à un poste important : chef du DRS, chef d'état-major ou pourquoi pas, ministre. Ce serait mérité, après tout. Ghazi Bourbia a beaucoup donné à son pays. Et en cela il a été aidé par son instinct.

Déjà, en 1962, jeune sous-officier à l'expérience limitée, il a fait le bon choix : Ahmed Ben Bella et Houari Boumédiène plutôt que Mohamed Boudiaf et Krim Belkacem. Il se souvient de soldats de valeur qui, eux, ont pris le mauvais parti. L'un des chefs de la Casbah à Alger, Si Laïfaoui, lui reste particulièrement en mémoire. Celui-là, c'était un pur, un intransigeant qui avait choisi le Gouvernement provisoire de la République algérienne. Tu parles, aujourd'hui il doit vieillir dans une cité HLM d'une banlieue française en ressassant son aigreur. Bourbia, lui, est prêt à toucher à la gloire.

En janvier 1992, il a soutenu le coup d'État, et le mois suivant, l'instauration de l'état d'urgence. Il a intégré le cercle des « janviéristes » : le chef d'état-major, le général

Mohamed Lamari ; son chef direct, Mohamed Médiène, le patron du DRS ; Smaïn Lamari, chef de la DCE et numéro deux du DRS ; Khaled Nezzar, le ministre de la Défense nationale, et d'autres encore. Ce sont eux les vrais maîtres du jeu en Algérie.

Il en est là, tirant lui aussi les ficelles d'un jeu qui pourrait lui valoir les honneurs suprêmes.

Ou l'élimination, en cas d'échec.

Car derrière l'unité de façade de l'armée face à la barbarie des islamistes, les guerres fratricides font rage entre les officiers de haut rang. Il n'y a pas de fraternité militaire qui tienne longtemps face à la convoitise. Et la convoitise anime tous ceux qui approchent de près ou de loin le pouvoir, civils comme militaires.

L'Algérie est riche. Nonobstant la terrible crise économique qui y sévit et la quasi-tutelle du FMI, l'Algérie est très, très riche. Dans le Sahara se trouvent les troisièmes réserves de pétrole d'Afrique et le tiers de son gaz. L'Algérie est un coffre-fort ouvert dans lequel puisent les généraux et les ministres depuis longtemps.

Bourbia n'a pas que des amis, là-haut, parmi les dirigeants du pays. Loin s'en faut. Beaucoup aimeraient voir sa tête rouler, avec celles des autres janviéristes. Beaucoup aimeraient prendre sa place. Au sein de la hiérarchie militaire, deux clans s'opposent : les janviéristes qui sont pour une guerre totale aux islamistes ; et les dialoguistes, avec à leur tête le président Zéroual, qui, pour l'instant, mènent le bal. Mais Bourbia connaît la réalité des forces en présence : 60 % de l'armée algérienne sont stationnés dans l'Algérois et le général Lamari jouit d'un prestige important en son sein. Les janviéristes ont la puissance militaire avec eux. Zéroual ne restera pas longtemps à la tête du pays.

Et puis, il y a ces Français qui se croient encore chez eux. Bourbia s'en méfie. Bon, la DST, passe encore. Des Algériens vivant en France ont même été recrutés pour infiltrer les milieux islamistes là-bas. Et le chef tout-puissant de la sécurité intérieure, le général Smaïn Lamari, n'entretient-il pas des relations étroites et amicales avec les patrons de la DST ?

Le problème viendrait plutôt de la DGSE. Les forces de sécurité algériennes, donc le DRS, sont sous leur surveillance depuis quelques années : des Breguet Atlantique survolent fréquemment l'Algérie, et l'ambassade de France abrite un système d'interception des communications que l'on dit particulièrement performant. Surtout, Jacques Dewatre, le directeur de la DGSE, aurait rencontré des membres du FIS et peut-être même du GIA. Bien sûr, Bourbia ferait la même chose à sa place : rencontrer les différentes parties d'un conflit est une règle avant d'avancer ses pions, rien à dire. Mais pour sa propre survie, les Français ne doivent pas croiser certains témoins qui pourraient leur apporter la preuve de la collusion entre lui et Djamel, entre lui et Ali. Ça, ses chefs ne le lui pardonneraient pas.

Et puis, il y a ce Benlazar. Tedj Benlazar est peut-être le plus dangereux de ces Français. Il y a quelque chose de dérangeant dans son regard, le regard d'un homme qui a vu ce qu'il n'aurait pas dû voir. Ce Benlazar lui ressemble : ils ont la duplicité comme savoir-faire, même si le Français croit que sa duplicité n'est que fidélité à son pays.

Les mauvais coups peuvent donc venir de n'importe où, tant il est vrai que le diable est dans les détails. Bourbia sait donc qu'il faut que le ménage soit bientôt terminé autour de Djamel Zitouni.

— Parfois, pour qu'un arbre croisse, il faut en étêter même les plus belles fleurs, murmure-t-il.

Il se promet d'appeler le supérieur direct de l'homme chargé d'éliminer la jeune femme. Le capitaine Abdelmadjid Laouar se trouve avec son 25e régiment de reconnaissance dans la région de Lakhdaria. C'est un officier sûr, il est de son clan. Il lui ordonnera de presser le mouvement. Car les choses vont aller vite désormais. Il tapote nerveusement son bureau. Les choses vont aller vite, ici en Algérie, puis là-bas en France. Algériens et Français conviendront bientôt que seuls les militaires sont à même de maintenir le pays hors du chaos.

Les doigts de Bourbia se font plus légers sur le bois du bureau. Il y a de l'allégresse dans le tapotement.

— Tout est presque en place, sourit-il.

Oui, ses yeux pétillent de contentement derrière ses lunettes à monture dorée.

***

Ça y est.

Ce matin, il a lu dans la presse que des gendarmes français avaient été abattus par ses frères à Alger. Un commando du GIA a pénétré dans une cité sécurisée et a fait feu. Dommage que la camionnette chargée de TNT n'ait pas explosé…

Khaled s'est dit que son heure approchait. Ça y est.

Et comme il se disait ça, il a reçu un coup de téléphone chez ses parents, en son absence. Sa mère lui a rapporté que quelqu'un avait appelé et déclaré : « Dites à Khaled qu'il nous manque » ou une phrase de ce genre. Avant de raccrocher sans rien ajouter.

— Qui c'était, Khaled ?

Khaled a haussé les épaules.

— Un canular, peut-être.

Mais il a compris que c'était le signal : son djihad commence. Il doit prendre contact avec Khelif qui lui dira quoi faire.

Il remercie sa mère. Elle n'aime pas le virage religieux qu'il a pris, pas plus qu'elle n'a apprécié qu'il aille en prison comme son frère. Mais ce qui attriste par-dessus tout ses parents, c'est qu'il ait gâché la possibilité de s'en sortir grâce aux études. S'en sortir grâce aux études, c'est bien une idée de ceux qui sont arrivés en France trop vieux pour en faire, des études. Parce que lui, à l'instar de toute sa génération – la deuxième génération, comme l'appellent les journalistes –, il sait que les études ne lui auraient rien apporté de plus. Il n'y a pas d'intégration quand on a un nom comme le sien, une peau comme la sienne. Études ou pas, l'intégration, c'est un mensonge de la gauche.

Il sort de l'appartement en adressant à ses parents un sourire qu'il veut plein d'amour. Il va bientôt devoir les quitter pour toujours. Quand on s'engage sur la voie du djihad, il n'y a pas de retour en arrière possible. Pas ici, pas en France, en tout cas.

***

De son corps élancé, Fadoul barre le passage. Elle ne s'opposera pas physiquement à ce que Rémy sorte, mais elle lui assène :

— Où crois-tu aller, avec ta tête de mort-vivant ?

Il écarquille les yeux, prend un air innocent.

— Il faut que j'aille à la Boîte. Cinq Français se sont fait tirer dessus à Alger. Chevallier et les autres m'attendent…

— Chevallier et les autres t'attendent ?

Elle explose d'un rire qu'elle aurait voulu moins théâtral, mais qui porte.

— Les autres, ils se servent de toi, ils te sucent la moelle, oui !

Il gratte pensivement sa tête rasée. Il a fini par dégager les dernières touffes qui parsemaient le haut de son crâne, ça ne lui va pas trop mal.

— Ils ont besoin de moi, Trésor. Je connais parfaitement la situation là-bas.

— Ils te sucent la moelle, je te dis.

Elle hésite un instant et abat une carte qu'elle aurait préféré garder dans sa manche.

— Et ils te mentent.

Il écarquille à nouveau les yeux, intrigué.

— Qu'est-ce que tu racontes ? Tu ne connais pas mes collègues. Comment sais-tu qu'ils me mentent ?

— Je connais Tedj.

Il lâche un rire, lui aussi théâtral.

— Tedj ? Mais Tedj est en Algérie !

Il fronce ce qui lui reste de sourcils.

— Tedj me ment ?

Elle se mord l'intérieur de la joue : elle va briser la confiance qu'il a en Tedj Benlazar, mais il court droit à la mort s'il continue à s'épuiser sur « son » travail. Il court droit à une mort plus rapide, en tout cas.

— Évelyne et ses filles n'habitent pas à Montrouge.

— Ha ha ha ! C'est bien Tedj, ça, tente Rémy sans convaincre personne, ni elle ni lui. Elles ont dû déménager et il n'a même pas cru bon de nous le dire. Il est incroyable, hein ? Toujours séparer le boulot de la famille…

Elle lève un index pour le faire taire.

— J'ai cherché dans tous les annuaires de la banlieue parisienne : Tedj n'y est pas, ce qui est normal, tu me répondras, parce qu'il vit à Blida, c'est ça, hein ? Mais il n'y a pas d'Évelyne Benlazar non plus.

— Et la liste rouge, tu y as pensé ?

Il a balancé ça, mais son regard trahit encore une fois que lui-même n'y croit pas.

— Je vais te laisser sortir, Rémy. Mais à une condition…

Il s'approche d'elle et dépose un baiser sur ses lèvres.

— Quand tu seras à la DGSE, tu fais rechercher Évelyne Benlazar. Si tu me ramènes son adresse et son numéro de téléphone, je te laisserai tranquille jusqu'à…

Elle se tait. Sa peau noire cache le rose qui lui monte aux joues.

— Jusqu'à la fin, tu veux dire, murmure-t-il.

Elle hausse les épaules.

Il dépose un autre baiser sur sa bouche.

— Je fais ça, promis. Ne t'inquiète pas. Tedj est un peu parano. Évelyne doit apparaître sous son nom de jeune fille dans l'annuaire. Et puis, oui, les filles et elle ont sans doute déménagé. Tedj est trop souvent en Algérie pour qu'elles conservent un appartement aussi grand que lorsqu'il vivait avec elles. Voilà.

Elle s'écarte. Il lui caresse la joue et sort.

— Et il faudra que l'on reparle du mariage, Rémy.

— Oui, oui, on va faire ça. À tout à l'heure, je ne rentre pas tard.

Un jour prochain, il ne rentrera pas. C'est à ça qu'elle songe en regardant la porte. Elle ne sait pas comment elle fera sans lui, elle refuse d'y réfléchir. Ça sera plus difficile qu'à N'Djamena, forcément. Ils vont se marier, c'est déjà ça. Elle pourra rester dans l'appartement. Elle ne veut pas retourner au Tchad. Même si la France est un pays étrange, elle s'y sent en sécurité. Ce qui s'est passé au Rwanda l'a terrifiée. Elle pressent que l'Afrique va sombrer dans une phase de violence terrible, que de mauvaises années s'y préparent. Dans quelques jours, elle intégrera une formation de remise à niveau, car ça fait longtemps qu'elle a arrêté ses études ; et d'ailleurs, ses études, ici, en France, on ne les reconnaît pas vraiment. Ensuite elle voudrait s'inscrire à l'université, étudier la géographie ou l'anthropologie. À ce moment-là, elle sera seule, elle le sait.

Il faut vraiment qu'ils reparlent du mariage, mais cette tête de mule de Rémy ne pense qu'à l'Algérie.

***

Tedj Benlazar n'a pas vraiment de plan. Tôt ou tard, il devra faire sortir Gh'zala du territoire algérien. La jeune fille n'est pas encore convaincue, ses chefs à lui ne souscriraient évidemment pas à une telle exfiltration, le DRS et les flics locaux non plus. Mais le massacre, tout à l'heure, à la cité Ain-Allah prouve que ce pays est vraiment devenu fou.

Il a décidé d'aller parler à Gh'zala. Il lui racontera comment des gendarmes français entraînés, armés, dans une enclave protégée se sont fait tirer comme des lapins par des terroristes revêtus de l'uniforme de la police algérienne. Si les Français ne sont plus en sécurité dans une résidence soi-disant sécurisée, comment une jeune femme le serait-elle dans la Casbah ?

Dans la petite pièce qui jouxte le bureau du capitaine Gombert, il y a un râtelier d'armes : des Famas, des fusils à pompe et un fusil de précision McMillan Tac-50. Il prend le fusil à lunette, le glisse dans un étui et fourre dans ses poches des boîtes de munitions calibre 50.

Son idée, c'est de trouver un poste d'observation sur une terrasse, face au 7 de la rue Arbadji-Abderrahmane. Il n'est pas assez dingue, ou même assez stupide, pour ne pas comprendre que son plan n'en est pas un. Mais pour l'instant, il n'arrive pas à prendre du recul. Tant qu'il n'a pas de nouvelles de sa demande de visa pour la jeune femme, il ne semble pas y avoir d'autre solution. Peut-être pourra-t-il au moins protéger Gh'zala chez elle.

Mais, bon Dieu, la protéger contre qui ?

L'étui et le fusil lui paraissent soudain peser des tonnes. Il les laisse glisser au sol et retire les boîtes de munitions de ses poches.

— Qu'est-ce que je déraille ?

Il a le sentiment de ne plus maîtriser ses pensées. Ça, c'est l'angoisse qui revient. Il tente de s'appuyer contre le mur, se retient à une chaise. Ce n'est pas le lieu pour faire un malaise : comment expliquerait-il sa présence dans l'armurerie de l'ambassade si on le retrouvait inanimé ?

Il souffle bruyamment : pas question de tomber dans les pommes, merde !

Alors il replace le fusil de précision sur le râtelier, les boîtes de munitions dans un tiroir. L'angoisse lui triture l'estomac. Un violent vertige l'assaille.

— Calme-toi, c'est pas le moment de se laisser aller…

Mais il ne parvient pas à se calmer. Il se voit tentant de surnager dans un océan déchaîné. Est-ce lui qui débloque, ou tout s'accélère réellement ?

Ses jambes ne le portent plus, il se laisse tomber à genoux. Sa respiration s'accélère en même temps que sa trachée se resserre. Et il se voit à genoux, suffoquant dans ce réduit, incapable d'esquisser le moindre geste.

Cette sensation de sortir de son corps, il s'en souvient. Le sentiment d'être ballotté sans plus rien maîtriser et que le temps ne s'écoule plus fluidement, tout cela vu de haut, de très haut. Il l'a déjà éprouvé plusieurs fois, comme les répliques d'une formidable secousse sismique.

La secousse sismique originelle, elle, a eu lieu le matin du 23 octobre 1983 à Beyrouth.

Le sergent Benlazar du 1er régiment de chasseurs parachutistes se réveille en sursaut. Au loin, il vient d'y avoir une terrible déflagration (trois minutes avant l'explosion).

Une impression bizarre monte en lui. On dirait qu'il voit l'avenir, mais l'avenir est noir, bouché, un trou sans fond. Il pense à Évelyne et aux deux filles ; Vanessa vient d'avoir trois ans. Il se force à quitter son lit dans une chambre du deuxième étage d'un immeuble du quartier Ramlet-El Baida. Ça s'agite dans les pièces à côté. Il dégringole l'escalier quatre à quatre (deux minutes trente avant l'explosion).

Dans la cour, quelques-uns de ses camarades montrent du doigt l'épaisse colonne de fumée qui s'élève dans le ciel, au sud de Beyrouth, en direction de l'aéroport. Des centaines de pélicans blancs volent, dérangés par la déflagration (deux minutes avant l'explosion).

La journée promet d'être belle et chaude. On pourrait déjà entendre les bruits de la ville qui se réveille si des sirènes d'ambulance ne sifflaient pas de toutes parts.

— Y s'passe quoi, sergent ? fait un soldat en se penchant

à la fenêtre du troisième étage (une minute quarante-cinq avant l'explosion).

Benlazar ne sait pas ce qui se passe.

Un lieutenant et un adjudant se tiennent à l'entrée du garage, en face du portail principal. Ils pensent comme Benlazar : il s'agit de garder son calme et d'attendre les ordres.

Au niveau du premier étage, derrière des fortifications en sacs de sable, un soldat est appuyé sur une mitrailleuse FN Minimi disposée sur trépied. Il tire sur sa cigarette, le regard inquiet (une minute avant l'explosion).

Un autre soldat se pointe à l'entrée du bâtiment.

— C'est le quartier général américain qui a été touché ! gueule-t-il, hors de lui (quarante-cinq secondes avant l'explosion).

À ces mots, les deux officiers foncent dans le garage, les deux soldats à côté de Benlazar les suivent.

— On prend une jeep et on va voir sur place ! décide le lieutenant (trente secondes avant l'explosion).

Le sergent Benlazar ne bouge pas, il ne parvient pas à faire taire cette impression sinistre. L'air est électrique, comme si un orage allait éclater.

Il passe sur le côté du bâtiment. Deux hommes de sa compagnie boivent un café et fument la première cigarette de la journée. Comme d'habitude, ils se retrouvent là pour échanger quelques mots, parfois une blague vulgaire sur les filles du coin. Rien d'autre qu'un réveil entre soldats, face au soleil qui se lève.

— Vous avez entendu, les gars ? interroge Benlazar en débarquant devant la tente (dix secondes avant l'explosion).

Les deux caporaux lèvent vers lui des yeux embués par le sommeil.

— T'inquiète, Tedj, c'est les bicots qui se foutent sur la gueule (cinq secondes avant l'explosion).

Le caporal fait la moue : Benlazar est à moitié bicot.

— Non, là, c'est les Ricains qui viennent d'en prendre plein la gueule, répond Benlazar (une seconde avant l'explosion).

Et puis, c'est comme si la terre se renversait. Et la terre s'est bien renversée.

C'est comme si le bruit avalait toute vie. Et le bruit a bien avalé toute vie.

C'est comme la fin du monde. Et c'est bien la fin du monde.

Le souffle projette le sergent Benlazar très loin de ses camarades qui, eux, sont réduits en bouillie par les tonnes de béton tombant du ciel.

La détonation a été tellement puissante qu'on a cru à un roulement de tonnerre qui n'en finissait plus. Tedj Benlazar pense : *Cette fois, les bicots, c'est à nous qu'ils en foutent plein la gueule.*

Il hurle. Et il se voit hurler, comme s'il avait quitté son corps.

Il a la sensation incroyable de voler. Et il se voit voler.

Puis le noir se fait. Un noir poisseux. Un trou sans fond, noir et poisseux dans lequel Benlazar se voit sombrer.

Combien de temps est-il resté à genoux dans l'armurerie ? Quelques minutes tout au plus, mais il a l'impression que sa disparition n'est passée inaperçue pour personne, que Gh'zala n'en est que plus en danger.

Il se lève, un peu groggy. Il lui faut encore quelques minutes pour recouvrer ses esprits. Il n'avait pas revu Beyrouth depuis longtemps.

Mais ici c'est l'Algérie, et il doit en faire sortir Gh'zala.

Il quitte le réduit. Son visage qu'il croise dans un miroir le ferait presque sourire tant il est celui d'un idiot, blafard et dégoulinant de sueur. L'ambassade est en effervescence. Gombert crie à s'en briser la voix. C'est la panique. Dans un des bureaux de la DGSE, Benlazar demande à ce qu'on lui ouvre une ligne avec le domicile du commandant

Bellevue. Seul Bellevue peut l'aider : pour le visa et pour le réaffecter à Paris.

La tonalité qui résonne dans le combiné en attendant la communication lui rappelle qu'après l'attentat du Drakkar des acouphènes terribles ne l'ont plus lâché. Ce sifflement dans les oreilles, Benlazar se souvient qu'il a duré longtemps. Il l'a caché aux toubibs, à l'époque, pour éviter qu'ils le collent derrière un bureau. Les paras, c'était terminé : on ne remet pas sur une zone de conflit un type qui a fait un vol plané de 30 mètres pendant que 58 de ses camarades étaient réduits en bouillie. Il a intégré le 44e régiment d'infanterie, est passé aspirant puis lieutenant avant d'être affecté à la direction du renseignement de la DGSE comme officier traitant.

Les sifflements ont disparu à peu près à cette époque.

— Allô ? fait Fadoul.

— Bonjour, Fadoul, Tedj à l'appareil. Je pourrais parler à Rémy ?

Silence. Un peu trop long au goût de Benlazar.

— Il est sorti.

— Il est boulevard Mortier ?

Nouveau silence. Fadoul se racle la gorge.

— Où veux-tu qu'il soit ? S'il n'est pas ici, il est là-bas. Lorsqu'il ne sera plus ici ni là-bas, il sera mort, Tedj.

Benlazar ne sait pas quoi dire.

— Merci, je vais le joindre boulevard Mortier et…

— J'aimerais te parler d'Évelyne et de tes filles, Tedj, coupe Fadoul.

Benlazar s'éloigne d'instinct du combiné, comme s'il craignait une décharge électrique.

— Oui, j'aimerais qu'elles soient à notre mariage.

Benlazar rit bêtement.

— Ah ! mais bien sûr. J'en ai parlé à Évelyne, elle est ravie. Les filles aussi, elles adorent les mariages, les belles robes, les danses et tout ça.

— Le mariage aura lieu juste à côté de Montrouge, en plus.

— C'est très bien, Fadoul, on viendra en voisins alors. Bon, il faut que je joigne Rémy. Rien de grave, mais c'est important.

— Il m'a dit que des Français avaient été tués là-bas, dit Fadoul d'une voix éteinte.

— C'est ça, c'est ça. Bon, je te laisse. Merci. Merci encore.

Et il raccroche en enfonçant d'un index l'interrupteur, conservant le combiné en l'air. Non, mais qu'est-ce qui se passe ? Pourquoi elle me parle d'Évelyne et des filles ? Elle avait quelque chose de bizarre dans la voix, non ? Ou ce sont les acouphènes qui me trompent ? Qu'est-ce que c'est que ce bordel ?

Il demande une autre communication protégée avec la DGSE à Paris.

— Lieutenant Benlazar, OT de Blida, passez-moi le commandant Bellevue, s'il vous plaît.

On lui demande de patienter pour vérification de la ligne.

— Qu'est-ce qu'il y a, Tedj ? C'est le *daoua* ici, j'ai pas le temps…

Quelque chose dans la voix du Vieux n'est pas normal, et ça n'a rien à voir avec le flingage de la cité Aïn-Allah.

— Il me faut un visa, Rémy. Tu pourrais faire accélérer les choses.

Un silence.

— Pourquoi tu ne passes pas par la voie normale ? Et c'est pour qui, ce visa ?

— Une amie.

Nouveau silence. Benlazar imagine le visage terne de Bellevue se décomposer.

— Qu'est-ce que tu déconnes, Tedj ?

Le Vieux hurle et il doit y laisser beaucoup de ses forces.

— Putain, Tedj ! On a des mecs qui se sont fait flinguer aujourd'hui, je te rappelle. Tu devrais penser à autre chose que d'obtenir un visa pour une… amie. C'est qui, d'ailleurs, cette amie ?

Benlazar serre les dents : il se sent faible.

— Laisse tomber, Rémy. Tu as raison : ça attendra.

Benlazar entend une porte claquer dans le combiné : Bellevue s'est enfermé quelque part.

— Fadoul voulait qu'Évelyne et les filles viennent à notre mariage.

Ils se sont passés le mot ou quoi ? Lui parler d'Évelyne et des filles, ce n'est pas normal. Pas maintenant.

— Tedj, merde ! fait alors Bellevue d'une voix presque douce : Évelyne et Nathalie sont mortes…

Benlazar déglutit, s'efforce de conserver son souffle et raccroche le combiné.

Pense à autre chose, pas à Évelyne, pas aux filles…

Peu après l'attentat du Drakkar, Charles Hernu, le ministre de la Défense français, l'avait affirmé : un camion suicide bourré d'explosifs avait percuté le bâtiment. Les Iraniens avaient fait le coup. Pas d'autre piste, pas d'autre hypothèse.

C'étaient des conneries de politicard. Le moindre troufion qui avait passé cinq minutes au Drakkar savait que c'étaient des conneries de politicard : aucun camion n'aurait pu pénétrer dans le garage souterrain, tant le plafond était bas. Pour rentrer les jeeps, les soldats français devaient les débâcher. Alors, un camion, c'était impensable.

Sur l'écran de la télé fixée au mur de sa chambre d'hôpital, le journal du soir déroulait sa litanie d'images violentes. Du Drakkar, le QG des forces françaises au Liban, il ne restait plus qu'un gros tas de gravats ; les personnalités politiques se succédaient pour présenter leurs hommages aux familles des disparus, leur assurant que justice serait faite. Les Américains en avaient pris pour leur grade, eux aussi : ils avaient perdu 239 Marines dans l'attentat contre leur poste de commandement, quelques minutes avant celui des Français.

À leur arrivée à l'hôpital militaire, on avait placé des gardes devant les chambres des soldats rescapés. Une précaution prise juste après que l'un des miraculés avait répondu à un journaliste parvenu à s'introduire dans sa chambre. Le soldat avait émis la possibilité qu'une bombe ait été abandonnée dans le sous-sol du Drakkar par les anciens locataires, les « Panthères Roses » – les services secrets syriens. C'était ce que tous les paras français pensaient, d'ailleurs.

Après l'attentat, certains de ses compagnons d'armes rescapés et les parents des disparus avaient demandé des comptes et des explications. Ils prétendaient eux aussi que les vrais responsables étaient les Syriens – et leurs alliés soviétiques, sans doute. Selon le père d'un caporal qui avait perdu la vie, pour démolir les barres HLM de La Courneuve, il avait fallu 350 kilos d'explosifs ; pour le Drakkar, on pouvait estimer qu'une ou deux tonnes d'explosifs avaient été utilisées.

— Deux tonnes d'explosif dans une camionnette, mais où va-t-on ? s'énervait-il devant une armada de micros et de caméras.

Les journalistes adoraient ça.

— Pour nous, les parents des victimes du Drakkar, soit une charge de mine avait déjà été disposée avant l'installation du contingent français, soit une galerie a été creusée.

Un collectif des parents des soldats victimes s'était constitué et avait alors approché tous les survivants. Benlazar s'était tu. Il savait qu'en dehors de l'armée, il n'avait aucun avenir.

Le 17 novembre suivant, des Super-Étendard français ayant décollé du porte-avions *Clemenceau,* basé en Méditerranée, bombardèrent une caserne à Baalbeck, au Liban. Les stratèges expliquèrent qu'il s'agissait d'un camp occupé par les miliciens chiites d'Hussein Moussaoui, chef du mouvement pro-iranien Amal islamique. C'étaient eux que le gouvernement français considérait comme responsables des attentats.

L'attitude ferme de Benlazar lui avait valu la reconnaissance de ses chefs : trois mois après l'attentat du Drakkar, il rejoignait le casernement du 44e régiment d'infanterie au fort de Noisy, à Romainville.

Benlazar s'est endormi dans le fauteuil derrière le bureau. La nuit est tombée sur Alger. L'ambassade a recouvré son calme pour quelques heures. Il regarde sa montre : presque minuit.

Il y a un rai de lumière sous la porte du bureau de Gombert.

Quelques fonctionnaires de la chancellerie s'affairent au téléphone.

La panique sera de retour demain, vers 6 ou 7 heures. Benlazar connaît ces moments de crise : il faut parfois plusieurs jours pour que la sérénité revienne. Comme lorsqu'il ressent une violente crise d'angoisse.

Il n'y a aucun bruit dans le parc Peltzer. Seules quelques sirènes montent depuis le centre-ville d'Alger. Il a décidé d'aller convaincre Gh'zala : après les événements à la cité Ain-Allah, peut-être sera-t-elle plus à l'écoute.

Aux entrées du périmètre de l'ambassade, des gendarmes montent la garde. Ils disposent d'armes lourdes. Avec la tension qui règne, ces cons seraient capables de l'aligner comme un lapin. Il tousse bruyamment pour marquer son arrivée.

En espérant que Bellevue n'ait pas alerté Gombert et toute l'ambassade.

***

Bellevue est prostré dans le divan du salon. Sa gueule

de mort-vivant, son corps amaigri et cet air de déception impressionnent même Fadoul.

— Putain, merde, grogne-t-il.

— Ne sois pas trop dur avec lui, Rémy. Il a fait ce qu'il a pu.

Bellevue regarde sa compagne avec une moue dubitative.

— Tedj est un officier de renseignements, il opère dans des pays hautement stratégiques. S'il est dingue, c'est la France qui pourrait en pâtir, tu comprends ? Qu'il m'ait caché que sa femme et ses filles – enfin sa fille, parce que Vanessa…

Il se sent impuissant, toujours ce foutu cancer, sa vie qui touche à sa fin. Il lui faudrait du temps. Tellement de temps pour empêcher ce qu'il subodore en préparation à Alger. Tellement de temps pour aimer encore un peu Fadoul et la mettre à l'abri. Et à présent, tellement de temps pour que Benlazar lui explique cette histoire de dingue avec Évelyne et ses filles.

Tout à l'heure, en arrivant boulevard Mortier, Bellevue a demandé à Berthier de se rendre utile. L'autre n'a pas bronché : enquêter sur un collègue, ce n'est pas fréquent et pas très procédural, mais il a accepté de rechercher la femme et les filles de Benlazar. Il n'a pas fallu bien longtemps à Berthier pour revenir vers Bellevue, la gueule décomposée. « Évelyne et Nathalie Benlazar ont brûlé vives dans une maison non loin d'Auch en août 1990 », a-t-il annoncé, la gorge serrée.

Berthier avait joint le journaliste de *La Dépêche* à l'origine du seul article évoquant le drame. Même *Sud-Ouest* n'en avait pas parlé. Le pisse-copie n'aimait pas les flics, il l'avait clairement fait comprendre à Berthier. Mais il avait tout de même consenti à expliquer les circonstances du double décès et raconté comment le père de la famille était parvenu *in extremis* à sauver sa plus jeune fille. Il croyait aussi se rappeler que les gendarmes avaient quasiment dû assommer le type pour l'empêcher de se jeter dans le brasier à la recherche de sa femme et de son aînée.

Les gendarmes du coin avaient corroboré l'histoire et Berthier était venu faire son rapport à Bellevue, le visage livide. Bellevue lui avait ordonné de garder ça secret. En attendant de voir, avait-il glissé.

Et il avait vite vu : le retour du lieutenant Benlazar à Paris était la seule solution. On ne pouvait laisser un officier traitant dans un pays comme l'Algérie, en ce moment, en supposant qu'il souffrait de troubles psychiatriques. Parce que Bellevue, même s'il aimait Benlazar comme un ami, comprend que quelque chose ne tourne pas rond dans la tête de Tedj. Lorsque l'affaire du massacre de la cité Ain-Allah sera tassée, il demandera le rapatriement de Benlazar à Chevallier. Peut-être dira-t-il simplement que le lieutenant était sur place depuis trop longtemps.

— Vanessa est vivante, Rémy, continue Fadoul comme si elle ne savait quoi dire en l'instant.

Bellevue ne peut se cacher qu'il est bouleversé : Benlazar est un agent hors pair qui aurait pu faire de grandes choses. Réaliser ce que lui n'aura pas le temps de réaliser – peut-être lui en veut-il pour ça, en premier lieu. C'est son ami. Mais c'est aussi un homme en souffrance. Sans doute n'est-il pas dangereux pour les autres, mais il est dangereux pour lui-même.

Fadoul lui carresse doucement la nuque.

— Je veux bien qu'une telle tragédie transforme un homme et le pousse à refuser la réalité. Mais, merde, Fadoul, je l'ai déjà vu téléphoner à sa femme, lui parler, répondre à ses questions. Alors qu'elle est morte en 1990…

Quand il tente d'analyser la situation de façon objective, Bellevue est abasourdi. Il a l'impression qu'une chape de plomb l'empêche d'y réfléchir.

— Tu l'as dit à tes chefs ?

Bellevue secoue la tête, un peu gêné.

— Non. Seul Berthier est au courant, mais lui, depuis

sa désertion de Constantine, je le tiens. C'est grâce à moi qu'il n'a pas été renvoyé.

Une douleur lui traverse l'abdomen, il grimace.

— Tu as mal ?

Il prend la main de sa compagne.

— Je t'apporte tes médicaments, dit Fadoul en se levant du canapé.

Bellevue ouvre le mince dossier que lui a constitué Berthier dans la journée.

Une mère et sa fille brûlées vives dans un incendie.

Hier soir, à Pessan, petit village à quelques kilomètres d'Auch, un incendie a ravagé une maison. Les locataires, une famille de Parisiens arrivée deux jours plus tôt, ont été surpris par la rapidité du sinistre. Avant l'arrivée des pompiers, la mère et la fille aînée ont péri dans les flammes. Il semblerait que le père a réussi à sauver sa plus jeune fille qui a été brûlée gravement au corps et au visage. Fortement choqué, l'homme a été pris en charge par les gendarmes. « C'est un séisme pour Pessan où nous n'avons jamais connu une telle catastrophe », a déclaré Fernand Chapaveyre, le maire de la petite commune de 634 habitants. Selon les premiers renseignements, l'incendie serait d'origine accidentelle.

Rien d'autre dans la presse. Aucune communication officielle. Aucune nécrologie. Benlazar a repris le service à la fin de ses congés cette année-là. Comme si rien n'était arrivé.

Berthier a découvert que les restes d'Évelyne et de Nathalie ont été incinérés quelques jours après le sinistre au crématorium du Val-de-Bièvre, à Arcueil. Vanessa, brûlée au visage, a été prise en charge à sa sortie de l'hôpital par la sœur d'Évelyne, qui vit en Seine-et-Marne. Sur un Post-it est inscrite l'adresse d'une certaine Marie-Laure Crouzeix, à Lagny-sur-Marne.

Bellevue ne sait que penser. Il revoit Benlazar finir une conversation au téléphone, un jour qu'il l'avait rejoint dans son appartement de fonction à Blida. Il se souvient de l'avoir entendu prononcer dans le combiné que tout se passait bien à Alger, que non, l'assassinat de l'ancien Premier ministre ne voulait pas dire que le danger était partout dans le pays. Après un silence, il avait repris : « Nous aussi, on a eu des hommes politiques assassinés, en France. » Nouveau silence. Au bout du fil, Évelyne devait parler des filles parce que Benlazar a répondu : « C'est bien, tu leur diras que je les embrasse », avec un sourire tendre. Quand il y repense, lorsqu'il demandait à Tedj au détour d'une conversation ce que devenaient Nathalie et Vanessa, Tedj lui répondait chaque fois que la première avait intégré une école d'infirmière à Rennes et que la seconde allait passer son bac puis tenter une école de journalisme. Bellevue se sent coupable : toutes ces années, les filles étaient en école d'infirmière et en terminale, et lui, il n'y a pas fait attention.

Rapatrier Benlazar est donc la seule chose à faire. Évelyne et les filles, c'est une chose grave, certes. Mais en tant que professionnel, Bellevue est presque plus ennuyé par cette histoire de visa. Benlazar n'a pas de copine en Algérie et aucune relation assez intime pour qu'il se démène pour lui obtenir un visa. Il n'est pas loin de penser que Benlazar, d'une certaine manière, travaille en solitaire, sans avoir averti ses chefs, ni lui. C'est rare, un agent qui passe de l'autre côté, qui pour une raison ou pour une autre s'arroge le droit d'agir en autonomie totale. C'est rare mais ça arrive, la vie des officiers traitants à l'étranger, particulièrement sur les théâtres d'opération à risques peut rapidement prendre une tournure délirante. Bellevue a entendu parler d'hommes pourtant bien notés par leur hiérarchie qui versent dans le crime organisé ou la vendetta personnelle. Parfois, ils tournent casaque et deviennent des agents triples.

Bellevue ne sait pas encore s'il faut retirer son ami du service actif. Le retirer complètement de la DGSE et de l'armée. Il lui accorde le bénéfice du doute. Peut-être a-t-il fait ce qu'il a pu, peut-être a-t-il voulu préserver Vanessa d'une douleur plus grande. Mais il faut le ramener à Paris rapidement.

— Et puis, en plus, ce con de Benlazar me demande d'intercéder en sa faveur pour un visa destiné à une amie.

Bellevue hoche la tête pendant plusieurs secondes.

Fadoul lui caresse à nouveau la nuque.

— Il a peut-être une amie, après tout.

— S'il y a bien quelque chose dont je suis certain en Algérie, au moment où je te parle, c'est que Benlazar n'a pas d'amie. Qu'il n'a d'ailleurs aucun ami. Et qu'il n'en a jamais eu.

Et en disant ça, Bellevue n'est même plus sûr d'avoir été l'ami de Tedj Benlazar.

***

Le commissaire principal Nasser Filali a longuement hésité avant de se rendre rue Arbadji-Abderrahmane.

En arrivant devant le n° 7, il lève discrètement les yeux vers l'appartement où habite Gh'zala Boutefnouchet puis congédie les deux hommes planqués dans une voiture non loin.

Il gravit lentement l'escalier sous une mauvaise lumière jaunâtre.

Quelques heures auparavant, en pleine nuit, une patrouille l'a averti sur la radio embarquée de sa voiture que le lieutenant Benlazar venait d'être repéré. Filali avait fait passer l'info qu'il souhaitait s'entretenir avec l'officier français.

L'homme était un peu étrange, selon les policiers. Filali leur a dit qu'il le connaissait et qu'il n'était pas nécessaire d'employer la manière forte. Il a traversé Alger et s'est bientôt retrouvé face à Tedj Benlazar, à vrai dire tout aussi étrange qu'à l'accoutumée. Les deux flics ont salué, Filali leur a glissé deux billets et ils sont remontés dans leur voiture de patrouille.

— Vous donnez vos étrennes en avance ?

Fillali n'a pas souri.

— Je voulais vous voir, a-t-il expliqué, mes hommes devaient vous trouver. Et les étrennes, ça sert à ça : à ce que mes hommes fassent ce que je leur demande sans sourciller.

Benlazar a proposé une cigarette, ils ont fumé quelques taffes en silence.

— Qu'est-ce qui se passe, commissaire ?

— On pense que la jeune femme pour laquelle vous avez fait une demande de visa est dans le collimateur de l'armée. En tout cas, mes hommes ont vu à plusieurs reprises le frère de Raouf Bougachiche suivre Gh'zala Boutefnouchet sans jamais l'aborder. Il traîne aussi rue Arbadji-Abderrahmane, devant le n° 7. Comme s'il préparait quelque chose.

Filali a fumé cigarette sur cigarette jusqu'à vider son paquet. Ça lui arrive parfois lorsque, dans son crâne, ce qu'il croit être le bien et le mal s'affrontent. Il n'est pas idiot : le bien et le mal en Algérie ont toujours revêtu des habits presque similaires. Le bien et le mal, ce n'est pas le noir et le blanc. Plutôt deux nuances de gris presque indifférenciables. Le flic n'en est pas à son premier choix cornélien. Son boulot de flic, c'est choisir en permanence entre l'éthique de conviction et l'éthique de responsabilité. Bon, ce sont des théories sociologisantes qui ne l'intéressent par vraiment, mais c'est ça : faire un choix entre ses convictions et sa responsabilité. En ce moment, sa responsabilité, c'est de faire tout ce qui est en son pouvoir pour éviter que la guerre civile se répande et engloutisse l'Algérie. Alors, il obéit aux ordres, il élimine des gens quand c'est nécessaire ; s'il le peut, il évite d'éliminer ceux qui sont vraiment innocents. Quoique depuis le début de cette foutue décennie, personne n'est plus vraiment innocent.

Peut-être que Gh'zala Boutefnouchet est vraiment innocente, elle. C'est du moins ce que Tedj Benlazar a réussi à lui faire entendre cette nuit. Le Français lui a raconté toute l'histoire : son ex-fiancé, taupe des services secrets au sein du GIA et finalement exécuté par son propre frère, tout ça sans doute téléguidé par le DRS et un certain colonel Bourbia. Bourbia, Filali le connaît de réputation et il ne l'aime pas. Alors, il a considéré que ça faisait beaucoup de risques pour une innocente. Il a bien voulu croire à la théorie de Benlazar selon laquelle le DRS et ce Bourbia étaient peut-être en train de faire le grand ménage. Il a donc accepté d'aider Benlazar, d'arrêter Gh'zala et de la mettre dans un avion pour Paris à la première heure aujourd'hui. Il en a le pouvoir. Mais il sait aussi qu'il risque d'en subir les conséquences : le DRS n'aimera pas qu'un commissaire de police s'immisce dans son jeu trouble.

Il pense que Tedj Benlazar en pince sacrément pour la jeune fille.

Pourtant, sur le palier obscur de cet immeuble, Filali se demande encore pourquoi il va faire ça. Peut-être pour Benlazar. Il a toujours estimé ce type qui naviguait entre ses deux cultures. Il croit que c'est l'officier le plus droit qu'il lui ait été donné de côtoyer. Et il en côtoie beaucoup à Alger, des soldats, des fonctionnaires d'officines de renseignements étrangers. C'est une profession abjecte. Sous prétexte de patriotisme, ces gens se croient tout permis. Pas Tedj Benlazar. Lui aussi marche en permanence sur le fil qui sépare ses convictions et sa responsabilité.

Mais tout ça, c'est de la philosophie de comptoir. En réalité, il va faire ce que lui a demandé Benlazar parce que ça va mettre de sérieux bâtons dans les roues du DRS. Les services secrets de son pays lui font horreur. Filali, comme tous ses collègues et même certains de ses supérieurs, doit obéir aux services de renseignements sans poser de question. Ça fait des années qu'ils dirigent le pays. Et l'Algérie en meurt.

Il frappe à la porte.

Une minute puis une voix demande qui est là.

— Police, commissaire Filali. Tedj Benlazar m'a demandé de venir…

Passent encore quelques secondes de silence, puis la jeune femme entrouvre. Ah, ben ça, alors ! Benlazar ne lui a pas menti : elle est belle comme rarement il a trouvé une femme belle. Ses yeux noirs, sa peau parfaite – encore qu'une cicatrice lui court le long de la joue – et ses cheveux épais fascinent le flic.

— Gh'zala Boutefnouchet ? questionne-t-il en tentant de masquer son trouble.

La jeune femme hoche la tête, son regard est extrêmement méfiant.

— Commissaire principal Filali, je vous demande de me suivre.

Elle essaye de repousser la porte, Filali coince son pied dans l'ouverture.

— N'ayez pas peur, mademoiselle : c'est pour votre sécurité. C'est Tedj Benlazar qui m'a prévenu.

La porte se relâche, le flic entre dans l'appartement et referme derrière lui.

— Il ne faut pas croire cet homme, dit Gh'zala.

— Vous êtes la cible d'un tueur, mademoiselle.

Elle éclate de rire.

— C'est Tedj Benlazar qui vous a dit ça ?

— Oui. Mais vous êtes sous surveillance policière et nous avons compris que certaines personnes cherchent à vous éliminer.

Filali se tait comme s'il pesait jusqu'où aller, puis :

— L'homme qui doit vous exécuter se nomme Slimane Bougachiche.

Gh'zala le regarde et il se demande un instant si elle ne va pas s'écrouler, se briser en mille morceaux. Benlazar avait raison : ce nom la convaincra de le suivre à l'aéroport.

Il hésite avant de continuer à suivre les instructions du Français.

— C'est Slimane qui a tué Raouf.

La main de Gh'zala tâtonne dans le vide à la recherche d'une chaise. Filali en saisit une et l'aide à s'asseoir.

— Tedj ment, murmure la jeune fille. Il veut me séduire, il vous l'a dit, ça aussi ?

— Non. Mais je ne crois pas que Tedj Benlazar mente : Slimane Bougachiche a tué son frère Raouf sur ordre de ses supérieurs, et comme ceux-ci craignent que l'affaire ne s'ébruite, ils lui ont ordonné de vous éliminer.

Le commissaire remplit un verre d'eau au robinet et le lui tend.

— Tedj Benlazar pense que votre départ en France est la seule solution.

Il jette un coup d'œil circulaire dans le minuscule appartement.

— Vous devriez prendre quelques affaires. Les plus importantes.

La jeune femme secoue la tête, la bouche entrouverte, mais aucun son ne sort. Filali comprend ce qu'elle veut dire : elle ne veut pas aller en France, elle ne veut pas quitter son pays, elle n'a rien fait pour mériter l'exil.

— Mes affaires les plus importantes ? Mais c'est quoi, des affaires importantes, si je ne reviens jamais ?

— Un jour, l'Algérie ira mieux, mademoiselle, vous verrez. Ce jour-là, vous pourrez revenir.

On dirait un robot qui se lève et se dirige vers l'unique placard. Elle prend un sac de voyage et y fourre des habits, quelques livres et des affaires de toilettes. Il ne lui faut que cinq minutes pour être prête. Elle observe à son tour son petit appartement et hausse les épaules.

— C'est injuste, dit-elle en se postant devant la porte d'entrée.

Filali n'est pas certain qu'un jour l'Algérie ira mieux. Plus exactement, il n'est pas sûr de voir ce jour tant il lui paraît loin. L'injustice, ça oui, il y croit, et elle risque de durer longtemps.

Ils sortent tous les deux sur le palier et, tandis que Gh'zala ferme la porte à double tour, Filali retient sa main et l'empêche d'allumer l'interrupteur. Il y a un bruit dans la cage d'escalier. Peut-être un craquement du plancher en bois. Son instinct de survie se met en branle.

Il pose son index sur ses lèvres, mais ils sont dans le noir, la jeune fille ne doit rien voir. Son autre main serre un pistolet semi-automatique.

Un autre craquement.

Il sent le bras de la jeune femme trembler.

— Pas un bruit, lui murmure-t-il.

Dans l'obscurité, un homme monte lentement à leur rencontre.

Filali force la jeune fille à s'accroupir, il se place devant elle, son arme pointée vers l'escalier.

Les pas se rapprochent, l'homme est à quelques mètres au-dessous d'eux.

Les secondes sont pareilles à des heures.

Une tête apparaît en ombre chinoise.

Gh'zala pousse un petit cri.

Le Beretta 92 du flic crache une fois.

L'ombre chinoise s'écroule et un corps dévale lourdement l'escalier. Les voisins ne vont pas tarder à sortir.

— Venez! ordonne Filali en tirant Gh'zala derrière lui.

À leur tour, ils dévalent les marches. Au palier, ils enjambent un corps sans vie.

— C'est Slimane, s'étrangle Gh'zala.

Bien sûr que c'est Slimane Bougachiche, et les mecs du DRS vont être fous de rage, ça hurle dans la tête du flic. Tant pis, il n'y a pas de témoin et personne ne pourra remonter jusqu'à lui.

Le commissaire principal Nasser Filali est donc ce qu'on fait de plus droit en matière de flic à Alger depuis quelque temps. À une nuance de gris près. Nombreux en effet sont ceux qui le considèrent comme la dernière des raclures : les parents et les proches des islamistes ou pseudo-islamistes qu'il a effacés après qu'on lui en a donné l'ordre; les petites frappes qu'il a méthodiquement passées à tabac – certaines en portent à jamais les stigmates –, afin de conclure une enquête; et même, s'ils étaient encore vivants, quelques-uns de ses subordonnés qu'il a « confiés » aux nervis des services de sécurité ou du DRS, car ils entretenaient de trop proches relations avec les islamistes ou avec les petites frappes. Une humanité qu'il s'est chargé d'éradiquer. Ça n'a pas rendu le monde ni même Alger meilleurs, mais c'était son boulot.

Il fonce vers l'aéroport dans la nuit chaude. Discrètement, il jette des coups d'œil à la jeune femme. Bon sang, qu'elle est belle! Benlazar croit vraiment qu'elle voudra d'un vieux comme lui? Quelle arrogance, ces Français...

Il tire une liasse de billets de sa poche revolver et la tend à Gh'zala.

— C'est Tedj qui m'a donné ça pour vous juste avant de retourner à l'ambassade comme si de rien n'était. De quoi prendre un aller simple pour Paris.

Elle lui lance un regard vide.

— Et si je refuse?

— Je vous collerai de force dans cet avion. Ce serait

dommage d'employer la force, non ? D'autant plus que ça éveillerait les soupçons : les types qui vous veulent morte entendraient sans aucun doute parler d'une très belle fille qui a fait du pataquès à l'aéroport.

C'est la nuit qu'il aime Alger. Comme si les choses étaient plus simples, plus manichéennes : les flics et leurs ennemis sont presque les seuls à oser sortir. Dans la journée, les rôles sont moins définis. C'est le jour que tous les chats sont gris, ici. Et puis, c'est pendant le jour que les innocents trinquent le plus : on appelle ça « bavures » ou « dommages collatéraux ».

— Tedj vous réceptionnera à Roissy.

Gh'zala regarde défiler les rues, elle s'est murée dans le silence.

Filali reprend son souffle comme s'il pressentait que les jours prochains seront de fureur et de sang. Plus encore qu'à l'accoutumée.

Et le commissaire ne se trompe jamais lorsqu'il sent venir la vengeance de l'armée. Les jours suivants seront terribles. Les militaires doivent donner des gages à la France après le quintuple meurtre de la cité Ain-Allah.

D'abord, des individus disparaîtront çà et là, des membres du FIS ou des présumés terroristes du GIA. Il y aura quelques lignes dans les journaux, mais rien de plus que les jours précédents.

Le 13 août 1994, des parachutistes effectueront un vaste ratissage dans le village de Bourkika, non loin de Tipaza. Le lendemain, on dénombrera 11 corps criblés de balles.

Le 16 août 1994, ce seront les cadavres de 20 jeunes citoyens qui seront retrouvés dans la cité des Eucalyptus à Alger. Leurs familles affirmeront plus tard qu'ils avaient été arrêtés la veille par des soldats.

Le 20 août 1994, l'horreur atteindra des sommets : plus de 200 cadavres joncheront Constantine et ses environs. Là encore, plusieurs rafles auront été organisées par l'armée la semaine précédente.

Filali n'a pas beaucoup de scrupules, ce soir-là, dans la douceur estivale, à menacer Gh'zala de lui faire prendre de force un avion qui l'éloignera de cette folie. Il a même l'impression de faire une bonne action. Ce n'est pas si fréquent dans son boulot.

***

Elle regarde le corps de son mari, étendu sur le sol.

La poussière l'a recouvert d'une fine couche blanchâtre.

Des voisins, des amis sont venus la chercher tôt ce matin. Ils ont découvert Moussa Ahmed Chaouch allongé dans le désert. Il ne fait aucun doute qu'il a été exécuté d'une balle dans la nuque.

Sa femme semble stoïque, c'est seulement parce qu'elle n'a plus de larmes à verser. Depuis la mort de Maïssa, ses yeux sont arides comme le Sahara. Elle est au-delà du malheur. Combien sont-elles, comme elle, en Algérie, à ne plus avoir la force de pleurer leurs morts ?

Il y a ses autres enfants, elle va donc vivre.

Pourtant, elle aimerait quitter cette vie qui ne lui a apporté que tragédies. Elle n'aime pas l'expression de tristesse et d'effroi qu'elle croise sur le visage des gens autour d'elle. Des femmes de son âge jouent aux pleureuses, elles hurlent cette souffrance qu'elle-même ne peut exprimer. Elle voudrait être seule à jamais, ne plus rien avoir à faire avec les militaires, les islamistes, la lâcheté de ses concitoyens. Elle sait que Moussa s'est fait assassiner parce qu'il travaillait au camp d'Aïn M'guel, quelqu'un voulait effacer les traces de quelque chose. Elle est au courant que son mari discutait parfois avec des détenus, que certains ont été libérés puis sont devenus des terroristes recherchés – ou tués dans des affrontements avec les forces de sécurité. Elle tente de repousser la peur. Si elle sait, c'est que Moussa lui a dit. Et si elle sait, elle est peut-être en danger, ses enfants avec elle.

À côté d'elle, son fils aîné, à peine adolescent, pleure. Il est à genoux et n'ose pas s'approcher du corps de son père.

— Pourquoi ? gémit-il d'une voix étranglée de douleur.

Sa mère le regarde, incapable de lui répondre.

1995.

Depuis quelques jours, la France est prise au piège de la guerre larvée qui se joue en Algérie.

Tedj Benlazar verse encore un peu de champagne, un fond seulement, dans une coupe et la tend à Rémy Bellevue. Fadoul Bousso et Gh'zala Boutefnouchet tiennent leur verre à la main et attendent pour trinquer. L'année 1995 a commencé depuis quelques minutes, mais Bellevue a eu un moment d'absence. La morphine le fait décrocher parfois, il faut attendre qu'il revienne parmi les vivants. « Ses retours sont de plus en plus courts », a murmuré Fadoul à Benlazar.

— Joyeuse année, dit Bellevue d'une voix essoufflée.

Les autres sourient. Et retiennent peut-être leurs larmes.

On compte en quoi, là ? pense Benlazar. En heures, en jours. Le Vieux est capable de tenir une semaine. La colère le tient en vie : la colère de mourir, de ne pas avoir pu se marier avec Fadoul – le Vieux a trop tardé, à force de repousser au lendemain ce qui aurait dû être fait rapidement. La colère de ne pas avoir pu empêcher ce qui s'est passé à l'aéroport Houari-Boumédiène il y a quatre jours. Benlazar a été écarté du suivi des événements : pour l'instant, la DGSE l'a éloigné du travail opérationnel concernant l'Algérie. Il l'accepte.

C'est à la télévision que Bellevue et lui ont suivi le début de la prise d'otage des passagers du vol AF 8969 à destination de Paris. Le Vieux a passé quelques coups de fil à la

Boîte pour se tenir au courant – presque incroyable dans son état. On lui a donné les noms des quatre terroristes à la manœuvre : un petit voyou rallié au GIA, Abdul Abdallah Yahia, apparemment chef du commando ; un islamiste possiblement évadé de prison, Makhlouf Benguettaf ; « Lotfi » et le « Maboul », dont on ne connaît pas les véritables patronymes.

Un mois auparavant, Bellevue avait rédigé une note, peut-être sa dernière, à l'attention de la direction du renseignement : il alertait à propos d'un risque avéré de détournement d'avion. Benlazar ne sait pas comment il a pu être au courant. Ses réseaux sans doute, son flair. Il voit mourir le Vieux et celui-ci ne lui a pas transmis grand-chose. C'est dommage.

Les quatre assaillants ont hurlé : « Nous sommes du GIA ! Nous sommes des tueurs, nous prenons le contrôle de l'avion ! » Ils ont forcé les passagères à se couvrir la tête d'un hijab. Ils ont demandé la libération sans condition des deux chefs du FIS, Abassi Madani et Ali Belhadj, et d'Abdelhak Layada, un membre du GIA. Alger a refusé, les militaires ne voulaient faire aucune concession.

À 14 heures, un passager, commissaire de police algérien, a été exécuté et son corps balancé sur le tarmac. Pendant quelques secondes, Benlazar a pensé à Nasser Filali. « Ça va être un massacre », a déclaré Bellevue dans la soirée en allant se coucher. Il n'a pas voulu manger les restes du repas de Noël. Benlazar a dormi sur le canapé du salon de la rue Tesson.

C'est Bellevue avec sa tête de mort-vivant qui l'a réveillé. Comment le Vieux tient-il, bon Dieu ? Il s'est installé devant la télévision. Benlazar avait besoin d'un café, il a rejoint Fadoul dans la cuisine. Son visage était fermé, elle n'aimait pas ce qui se passait, les dernières forces de son homme jetées dans une illusoire bataille.

Benlazar est retourné dans le salon, une tasse à la main. Il s'est retenu de fumer.

Sur l'écran, le drame battait son plein, les journaux ne lâchaient plus l'antenne. En début de matinée, les autorités algériennes ont fait venir la mère du chef du commando.

— Bande d'imbéciles, a grogné Bellevue, recroquevillé dans son fauteuil.

Et ça n'a pas manqué : un otage, conseiller commercial de l'ambassade du Vietnam, a été exécuté.

— En ce moment, Villepin et Juppé doivent être dingues, analyse Bellevue avec un sourire cynique.

— Les Algériens les tiennent, tu crois ?

Bellevue fait signe à sa femme : il a besoin de drogue.

Benlazar regarde Fadoul en coin, dont les yeux brillent de colère. Elle glisse deux pilules dans la main de son compagnon.

— Je vais à la DGSE, dit Benlazar, comme pour la calmer.

Dans la soirée, un cuisinier de l'ambassade France a été tué d'une balle dans la tête. À la DGSE, dans les locaux de la cellule Algérie, toute la Boîte a assisté à sa mort en direct : d'abord, le jeune homme a dit à la radio que si l'avion ne décollait pas, il serait assassiné. L'avion n'a pas décollé, on l'a fait mettre à genoux. La première tentative n'a pas abouti.

— Leur arme s'est enrayée, a supposé le colonel Chevallier, le front maculé de sueur.

C'était la consternation autour de lui.

— Les Algériens font monter les enchères, a dit Benlazar.

— Fermez votre gueule ! lui a intimé Chevallier.

Le colonel était aux fraises, avait affirmé Bellevue la veille, avant d'aller se coucher. Selon le Vieux, Villepin et Juppé aussi étaient « aux fraises ». Peut-être Pasqua était-il le moins largué. Seul Mitterrand sentait vraiment les choses. « Mais il est comme moi, Tedj : au bout de sa route, il s'en fout de tout ça. »

Dans la nuit, le gouvernement français a fait savoir qu'il tenait désormais le gouvernement algérien pour « responsable de la sécurité des ressortissants français présents dans l'avion ». Édouard Balladur a parlé directement avec le président Zeroual.

— On se fait vraiment prendre pour des cons, a dit Benlazar.

Chevallier a failli lui demander à nouveau de fermer sa gueule ou carrément de sortir, mais il s'est ravisé.

— Si vous voulez nous éclairer de vos lumières, lieutenant, n'hésitez pas.

Les fonctionnaires présents savaient que Benlazar revenait du merdier, qu'il connaissait l'Algérie, trop bien. Aucun ne prêtait pourtant de crédit à la rumeur qui remontait parfois, selon laquelle il était justement un peu trop algérien pour un agent français.

Benlazar a eu une pensée pour Bellevue : s'il l'avait entendu, le Vieux... Il a répété ce qu'il lui avait expliqué la veille :

— Zeroual se bat avec la clique des janviéristes : Lamari, Betchine, Médiène, Nezzar et consorts. Ceux-là dirigent le Groupe spécial d'intervention et même la Sécurité militaire, ils ne transigeront pas avec les islamistes. Jamais. Je suis certain qu'ils ne veulent pas laisser décoller l'avion pour la France.

Chevallier n'aime pas passer pour un imbécile et il a remarqué les hochements de tête qui ont parcouru la salle : Benlazar connaît mieux son job que quiconque.

Dans la nuit, les terroristes ont relâché une soixantaine d'otages.

L'avion a fini par décoller vers 2 heures du matin.

— Le GIGN est en place à Marseille-Marignane, a prévenu Chevallier en reposant le combiné de son téléphone.

Il a eu un regard étonné pour Benlazar.

— Je croyais que les généraux ne voudraient jamais que l'appareil décolle vers la France ?

Benlazar a convenu d'un froncement de sourcils que quelque chose avait dû bouger quelque part.

Et de fait, vers 5 heures du matin, les terroristes ont demandé un plein de kérosène pour rejoindre Paris où ils voulaient donner une conférence de presse.

— Ils vont planter l'avion sur Paris, a lâché Benlazar.

Ses collègues l'ont regardé, médusés. Même Chevallier ne semblait plus hostile.

— Vous croyez qu'ils feraient une chose pareille ?

Benlazar a compris la colère de Bellevue : il allait mourir en laissant aux commandes des types comme Chevallier, qui n'avaient aucune idée de la détermination des gens qu'ils combattaient. Cette prise de conscience et la fatigue lui ont donné un petit vertige.

— Je vous assure, colonel, qu'un jour ou l'autre ils feront un coup comme ça. Pas aujourd'hui, j'espère, mais dans quelques années, une capitale occidentale sera directement touchée.

L'affection presque paternelle qu'il a vue dans les yeux de Chevallier a fini de le secouer.

— Il ne faut pas les laisser reprendre leur vol vers Paris, colonel. Appelez qui vous voulez, le directeur, Pasqua ou Mitterrand, mais il ne faut pas qu'ils décollent.

Benlazar est sorti de la pièce et a trouvé un bureau désert. Il s'est allongé sur un petit canapé. Que pensait Gh'zala de ce qui se passait ? Il s'est endormi.

Il était 17 h 12 lorsque Berthier l'a secoué violemment.

— Tedj, réveille-toi !

— Ils ont repris les airs ?

Berthier a paru surpris.

— Non, non, les mecs du GIGN donnent l'assaut.

Les deux hommes se sont précipités dans la salle de la cellule Algérie. Sur l'écran de la télévision, on voyait les hommes du GIGN ouvrir la porte du cockpit de l'avion.

Des coups de feu ont claqué puis une véritable fusillade s'est déchaînée. Les hommes de la DGSE savaient ce que peut donner un échange de tirs dans un réduit aussi minuscule qu'un cockpit d'avion : un massacre. Deux explosions ont secoué l'appareil. Un homme s'est extirpé du cockpit par un hublot et s'est laissé tomber sur le sol quelques mètres plus bas.

— C'est un des pilotes, a déclaré Berthier.

Un autre groupe du GIGN a pénétré à cet instant dans l'avion par la porte arrière.

Des centaines de balles ont été tirées.

Dans la salle, les visages s'étaient crispés, ça puait la sueur. Benlazar a saisi un téléphone puis a composé le numéro de la rue Tesson.

— Rémy ! Ça flingue dans l'avion. Le GIGN est…

— Il sait, Tedj, a prononcé Fadoul d'une voix frêle.

Et elle a raccroché.

Benlazar a continué à observer les images, mais il pensait à Bellevue et à Gh'zala. Il se sentait seul, une boule d'inquiétude dans l'estomac ne demandant qu'à évoluer en angoisse. C'est la fatigue, s'est-il forcé à croire.

Une quinzaine de minutes plus tard, les quatre preneurs d'otages étaient morts, dix gendarmes grièvement blessés, mais aucun passager n'avait été tué.

— Putain de miracle, a bafouillé Chevallier.

Cet épisode a épuisé Bellevue et a rendu Fadoul nerveuse. Lorsqu'il a revu le Vieux, le lendemain, Benlazar a compris que c'était la fin. On dit qu'un boxeur a un capital de coups à recevoir et qu'une fois ce capital épuisé, il sera toujours perdant sur le ring. Bellevue avait pris un coup de trop.

Benlazar lui a tendu l'édition de 5 heures du *Figaro* en date du lundi 26 décembre avec en une : « Alger : les intégristes défient la France ».

Bellevue est resté prostré dans son fauteuil.

Fréquemment, la morphine tentait de l'entraîner dans un demi-sommeil. Il luttait, mais se laissait parfois piéger.

Il a fini par saisir le journal, a lu quelques instants, puis a posé son index sur la manchette à droite.

— Peut-être que dans quelques années, ça viendra de là, a-t-il dit d'une voix faible. J'aimerais pas être à ta place, Tedj.

Il a souri tristement.

Benlazar a jeté un coup d'œil à un petit titre, à droite de la page : « Tchétchénie : Grozny, la capitale attend l'assaut des forces russes ».

— Là-bas, il y a des mecs qui sont dans la lignée des quatre gus de l'avion. Un jour, ils viendront nous rendre visite. Tu peux me faire confiance.

— Je te fais confiance, Rémy.

Alors, voilà : quelques jours plus tard, c'est d'une voix essoufflée que Rémy Bellevue souhaite une bonne année 1995 à la femme qu'il aurait voulu épouser, à son seul ami et à une jeune femme dont il ne comprend pas exactement ce qui la lie à cet ami.

Benlazar se demande ce que l'on ressent quand on sait que la vie, l'avenir se quantifient désormais en heures ou en jours. Il se demande même pourquoi Bellevue ne s'est pas déjà flingué. Peut-être la colère le pousse-t-elle à vivre.

Fadoul pose à peine ses lèvres sur le bord de sa coupe, elle caresse d'une main le crâne complètement chauve de Bellevue.

— Je crois que je vais m'allonger, Trésor, dit celui-ci.

Elle actionne le boîtier du lit médicalisé dont la partie supérieure s'abaisse lentement.

— Repose-toi bien.

Elle dépose un baiser sur son front et déjà le mourant a fermé les yeux. La morphine.

— Repose-toi bien, Rémy, répète Benlazar en tapotant l'épaule de son ami.

Il siffle d'un trait son champagne et vide le reste de la bouteille dans son verre. Il va devoir se retourner vers Gh'zala qui n'a pas prononcé un mot de la soirée, sauf lorsqu'elle a murmuré quelques phrases à l'oreille de Bellevue tout à l'heure. Le Vieux a souri et lui a pris la main.

Depuis son arrivée en France, Gh'zala n'a pas prononcé beaucoup de phrases. Quand elle s'adresse à lui, c'est pour répondre à ses questions de manière évasive ou pour lui demander un peu d'argent.

Ils vivent tous les deux dans l'appartement de Benlazar, rue du Douanier-Rousseau, dans le 14e arrondissement. Le soir, lorsqu'ils mangent ensemble, c'est en tête à tête et en silence dans la cuisine ou – de plus en plus souvent – devant la télévision. Il n'y a pas d'agressivité entre eux, Gh'zala lui sourit même parfois, mais elle refuse de parler de ce qu'elle ressent face à ce déracinement. À tout prendre, Benlazar préférerait qu'elle exprime sa colère contre lui. Mais même ce sentiment n'a pas droit de cité. Il la trouve tellement belle, tellement douce et forte à la fois… Il voudrait la protéger, la rendre heureuse, mais c'est de l'ordre du fantasme, de l'impossibilité. La jeune femme accepte de vivre chez lui, aucun autre choix ne s'offrant à elle. Pourtant, l'autre soir, il lui a demandé si elle était heureuse avec lui. Elle n'a pas éclaté de rire seulement parce qu'elle est très polie. Mais elle lui a dit que lorsqu'un autre choix s'offrirait à elle, elle partirait. Un jour, bientôt, elle parviendrait à louer un petit appartement, à redevenir celle qu'elle était là-bas à Alger, une femme libre.

— À Alger ou à Paris, une femme libre est une femme libre, tu comprends ?

Benlazar a été réintégré au sein de la cellule Algérie. Chevallier a considéré qu'il était sans doute le plus à même de l'éclairer sur ce qui se passe en Algérie, après Bellevue. Et Bellevue n'est plus en état de l'aider. Tedj passe donc de longues journées boulevard Mortier à tenter de démêler l'écheveau des liens tissés entre le pouvoir algérien et les islamistes. Il continue la quête de Bellevue, en somme. Ces journées l'empêchent de penser aux soirées, quand il se retrouve aux côtés de Gh'zala dans un silence terrible.

Un soir, au journal télévisé, Étienne Leenhardt rapporte un communiqué du GIA déclarant que le groupe s'apprêtait à « rendre aux injustes coup pour coup pour venger les croyants » et « frapper la France ». La mort des quatre preneurs d'otage du vol AF 8969 d'Air France est une déclaration de guerre, selon Djamel Zitouni, l'émir du GIA.

Il y a deux heures, Rémy Bellevue a sombré dans le coma. Fadoul a appelé rue du Douanier-Rousseau, et prévenu Benlazar qu'il avait été transporté en urgence à la Pitié-Salpêtrière. Benlazar a dit qu'il se mettait en route. Mais il s'est rassis sur le canapé et a continué à manger.

Sur l'écran, la photo en noir et blanc d'un homme jeune, barbu, au regard dur, apparaît.

— Tu vois, je ne suis pas plus en sécurité ici que chez moi.

Benlazar fixe son assiette sans oser lever les yeux vers Gh'zala. Il faut qu'il aille à l'hôpital, Bellevue ne tiendra plus longtemps.

Le journaliste parle ensuite de la récente adhésion à l'Union européenne de l'Autriche, de la Suède et de la Finlande.

— Tu m'aimes, Tedj ?

Cette fois, Benlazar la regarde, effaré.

— Oui, murmure-t-il.

Le regard de la jeune fille n'est pas compréhensif ou tendre comme l'aurait souhaité Benlazar. On y lit de la colère.

— Non mais tu vis dans quel monde, Tedj ? s'emporte-t-elle. Ce n'est pas de l'amour ça, dit la jeune femme en montrant des deux mains l'appartement.

Benlazar déglutit péniblement.

— Non, non, tu es libre. Si tu veux t'en aller, tu peux. Si tu veux rentrer en Algérie, je te l'ai déjà dit : je te prends un billet d'avion dès demain et…

— Je ne peux pas. D'abord parce que toi ou tes amis, la France en fait, vous vous êtes assurés que je ne puisse pas m'en aller ou rentrer chez moi.

— Comment j'aurais pu ?

Elle secoue la tête, il n'y a pas de haine en elle, mais un refus de pardonner.

— Tu sais que je vais bientôt partir, quitter cet endroit ? Prendre mon propre appartement, reprendre mon doctorat ici, en France ?

Benlazar le sait. Il ne voulait pas le voir, mais il le sait.

— Tu peux rester ici, tu ne me déranges pas, tente-t-il encore une fois.

— Et Évelyne là-dedans ? lâche Gh'zala.

Benlazar serre les mâchoires, il ne parvient plus à cacher son trouble.

— Elle comprend. Tu sais, nous sommes éloignés depuis si longtemps que…

— Tais-toi ! hurle Gh'zala. Tu mens. Tu mens. Tu me mens sans arrêt. Tu me mens comme on ment à un prisonnier !

Benlazar se lève, fouille dans sa veste à la recherche de son paquet de Gitanes. Il s'allume une cigarette, mais trouve le goût écœurant.

— Fadoul m'a dit des choses, tu sais, reprend Gh'zala, son regard noir braqué sur lui.

— Des choses ?

— Oui, elle m'a raconté l'incendie, la mort d'Évelyne et d'une de tes filles.

Elle se plante devant lui et sa posture n'est pas celle d'une confidente ou d'une amie. Benlazar comprend qu'il ne peut attendre de l'empathie.

— C'est la vérité ? fait-elle sèchement.

Benlazar a du mal à respirer. L'angoisse sourd au creux de son ventre. Fadoul sait, donc Bellevue sait. Mais Bellevue ne lui a rien dit et ne pourra plus lui parler. Qui d'autre sait ? *Un monde qui s'écroule doit ressembler à ça*, pense-t-il brièvement.

— Je ne vais pas bien, parvient-il seulement à formuler.

— Évelyne et Nathalie sont mortes, n'est-ce pas ?

C'est quoi, ça ? Sa vision se trouble et ses yeux piquent. *Merde, je ne vais pas me mettre à chialer quand même. Sauf que des larmes coulent sur mes joues et que je ne peux pas les retenir.*

Il voit de près la petite cicatrice sur la joue gauche de Gh'zala. Comme celle qu'avait Évelyne.

— On avait loué une ancienne ferme à Pessan, dans le Gers. Ce n'est pas très loin d'Auch. Évelyne aimait cette région, elle y avait passé des vacances lorsqu'elle était gamine.

« Je n'ai pas beaucoup de souvenirs. En fait, les souvenirs se mélangent à mes cauchemars. Je me souviens de m'être réveillé et d'avoir vu les murs en feu autour de moi. J'ai bondi du lit et je me suis précipité vers la chambre des filles. Il y avait de la fumée partout, je n'y voyais rien, rien du tout. Et je me suis… oui, je me suis cassé la gueule dans l'escalier. Les filles et Évelyne hurlaient. Ma tête a heurté une marche, je crois. J'ai vu le plafond s'écrouler, des poutres explosaient au-dessus de moi. Je ne sais pas comment je suis remonté à l'étage. Je vois encore les marches s'enfoncer sous mon poids. Notre chambre n'était plus qu'un brasier. Je suis retourné dans la chambre des filles. Mais…

Gh'zala a un geste d'impatience : rien à foutre ! pourrait-elle dire. Mais elle se tait, fait quelques pas sur place, elle trépigne : elle n'aura en effet aucune empathie.

Dans la tête de Benlazar, le sentiment de se voir, de haut, chialer tel un gosse, seul. Comme à Beyrouth.

— Mais putain ! j'avais mal partout, mal comme jamais. Mes muscles ne fonctionnaient plus. Tu sais, Gh'zala, ce n'était pas le feu ou le choc dans l'escalier. Je… j'étais terrorisé. J'étais… je n'ai jamais éprouvé une telle peur. Même à Beyrouth quand j'ai cru mourir dans l'explosion.

Gh'zala fronce méchamment les sourcils : Beyrouth, elle ne comprend pas.

— Je ne voyais rien, j'avais perdu le sens de l'orientation. Vanessa m'est rentrée dedans, dans les jambes, je l'ai attrapée, je l'ai prise dans mes bras, elle beuglait de douleur. Ta sœur, où est ta sœur ? je lui criais dessus. Mais elle hurlait, elle était brûlée dans le dos et aux jambes, le visage aussi. Je la secouais, la pauvre gosse, je la secouais pour lui faire dire où était sa sœur, la pauvre gosse… Je voulais aller chercher Nathalie, je te le jure, Gh'zala ! Mais mes jambes ont fait marche arrière sans que je puisse m'y opposer. J'ai perdu le contrôle, putain.

« L'escalier n'était qu'un immense brasier. J'ai sauté dedans, je me suis retrouvé au rez-de-chaussée. Je serrais Vanessa qui s'époumonait. À travers la fumée, j'ai aperçu les gyrophares des pompiers qui venaient d'arriver. J'ai foncé vers eux.

Il regarde la télévision, il entend « La Belle de Cadix ». Francis Lopez vient de mourir. Lui, il pleure, il hoquette, il croit qu'il ne respirera plus normalement. Il voudrait que Gh'zala le prenne dans ses bras.

— Je voulais retourner dans la maison, trouver Nathalie et Évelyne, je te le jure Gh'zala. Je te le jure. La peur, merde, la peur me paralysait. Des gendarmes m'ont soutenu et les journalistes qui assistaient à ça ont cru qu'ils me retenaient. Le père héroïque, prêt à crever pour sa famille, c'est ça qu'ils ont vu. Les cons…

Il renifle bruyamment et retient un geste pour implorer les bras réconfortants de la jeune fille. *Garde un peu de dignité, bon Dieu !*

— Cette nuit-là, je n'ai pas été à la hauteur de la seule tâche qui importait réellement dans ma putain de vie. Quelque chose s'est fissuré en moi, cette nuit-là, quelque chose comme une petite carapace qui me distinguait des autres, des médiocres, des moins que rien.

Gh'zala est debout devant lui et Benlazar lit dans ses yeux comme dans un livre : l'homme qui geint devant elle n'est pas son amant, son ami ; il n'est même plus son geôlier, il est l'ennemi historique, celui qui, comme ses compatriotes, n'a eu de cesse de s'approprier son pays.

— Je ne voulais pas que tu restes dans l'incendie. Tu vois ? Je ne voulais pas que tu meures là-bas, à Pessan, tu comprends ?

Gh'zala plisse méchamment les yeux.

— Quoi ? Qu'est-ce que tu racontes ? Que « je » reste dans l'incendie ? Tu deviens fou ou quoi ? Je n'étais pas à Pessan ! Je ne suis pas ta femme ou ta fille, Tedj.

Benlazar secoue la tête pour évacuer ces idées bizarres. *Bien sûr qu'elle n'était pas à Pessan, qu'est-ce que tu débloques encore ?*

— Il faut que j'aille dire adieu à Rémy, déclare-t-il en se levant péniblement.

Ses jambes sont en coton quand il quitte l'appartement. Il n'a pas osé se retourner pour regarder Gh'zala. Les visages d'Évelyne et de Nathalie sont flous dans son souvenir, il ne parvient pas à retenir leur image. Il a la certitude que plus jamais Évelyne ne l'appellera au téléphone.

Il pense à Vanessa, se demande ce qu'elle devient réellement, si elle se souvient de lui et si elle lui en veut toujours. Après l'incendie, après les soins, les greffes de peau au centre de traitement des grands brûlés de l'hôpital Saint-Louis, la souffrance, l'horreur de découvrir son corps meurtri à jamais, la dernière phrase qu'elle lui a dite est : « Pourquoi tu n'as pas sauvé Nathy et Maman ? »

Ensuite, elle ne lui a plus adressé un mot. Les toubibs ont parlé de choc post-traumatique – ça passera – ou de deuil – c'est normal. Lui, il a compris qu'elle avait vu la lâcheté de son père tuer sa sœur et sa mère. En plus, il est le seul à s'en être sorti indemne : pas une brûlure, pas une blessure, rien.

La sœur d'Évelyne s'est proposée pour accueillir Vanessa chez elle, il y avait les cousins de son âge, son collège n'était pas loin. Benlazar a accepté, il ne savait plus comment vivre normalement avec elle.

Et puis il a demandé un poste en Algérie, loin d'elle, loin de Pessan.

***

Le commissaire principal Filali devrait déjà être parti. On l'a convoqué au ministère de l'Intérieur à 16 h 30 et avec la circulation au ralenti dans Alger, il risque de se retrouver bloqué dans un bouchon. Et d'arriver en retard à sa convocation.

Il sait pourquoi ces messieurs de la sécurité intérieure veulent l'auditionner. Depuis le soir où il a tiré une balle sur le lieutenant Slimane Bougachiche, dans l'escalier du 7 rue Arbadji-Abderrahmane, on le presse d'apporter des résultats dans l'enquête sur le meurtre de l'officier du 25e régiment de reconnaissance. Mais c'est la première fois qu'il doit se rendre au ministère de l'Intérieur, et on lui a bien fait savoir que le colonel Bourbia serait présent. *Ça ne sent pas bon*, a-t-il aussitôt pensé.

Alors, il traîne un peu dans son bureau. Il s'efforce de se calmer : personne ne sait qu'il était présent sur les lieux, il s'en est assuré. Il a lâché quelques billets à ses deux subordonnés qui surveillaient l'appartement de la jeune Boutefnouchet ce soir-là. Et il leur a promis qu'il favoriserait leur carrière dans les mois qui suivent.

Seuls les militaires et le DRS inquiètent Filali – aujourd'hui un peu plus qu'à l'accoutumée. Il n'aime pas Bourbia et ses lunettes à monture dorée : ce type est un rusé, il doit sentir quelque chose pour avoir demandé à lui parler. À moins que quelqu'un l'ait vu aux alentours de l'aéroport lorsqu'il a déposé Boutefnouchet ?

Il jette un œil sur le boulevard Amirouche. Les véhicules, pare-chocs contre pare-chocs, klaxonnent à tout-va. Les passants sur les trottoirs semblent plus sereins que les conducteurs, mais leurs pas sont rapides : nombreux sont ceux qui doivent attraper le prochain train à la gare de l'Agha toute proche.

Il faudrait qu'il parte, Bourbia ne doit pas s'impatienter.

Une voiture, deux hommes à l'intérieur, slalome trop vite au milieu du trafic. Le conducteur fonce sur le commissariat central.

— Les ordures…

Filali se jette à terre.

La terre rugit.

La terre tremble.

La terre s'effondre.

La terre s'ouvre sous lui.

La terre plonge dans le noir, et Filali avec.

On relèvera 42 morts et près de 200 blessés. La désintégration de la voiture bourrée d'explosifs aura creusé un cratère de deux mètres de diamètre et de plus de 50 centimètres de profondeur. Le commissariat sera dévasté, toutes les vitres des immeubles de banques et de bureaux alentour auront été soufflées.

Et le commissaire principal Nasser Filali n'ira pas à sa convocation au ministère de l'Intérieur ; le colonel Bourbia n'aura pas de réponse à ses questions, parce que le flic passera les trois semaines suivantes sur un lit d'hôpital entre la vie et la mort.

***

Pendant la journée, Gh'zala assiste à des cours de droit, niveau licence, elle qui était doctorante en Algérie. Le président de l'université a accepté qu'elle s'inscrive l'année prochaine en maîtrise. Elle régresse dans son cursus, mais c'est le prix à payer pour espérer présenter sa thèse en France dans quelques années. On lui a donné l'autorisation de suivre certains séminaires destinés aux thésards ou aux chercheurs. Elle pense que Tedj ou Rémy Bellevue, ou peut-être des relations à eux plus haut placées, ont intercédé en sa faveur. Elle prend ce piston, mais n'en remerciera jamais Tedj ; même dans sa tête, elle ne lui dira jamais merci. Elle va tenter de redevenir la brillante étudiante qu'elle était à Alger, ici à Paris. Puisqu'elle est obligée de vivre en France.

Sa cousine lui a peut-être trouvé un minuscule studio, pas cher. C'est la possibilité de quitter l'apaprtement de la rue du Douanier-Rousseau. Et Tedj.

En fin d'après-midi, de retour chez Tedj, elle apprend seule le droit français, révise la jurisprudence. Tedj rentre toujours après 21 heures, parfois plus tard. Quand elle lève les yeux de son bureau et s'aperçoit qu'elle est seule dans l'appartement de la rue du Douanier-Rousseau, elle ne s'inquiète pas. Elle ne lui parle pas beaucoup, juste ce qu'exige la politesse.

Lorsque Fadoul Bousso l'a prise à part un jour pour lui annoncer qu'Évelyne et Nathalie Benlazar étaient mortes, elle s'est sentie emportée par une peur immense. Plusieurs fois, elle avait vu Tedj discutant avec sa femme au téléphone. Elle savait Tedj capable de violence puisque son métier demandait parfois cette violence, mais elle a compris qu'il devait être complètement dingue. De quelle pathologie pouvait souffrir un homme qui parlait à sa femme morte ?

Le soir, lorsqu'il n'est pas rentré après 21 heures, elle se prend à espérer qu'il ne rentrera plus, qu'il lui est arrivé quelque chose qui l'empêchera à jamais de rentrer.

Elle a accepté de l'accompagner chez Rémy et Fadoul pour le nouvel an. Fadoul est sa meilleure alliée, se dit-elle parfois.

Quand ils sont revenus, Benlazar a dit :

— Il n'en a plus pour longtemps, le Vieux.

Rémy Bellevue était bien au bout de son chemin, il était même au-delà, un vrai mort-vivant. Étrangement, Tedj n'avait pas l'air affecté. On aurait dit que son seul ami était mort depuis longtemps. À peine était-il un peu plus absent qu'à l'accoutumée les jours qui ont suivi. Il fumait plus aussi. Mais aucune marque de tristesse ne déformait son visage.

Puis il lui a raconté cette nuit affreuse au cours de laquelle sa femme et sa fille ont péri brûlées vives.

Et Rémy Bellevue est mort.

Et Tedj n'a plus parlé au téléphone avec Évelyne.

Peu importe : pour Gh'zala, Tedj Benlazar reste l'ennemi. Il a été mêlé à la mort de Raouf et peut-être à celle de Slimane, il est donc l'ennemi. Son ennemi. Gh'zala accepte seulement que, parfois, l'ennemi est moins dangereux que l'allié, que le membre de son propre clan. Mais à le voir évoluer, Gh'zala comprend surtout qu'il est lui aussi, d'une certaine manière, au bout du chemin.

Parfois, elle l'observe et se surprend à sourire : pour qui se prend-il pour imaginer qu'elle va succomber à son charme ? Se voit-il comme un de ces acteurs vieillissants, à l'âge d'or d'Hollywood, les John Wayne, les Clark Gable et autres faisant se pâmer les Ann-Margret ou les Vivien Leigh ? Quel est ce virilisme imbécile qui habite encore les hommes à la fin du XXe siècle ?

— Tu révises encore ? a-t-il demandé en refermant la porte derrière lui, la veille au soir.

Ils se tutoient depuis qu'elle a posé le pied sur le sol français.

Gh'zala s'est levée pour se servir un verre d'eau à la cuisine.

— Demain, je crois que je vais aller voir Vanessa. Tu pourrais m'accompagner, peut-être ?

Elle est restée silencieuse quelques secondes pendant lesquelles elle s'est demandée si un individu qui téléphone à sa femme morte depuis des années était capable de tout pour que la réalité se coule dans ses fantasmes. Oui, un tel individu était capable de lui faire du mal. Mais elle a répondu :

— Je n'ai rien à faire avec ta fille, Tedj.

Il ne lui a pas fait de mal. Pendant quelques secondes il a hoché la tête puis il a disparu dans sa chambre.

Gh'zala voudrait qu'il ne rentre plus un soir. Le lendemain soir, si possible.

***

Le lendemain après-midi, à Lagny-sur-Marne, Tedj se gare sur un parking devant le lycée Van-Dongen. L'endroit est désert.

— Elle doit être scolarisée là, murmure-t-il.

Il réfléchit, les sourcils froncés.

Gh'zala n'a pas voulu venir. Il en est triste, mais son passé, ses deuils, ses fêlures ne justifieront pas qu'il s'accroche à cet amour. Au volant de sa voiture, il se sent faible et triste, mais il sait qu'il finira par accepter la décision de la jeune femme et l'oublier.

S'il s'est arrêté devant le lycée, ce n'est pas pour attendre Vanessa. Le samedi après-midi, il n'y a pas cours. C'est comme s'il avait besoin de reprendre son souffle.

Il redémarre et se dirige vers le centre-ville.

La situation lui apparaît soudain grotesque. S'il croyait en Dieu, il lui demanderait de faire que les retrouvailles se passent bien. Simplement pour ne pas être encore l'acteur principal d'une scène gênante. Avec Gh'zala, il commence à connaître le rôle par cœur…

Bientôt, Benlazar stoppe à nouveau, cette fois devant un pavillon parmi d'autres pavillons identiques.

Lorsqu'il va sonner à la porte, il voit les voisins à peine dissimulés derrière des haies l'observer depuis leurs jardins.

Ils sont encore là – ou ce sont d'autres voisins, tout aussi curieux – lorsqu'il ressort une heure plus tard. Il ne peut s'empêcher de sourire.

Une jeune fille d'une quinzaine d'années le suit. Ses joues sont comme grêlées par la vérole et elle porte un foulard noué dans les cheveux. Elle est belle malgré les stigmates de ses brûlures. Ses yeux sont du même gris-vert que ceux de son père. Et puis elle est grande comme son père et celui-ci pense que les garçons de son âge doivent la trouver jolie.

Vanessa a l'air serein, ses gestes sont légers, détendus, mais son regard témoigne d'une extrême méfiance. Elle se tait et regarde autour d'elle comme si on pouvait l'observer. Et d'ailleurs, des voisins l'observent.

Une minute se passe et personne ne semble savoir quoi dire ou quoi faire.

— Je pourrais repasser te voir, la semaine prochaine ? propose Benlazar. On pourrait aller manger ou voir un film, je sais pas.

Vanessa fait oui d'un signe de tête.

— Bon, ben, je vais y aller, maintenant.

Il se retient de lui dire qu'il vit avec une jeune femme, pas vraiment sa fiancée, mais il aimerait la lui faire rencontrer. Ce n'est qu'un ancien réflexe du temps où il mentait.

Vanessa lui sourit. Ses cheveux ne recouvrent pas entièrement son crâne, d'où le foulard.

Il se dirige vers la portière conducteur.

— Tu sais, j'ai lu les journaux, murmure alors Vanessa.

Il se retourne, les sourcils froncés.

— Oui, il n'y a pas longtemps, j'ai trouvé un article qui parlait de l'incendie. Ils disaient que les gendarmes avaient dû te retenir pour que tu ne retournes pas dans la maison en feu. Ils t'ont retenu alors que tu voulais aller sauver Maman et Nathy.

Il est désemparé.

— Je me souviens, tu sais, de t'avoir hurlé dessus à l'hôpital parce que je croyais que tu les avais laissées tomber. C'était pas juste, Papa.

Elle lui adresse un franc sourire, et il fait un effort surhumain pour ne pas pleurer.

— Tu m'appelles, hein ? lance la jeune fille en marchant tranquillement vers la maison de sa tante.

Tedj fait un signe de la main, dit : « Oui oui, je t'appelle », regarde ses clés de contact quelques secondes, complètement perdu, et remonte en voiture. Il conduit en silence jusqu'à la sortie de Lagny-sur-Marne, il prend l'autoroute.

— Non, non, ça ne va pas ! crie-t-il alors.

Il sort une cigarette de sa poche de blouson et l'allume. Ce n'est pas l'angoisse qui le secoue. C'est l'impression d'avoir commis une faute – encore une. Il tire méchamment sur la Gitane : le temps où il mentait et se mentait à lui-même n'est pas révolu. Comment a-t-il pu laisser Vanessa croire que les gendarmes l'avaient empêché de retourner dans la fournaise ? Des conneries, oui ! *Les gendarmes m'ont soutenu. Ils m'ont seulement soutenu parce que je me suis écroulé sous l'effet de la peur.* Ce con de journaliste n'avait rien compris, et sa propre fille non plus.

Le ciel s'obscurcit au-dessus de Paris et Benlazar espère que l'orage qui s'annonce lavera un peu sa culpabilité.

***

— Alors, tu vis avec elle, hein ?

Benlazar jette un regard interrogateur au capitaine Gombert.

— La gamine de la Casbah, Boutech quelque chose. Tu vis avec elle ?

Les gars de la cellule Algérie, assis autour de la table, à côté d'eux, font mine de ne rien entendre. Il sait que tout le monde sait à la Boîte : d'Alger, le lieutenant Benlazar a ramené avec lui une gamine, comme dit Gombert, une étudiante avec qui il vit. Elle n'a pas vingt-cinq ans, on a même supposé qu'elle était mineure, et ceux qui l'ont vue disent qu'elle est incroyablement belle. Sa femme accepterait la situation. Pour la faire sortir d'Algérie, Benlazar a pris des risques insensés, il a failli y laisser sa peau. Il a enfreint tous les règlements de la DGSE – c'est vrai qu'il a abattu un agent du DRS dans un immeuble de la Casbah ? C'est vrai qu'il fréquentait beaucoup trop les services secrets algériens et la sécurité militaire pour ne pas être un agent double ? Toutes ces questions, ses collègues se les posent, il n'est pas assez idiot pour ne pas s'en apercevoir : à leurs regards, à l'arrêt des discussions lorsqu'il paraît dans une pièce. Mais il s'en fout.

Gombert fait un aller-retour à Paris parce que le ministère de l'Intérieur – peut-être informé par les renseignements généraux – vient de balancer que Balladur est hors jeu pour la présidentielle, la semaine prochaine. Le Premier ministre ne passera pas le premier tour, ça se jouera entre Jospin et Chirac. Tout laisse à penser que Chirac l'emportera : les Français aiment l'alternance, et Mitterrand, le Parti socialiste et la gauche ont trop marqué les quinze dernières années. Est-ce que ça va modifier les rapports avec le pouvoir algérien ? Est-ce que les islamistes vont se servir de cette élection pour passer à l'acte, ici, en France ? Le lieutenant-colonel Chevallier veut en discuter avec ses hommes.

— Rémy a dû te passer un putain de savon à ton retour, reprend Gombert, avachi dans son fauteuil.

Décidément, l'Algérie ne lui réussit pas, pense Benlazar. L'aigreur et l'impuissance l'affadissent physiquement.

— Il ne m'a jamais parlé de Gh'zala. Et si tu veux tout

savoir, on a passé le nouvel an ensemble, moi et Gh'zala, lui et Fadoul. On a même trinqué à ta santé.

Gombert gratte son crâne chauve.

— Gh'zala Boutefnouchet, ça me revient maintenant... murmure-t-il.

Il se redresse dans son fauteuil et s'approche de Benlazar.

— Et cette Gh'zala, elle a une carte de séjour ?

Benlazar sent les muscles de ses mâchoires rouler sous ses joues : Gombert lui en veut depuis qu'il a demandé son retour à Paris, pour accompagner Gh'zala.

— Elle est étudiante.

— Et elle a bien un visa de séjour, rassure-moi ?

Les gars autour d'eux baissent la tête, quelques mouvements de malaise font racler les chaises.

— Fais gaffe, Sylvain, prévient Benlazar sans un geste.

— Tu me menaces, li-eu-te-nant ? moque Gombert en appuyant exagérément sur le grade de son subalterne. Je te rappelle que je suis ton supérieur…

Chevallier entre dans la pièce. Il est accompagné de la haute fonctionnaire aux cheveux gris.

— Messieurs, pour ceux qui ont loupé un épisode, Mme de Broglie, ici présente, assure l'intérim de la direction de la cellule Afrique de l'Élysée. En attendant le résultat des élections. Voilà pour les présentations.

Le directeur du renseignement passe une tête dans la pièce, adresse un sourire qui se veut encourageant au colonel, et disparaît.

Chevallier s'installe au bout de la table, Marthe de Broglie prend une chaise à sa droite.

— Bon, voilà la situation : Balladur est out et Chirac va l'emporter. Alors, question numéro un : comment les généraux vont-ils prendre la nouvelle à Alger ? Et question numéro deux : comment vont réagir les barbus ? Messieurs, je vous écoute.

Silence de mort dans la pièce.

— Capitaine Gombert, vous avez quelques éléments à nous apporter ?

Gombert ouvre de grands yeux. *C'est une goutte de sueur qui perle sur sa tempe ?* se demande Benlazar.

— Difficile à savoir, commence-t-il en faisant mine de chercher dans les notes disposées devant lui. Pour le pouvoir, je crois que ça continuera comme avant. Pour les islamistes, ils sont imprévisibles, et Djamel Zitouni, l'émir du GIA, a menacé la France plusieurs fois.

Il dodeline de la tête. Son front est luisant de transpiration.

— Pasqua restera à l'Intérieur ? intervient Benlazar.

Marthe de Broglie et le colonel Chevallier froncent les sourcils.

— Si Chirac passe, Pasqua conserve l'Intérieur ? reprend Benlazar.

La femme aux cheveux gris argenté se penche vers la table.

— Il y a très peu de chances que le ministre de l'Intérieur soit reconduit dans ses fonctions. Il soutient ouvertement le Premier ministre depuis le début, M. Chirac n'est pas homme à oublier les trahisons.

— Bon, alors, c'est la merde.

— Lieutenant, ne commencez pas, contre Chevallier, visiblement nerveux. On n'est pas là pour faire des effets de manche, nous voulons des réponses, des certitudes seraient même les bienvenues.

Benlazar sent le regard mauvais de Gombert sur lui – *pauvre con*, se dit-il.

— Matignon maintient sous perfusion le régime algérien et Pasqua est la courroie de transmission avec les généraux.

— Bon Dieu, lieutenant ! Vous ne pouvez pas avancer des choses comme ça sans preuve.

Gombert boit du petit lait.

— Franchement, colonel, la France est intervenue auprès du Fonds monétaire international et du Club de Paris pour le rééchelonnement de la dette algérienne. On les aide financièrement et, pour ce que j'en sais, militairement. Tout le monde est au jus que Pasqua siège à la cellule de crise de Matignon. N'est-ce pas, madame ?

La femme aux cheveux argent acquiesce d'un léger signe de tête.

— Avec ses hommes, dont Jean-Charles Marchiani que j'ai vu aller et venir à Alger, c'est Pasqua qui dirige les rapports avec les généraux algériens. Et pas qu'avec les généraux, à mon avis. Madame, est-il vrai que l'année dernière, Marchiani a rencontré Rabah Kebir du FIS, en Allemagne, à Euskirchen ?

De Broglie retient un petit sourire.

— Vous travailliez avec le commandant Bellevue, n'est-ce pas lieutenant ?

— Oui, à Alger, il dirigeait la DGSE lorsque j'étais en poste à Blida. Marchiani et Kebir, c'est vrai ?

— Nous mesurons tous combien la disparition du commandant Bellevue est un coup dur pour vos services. Pour la France, en fait.

Elle hausse les épaules.

— Marchiani ou un autre, ce n'est pas important.

— Pourtant, si Pasqua saute, ses réseaux sautent aussi. Le capitaine Gombert dit vrai : le GIA a ouvertement menacé la France. Le commandant Bellevue avait des raisons de croire qu'il compte mener des attaques sur le territoire français. Selon lui, les dirigeants algériens pourraient favoriser ce déplacement de la guerre jusqu'en France.

— Lieutenant ! s'emporte Chevallier.

La femme à ses côtés pose délicatement la main sur son avant-bras.

— Ainsi, ils nous obligent à les aider. Financièrement, surtout, c'est ça, lieutenant ?

— Oui et l'actuel ministre de l'Intérieur et ses hommes entretiennent des relations étroites avec les généraux. Disons des relations « hors cadre », en dehors des voies diplomatiques. M. Pasqua a reçu la mission de gagner du temps et d'éviter que des attentats ensanglantent le territoire national. Car cela desservirait la candidature Balladur.

Chevallier et Gombert, d'autres costumes-cravates aussi, manquent de s'étouffer.

De Broglie, elle, fait un geste pour que personne n'interrompe Benlazar.

— Selon le gouvernement, une conquête du pouvoir par les islamistes entraînerait un exode massif des Algériens, qui fuieraient leur pays à destination de la France. MM. Balladur et Pasqua n'aimeraient pas ça. C'est possible.

Benlazar hausse les sourcils.

— Mais ça, ce sont des tactiques électoralistes qui ne nous intéressent pas, n'est-ce pas ? Non, notre souci, c'est que si M. Pasqua et ses collaborateurs cessaient de discuter avec le général Liamine Zeroual et ses amis, c'est-à-dire cessaient d'exiger un semblant de négociation, ou de possibilité de négociation avec les islamistes, on pourrait imaginer que le scénario du commandant devienne réalité : la guerre sur le territoire français.

De Broglie gribouille quelques mots sur un calepin.

— Ce Djamel Zitouni, qu'en savez-vous exactement ?

— On n'en sait pas grand-chose, madame. Il se pourrait même que la photo anthropométrique que fait circuler la police là-bas ne soit pas la sienne, mais celle de son frère. C'est dire…

— Djamel Zitouni, de son nom de guerre Abou Abderrahmane Amine, est l'émir tout puissant du GIA, coupe Gombert en bombant le torse.

Il lit précipitamment ses notes :

— Il est né le 5 janvier 1964. C'est le fils d'un marchand de volailles de Birkhadem, autrement connu comme

Les Eucalyptus, une cité dans la banlieue d'Alger, un bastion des islamistes, actuellement. Zitouni est un petit délinquant qui est passé par les prisons algériennes.

Benlazar interrompt l'exposé.

— Oui mais ça, tout le monde le sait.

On entendrait presque Gombert grincer des dents. Chevallier l'empêche de répondre.

— Et qu'est-ce que tout le monde ne sait pas, lieutenant ?

— Djamel Zitouni est devenu le numéro un du GIA après la mort de Cherif Gousmi au cours d'une embuscade tendue par la sécurité algérienne, le 25 septembre dernier… Ce que j'ai découvert (Benlazar hésite...), enfin, ce que le commandant Bellevue et moi avons découvert, c'est que Zitouni accompagnait son chef lors de cette embuscade et qu'il est le seul à s'en être sorti. En tout cas, c'est ce que dit la rumeur à Alger.

— Ce n'est qu'une rumeur, lieutenant, grogne Gombert.

— Je dis rumeur, mais ces bruits ont été corroborés par beaucoup de nos correspondants sur place.

Gombert hausse les épaules, souffle de mépris.

— Continuez, lieutenant, dit Chevallier.

— Zitouni est devenu depuis le chef incontesté du GIA. C'est lui qui est derrière le détournement du vol Air France en décembre. Le chef du commando, Abdul Abdullah Yahia, est un de ses plus proches lieutenants. Voilà pour Zitouni.

— C'est donc lui notre ennemi numéro un, confirme Chevallier.

De Broglie pose à nouveau sa main sur l'avant-bras du colonel.

— Parlez-nous de cette rumeur, lieutenant. Est-ce qu'elle dit pourquoi Zitouni, un petit délinquant, se retrouve si vite aux commandes du GIA ?

Benlazar hausse les sourcils : ce qu'il sait, il le tient de Bellevue ; des bruits sans vrai fondement, mais que le Vieux avait pu faire attester par certaines des sources qu'il joignait parfois encore au téléphone.

— Djamel Zitouni et un autre chef du GIA, Abdesselam Djemaoun, qui se faisait appeler l'Égorgeur, étaient aux côtés de Cherif Gousmi le 25 septembre 1994 quand ils ont été pris sous les tirs des militaires. Gousmi et Djemaoun sont morts. Dans leur quartier, on raconte que Zitouni a tué de ses mains le traître qui a donné Gousmi… pour qu'il ne parle pas des raisons du « miracle » qui a permis à Djamel de survivre, vous voyez ?

Gombert soupire bruyamment à sa gauche, Chevallier a un rictus nerveux.

— Notre gouvernement actuel, et en premier lieu M. Pasqua et ses collaborateurs, tiennent les généraux qui empêchent Zitouni de passer à la phase suivante de son plan : des attaques en France. Si le prochain gouvernement ne tient plus les généraux, Zitouni aura bride lâchée. C'était la théorie du commandant Bellevue.

— Mais Bellevue est mort, lieutenant ! s'exclame Gombert. Là-bas, rien ne confirme ce genre d'affirmations fantaisistes. Je travaille sur place, je suis le seul à être à Alger en permanence, merde !

D'un doigt dressé, Chevallier ordonne à Gombert de se calmer.

— Je pense, reprend Benlazar… Djamel Zitouni a entretenu des relations soutenues et étroites avec le DRS. D'abord quand il était détenu dans le camp de concentration d'Aïn M'guel, puis après sa libération.

— Le camp de rétention, pas de concentration, reprend Gombert, de plus en plus acide.

Il y a quelques toussotements gênés dans l'assistance. Le lieutenant Marek Berthier, particulièrement, qui a fui la queue entre les pattes Constantine et l'Algérie, doit avoir des envies de disparaître.

— Vous avez des noms au DRS ? fait De Broglie, l'air étonné.

— Le colonel Bourbia.

La fonctionnaire aux cheveux gris et Chevallier échangent une grimace.

— Jamais entendu parler, dit Chevallier.

— Ce colonel a placé un mouchard auprès de Zitouni pour s'assurer qu'il ne le double pas dans sa prise du pouvoir du GIA.

Là, tout le monde s'agite dans la grande pièce, comme si les explications de Benlazar touchaient au délire psychiatrique.

Benlazar avait encore quelques doutes, mais il est obligé de constater que Chevallier, Gombert et probablement la direction du renseignement au grand complet sont à la ramasse. Il fixe Marthe de Broglie en espérant qu'elle y voit plus clair que tous ses subordonnés, qu'elle lui demande au moins d'apporter des preuves de ce qu'il avance. Bientôt, quand Chirac prendra le pouvoir et qu'elle sera définitivement nommée à la tête de la cellule Afrique de l'Élysée, elle adoptera la seule position qui prévaut, celle suivie par Mitterrand, Pasqua et les autres. La Realpolitik continuera de l'emporter. La Realpolitik, c'est reconnaître que la violence est parfois inévitable. Benlazar les entend déjà demander ce qu'aurait pu apporter la non-violence dans la guerre menée contre Hitler. Ils finissent toujours par demander ça. Mais il convient aussi que la non-violence en Algérie n'a pas lieu d'être si des attentats tuent en France. Il convient aussi que Pasqua, la Realpolitik, le soutien de la France à un régime militaire et sanguinaire sont désormais nécessaires.

Benlazar ne l'a pas vu venir, mais quelque chose a changé en lui, dans sa conception du jeu franco-algérien. Depuis la mort de Bellevue ? Depuis qu'il a accepté que Gh'zala ne voudrait jamais de lui ? Il ne peut dire. Mais ce qu'il sait, c'est qu'il importe maintenant d'alerter ses chefs et le gouvernement quant à l'imminence de l'exportation du conflit algérien jusqu'à Paris. Et là, il a fait son possible.

Marthe de Broglie l'a compris, espère Benlazar en la voyant se lever, l'air grave.

— Bon, tout ça est très bien, déclare-t-elle. Je vais informer vos collègues de la DST qu'une possibilité d'attentat sur le sol français a été évoquée aujourd'hui.

Oui, elle l'a compris. Benlazar en sourirait presque.

Elle l'observe quelques secondes, hoche la tête.

— Je leur dirai de prendre contact avec vous, colonel.

Chevallier et ses hommes serrent les dents : oui, bien sûr, si le bordel algérien arrive en France, c'est les mecs de la rue Nélaton qui prendront la main. Eux, on les renverra à leurs ambassades.

Benlazar ne serait pas contre se retrouver sur la touche, l'Algérie ne lui manque plus depuis quelques semaines. Finalement, l'Algérie était une fuite : là, il pouvait continuer à faire vivre Évelyne et Nathalie. Mais désormais, elles sont mortes.

***

Un chiffre précis tombera le lendemain matin : 52, 64 %.

Au soir du 7 mai 1995, c'est bien Jacques Chirac qui l'emporte sur Lionel Jospin au second tour de l'élection présidentielle.

Benlazar a récupéré les « dossiers personnels » de Bellevue après sa mort. Plusieurs cartons qui se trouvaient rue Tesson et des pochettes classées secret-défense qu'il n'aurait pas dû sortir de la Boîte. Ça permettait souvent au Vieux d'avoir un coup d'avance sur ses collègues. Ça permet à Benlazar de contacter certains des honorables correspondants du Vieux, ceux qui veulent encore lâcher des informations.

Il téléphone parfois au commissaire Filali. Le flic a échappé de justesse à l'attentat du commissariat central, fin janvier. Il est resté douze heures sous les décombres et quelques semaines à l'hôpital. Il a repris ses rondes de nuit, mais dit se méfier de tout le monde. Il n'est pas certain que ce soit réellement le GIA qui ait armé les kamikazes du boulevard Amirouche. Lui aussi commence à pencher pour les thèses de Bellevue : le GIA serait une création du DRS et des militaires. De temps en temps, il tient Benlazar au courant des mouvements dans la capitale.

Benlazar a également gardé contact avec Khaldoun Belloumi ; celui-ci travaille toujours au centre de communication du CLAS à Beni Messous. Ses informations n'ont rien donné jusqu'à présent, mais c'est lui qui appelle le Français. Le gros Belloumi joue toujours, aime toujours les prostituées et caresse toujours l'idée d'ouvrir un restaurant aux États-Unis. Il demande donc toujours de l'argent en échange de ses informations. Benlazar lui envoie de temps en temps quelques centaines de francs en lui disant que son jeu n'est pas assez intéressant pour qu'il augmente la donne. Belloumi rit grassement et promet qu'il aura une quinte flush la prochaine fois.

Le Vieux avait listé tous les remplaçants potentiels de Mitterrand à l'Élysée ; le dossier Chirac est le plus épais. Évidemment.

Gh'zala et Fadoul discutent dans le salon. Elles se voient beaucoup depuis la mort de Bellevue, elles ont en commun une expatriation forcée.

Il doit être pas loin de minuit.

Benlazar s'est enfermé dans son bureau après la soirée électorale, qu'il a regardée sans trop écouter les commentaires lénifiants des spécialistes. Aucun n'a abordé l'Algérie, tous ont à la bouche la fameuse « fracture sociale » que le nouveau locataire de l'Élysée affirme vouloir réduire.

Un Post-it de Bellevue sur la première page du dossier Chirac : « Prochain président – Balladur n'a pas les réseaux – Jospin pas la carrure. » Bien vu, le Vieux.

« Chirac et Mitterrand sont les seuls à avoir participé à la guerre d'Algérie », commence Bellevue de son écriture minutieuse. Mais Chirac est le seul à avoir porté l'uniforme.

Il y a beaucoup de pages, avec beaucoup de détails, des photos… Benlazar les parcourt rapidement.

Dans le salon, Fadoul a élevé la voix :

— Je ne retournerai pas au Tchad !

Gh'zala murmure quelque chose et Benlazar ne parvient pas à entendre quoi.

Il tourne les pages plus rapidement. Rien de très intéressant quant aux relations du nouveau président avec le pouvoir algérien actuel. « Chirac était favorable à la répression politique du FIS », termine Bellevue.

Gh'zala rigole et Fadoul dit quelque chose comme « je ne les comprendrai jamais ». Elles s'entendent bien, ça rassure Benlazar. Gh'zala a quelques amis qui suivent les mêmes cours qu'elle à la fac. Elle voit aussi sa cousine, celle qui va lui trouver un studio bientôt. Mais Fadoul est très seule depuis la mort de Bellevue et, puisqu'ils n'ont pas pu se marier, rien n'assure qu'elle pourra rester en France. Le colonel Chevallier répète qu'il va voir ce qu'il peut faire. Benlazar ne lui fait pas confiance sur ce coup-là. Mais il a déjà un plan de repli, au cas où.

Il allume une cigarette, entrouvre la fenêtre qui donne sur le jardin intérieur de l'immeuble et se penche sur le dossier Mitterrand. Toujours cette écriture minutieuse. Il n'y a pas beaucoup de pages tapées à l'ordinateur. Bellevue était de la vieille école, il se méfiait des traces que peuvent laisser les ordinateurs.

Après un petit moment, Benlazar referme le dossier. Sa cigarette s'est consumée sans qu'il tire dessus. Son cerveau est embrumé de fatigue.

Gh'zala et Fadoul continuent à discuter à voix basse. Il penche la tête et voit leurs visages préoccupés. Gh'zala tient la main de Fadoul.

Benlazar sait que la Préfecture de Paris a convoqué Fadoul.

Il n'en parle à personne et surtout pas à Gh'zala, mais pour lui, Chirac président, c'est « le bruit et l'odeur » qui risquent de revenir. Benlazar se souvient vaguement de ce discours, en 1991, dans lequel le chef du RPR ne cachait pas sa volonté d'en finir avec le problème de l'immigration. À l'époque, Benlazar, complètement détruit par l'incendie qui avait emporté Évelyne et Nathalie, broyé par l'angoisse, avait presque démissionné de la DGSE. Lui, à moitié algérien, servant un pays qui acceptait ce genre de déclaration, est-ce que c'était normal ? Et puis c'était passé – tout passe, même ce genre de déclaration.

Du pied, il repousse le carton de dossiers sous son bureau. L'époque n'est pas à l'accueil des étrangers, Fadoul Bousso et sa peau noire ne sont pas les bienvenues en France. Il n'est pas certain que la peau bronzée de Gh'zala le soit plus.

***

Qui est-elle ?

Cette question lui paraît tellement sans réponse que la tête lui tourne un peu. Lorsqu'elle descend du bus, elle préfère s'asseoir à la terrasse du premier café. Elle commande un allongé, machinalement. Le serveur, un grand type aux cheveux longs, lui adresse un sourire presque attentionné, presque émouvant :

— Un petit verre d'eau, avec ?

Elle doit avoir l'air bouleversée, elle fait « oui » d'un hochement de tête. Les véhicules qui foncent sur le boulevard lui rappellent ceux qui empuantissent pareillement le boulevard Zighoud-Youcef, sur le front de mer à Alger.

Qui est-elle pour que le sourire d'un jeune homme à la terrasse d'un café l'émeuve ? Chez elle, en Algérie, elle n'aurait pas pu s'asseoir à la terrasse d'un café. Chez elle,

elle n'aurait pas reçu un sourire de la part d'un homme, habillée comme elle l'est, coiffée comme elle l'est. Plus aujourd'hui. Qui est-elle donc pour s'asseoir à la terrasse d'un café, vêtue d'une jupe, les bras nus, et ne pas avoir peur de recevoir du vitriol au visage ? Qui est-elle pour aller suivre des cours à l'université sans avoir peur d'être suivie, insultée, violentée ?

Elle sait qu'elle est algérienne, c'est marqué sur son passeport, ce passeport que les agents de police lui demandent parfois dans la rue. Et la couleur de sa peau, celle de ses cheveux ne prêtent pas à confusion : elle n'est pas d'ici. Mais elle se demande si l'on peut être algérienne sans vivre dans la terreur. Vivre dans la terreur, n'est-ce pas la définition de la femme algérienne ?

Sur le boulevard, les jeunes filles passent, souriantes. Elles sont légèrement vêtues parce que le printemps est agréable, mais aussi parce qu'elles en ont envie et qu'elles en ont le droit. *Voilà*, pense Gh'zala en reprenant ses esprits, *moi, l'Algérienne, je peux avoir envie de m'habiller comme je le veux, ce n'est pas pour autant que j'en ai le droit.* Elle porte une jupe courte et ses jambes croisées laissent apparaître jusqu'à la moitié de ses cuisses. Elle se sent belle. Mais c'est seulement parce qu'elle est tolérée dans ce pays, la France, qu'elle peut s'autoriser à croire qu'elle a le droit d'être légèrement vêtue.

Elle ne peut s'empêcher de ressentir l'absence de peur, dans son ventre, comme un mensonge, comme si sa présence à Paris n'était qu'un mensonge. D'ailleurs, sans l'aide de Tedj, elle ne serait pas à Paris : elle serait à Alger, la peur au ventre quand elle se rendrait à l'université ou irait simplement faire quelques courses au marché.

Elle est en colère contre Tedj et contre les Français. Peut-être parce qu'elle leur doit la possibilité de reprendre son souffle à la terrasse d'un café. Elle leur doit cette chance, mais elle ne leur a rien demandé et ne veut rien leur devoir.

Alors, qui est-elle vraiment ?

Les islamistes et la société algérienne dans l'ensemble disent aux femmes : « Restez chez vous et n'en sortez plus, c'est là votre place. » Rien de tel en France, mais les Français, et Tedj parmi eux, lui disent, à elle : « Reste ici, tu n'as pas d'autre choix. » Ici ou là-bas, il faut toujours que les femmes accordent le droit et la force aux hommes. Il faut toujours qu'elles ploient sous leurs décisions. C'est ça, la place de la femme ?

Elle se souvient. Elle se souvient d'un prénom et d'un nom : Katia Bengana. C'était une jeune fille de dix-sept ans qui refusait de porter le hijab. Un homme l'a assassinée d'un coup de fusil à canon scié alors qu'elle sortait de son lycée, à Meftah.

Gh'zala sait bien qui elle est : une femme algérienne qui n'a pas honte de sa féminité et qui n'abdiquera pas.

— Nous sommes les oubliées de cette tragédie, murmure-t-elle.

— Pardon ? demande le serveur en déposant le café et le verre d'eau sur la table.

Elle secoue la tête.

Le jeune homme sourit de nouveau et s'éloigne.

Puis elle se souvient encore. Un autre prénom, un autre nom. C'était il y a quelques semaines seulement, à Tizi-Ouzou, en Kabylie : Nabila Diahnine, trente-cinq ans, présidente de l'association Tigri-Net-Nettouh, a été exécutée elle aussi. Tigri-Net-Nettouh, ça signifie « Cris de femmes ». Gh'zala ne crie-t-elle pas en silence et trop loin de l'Algérie, ici, à Paris ?

Elle est rassurée. Finalement, la question n'est pas « Qui suis-je ? », mais « Que vais-je faire pour ne pas avoir la vie de ma mère ? » Gh'zala se souvient de sa mère, soumise, consacrant sa vie à l'entretien de son foyer pendant que son père tenait l'épicerie. Elle se souvient des mères de toutes ses amies menant la même vie docile. Les islamistes ne font que perpétuer une tradition algérienne. Il faut leur refuser ça.

Elle suit du regard les passants sur le boulevard : elle n'est pas chez elle ici. À bien y réfléchir, à Alger, l'atmosphère pesante lui donnait peut-être plus de courage qu'ici, à Paris. Il lui semble que son refus d'obéir aux islamistes qui veulent lui faire porter le voile est plus fort là-bas que son refus de ne pas se laisser enfermer par Tedj, ici. Ici, comme libérée de la peur, elle sent monter en elle une évidence qu'elle se refusait à comprendre : la peur ne doit pas aliéner, elle doit pousser au courage. Gh'zala est une jeune femme éduquée, elle peut participer au refus d'obéir aux islamistes ; elle peut montrer la voie, elle aussi.

Alors, elle retournera en Algérie parce que c'est là-bas qu'elle a sa place, sa vie, son avenir. Et surtout son combat.

À mi-voix, elle récite quelques vers de Tahar Djaout :

— Si tu te tais tu meurs, et si tu parles tu meurs, alors dis et meurs…

Tahar Djaout a été assassiné le 2 juin 1993, devant chez lui, dans la banlieue d'Alger.

***

Du racisme au quotidien, de son impossibilité à s'intégrer, de ses souvenirs du lycée La Martinière, Khaled s'en fiche aujourd'hui.

C'est étonnant comme ce qui l'aurait auparavant poussé à agir n'a plus d'importance. L'important, aujourd'hui et à l'avenir, c'est de se battre et d'infliger le plus de dommages possibles à l'ennemi. L'ennemi, c'est la France. Et ce nouveau président n'y changera rien ; on raconte d'ailleurs qu'il a été soldat pendant la guerre d'indépendance, qu'il a tué des combattants du FLN.

Khaled partage avec son ancien codétenu, Khelif, un petit appartement à Bron, non loin du boulevard périphérique qui ceinture Lyon. Karim passe tous les jours, certaines nuits il reste chez eux. Ensemble, ils se préparent.

Ali leur rend souvent visite et, une semaine plus tôt, il lui a confié un pistolet semi-automatique. Khaled a rencontré Ali pour la première fois à Bruxelles, l'année précédente. Il est l'envoyé spécial du GIA en Europe, quelqu'un d'important. Pour lui, Khaled est retourné deux fois en Algérie, à Mostaganem. Là-bas, il n'a pas revu sa famille. Il avait pour mission de remettre une forte somme d'argent et des armes à ses frères en guerre contre l'État algérien.

Ali est en contact permanent avec l'émir Medhi, le représentant du GIA en France. Il se déplace fréquemment en Belgique et aux Pays-Bas. Khaled, Khelif et Karim l'écoutent religieusement, si on peut dire. Ali a de l'expérience : il a échappé à plusieurs rafles. En novembre 1993, il est passé au travers du filet qui a conduit à l'arrestation de 88 islamistes algériens dans une vingtaine de départements français. Il s'est réfugié en Belgique. Et il y a trois mois, à la fin de l'hiver, il n'est pas tombé lors du démantèlement du réseau d'Ahmed Zaoui. C'est à ce moment qu'il s'est installé à Lyon.

Un jour, Ali s'est isolé avec Khaled dans la cuisine du petit appartement.

— Nos amis, là-bas en Algérie, ont décidé que tu dois monter un groupe de combat, ici. L'émir Djamel m'a parlé de toi.

Que le chef du GIA en personne ait prononcé son nom a rempli de fierté Khaled.

Depuis, avec Karim, il parle de ceux de leurs amis qui pourraient les accompagner dans le djihad. Ils pensent aux armes, aux plaques, où se procurer des voitures. Khaled, Karim et Khelif sont comme une petite *katiba*, ces unités de combattants pendant la guerre d'indépendance. Ali leur dit qu'un objectif va bientôt leur être transmis. Khaled sent que sa vie n'aura pas été vaine.

Il voit encore Mounia, de loin en loin. La jeune femme a des velléités d'indépendance, alors Khaled frappe. L'autre jour, il l'a saisie par le col et lui a hurlé dessus : « C'est la guerre sainte, ou tu marches ou tu crèves ! » Elle va finir par comprendre, c'est certain.

***

Vanessa n'écoute pas. Depuis le début de l'heure, elle n'a pas enregistré un mot de ce que raconte sa prof d'économie. L'année scolaire sera terminée dans une semaine et elle se demande pourquoi elle n'a pas séché, comme la plupart de ses camarades. Peut-être parce que, justement, elle est déboussolée.

Hier, son père lui a demandé de prendre les clés de la maison de Paimpol – il veut dire la maison de Plouézec, la maison des parents de sa mère, dont la sœur a la copropriété. Elle doit trouver une excuse plausible et ne surtout pas dire à sa tante ou à quiconque qu'il a besoin de la maison. Il a ajouté que c'était vraiment important, que la vie d'une de ses amies dépendait de sa discrétion.

Son père a débarqué dans sa vie il y a quelques mois, et déjà il lui demande de mentir pour lui. Elle n'en revient pas. Elle oscille entre l'envie de l'aider – faire quelque chose d'interdit ou de risqué ne la rebute pas, bien au contraire – et celle de l'envoyer chier, de lui dire qu'elle n'est pas de celles qu'on manipule. Elle sait que son père bosse pour les services secrets ou quelque chose comme ça. Autrement dit il est flic, et Vanessa n'aime pas les flics. Un peu avant Noël, deux flics lui ont demandé ses papiers alors qu'elle se rendait à un concert. « Benlazar, c'est juif ? » a grogné l'un d'eux. « Ou alors c'est bougnoule », a rectifié l'autre. Le premier l'a regardée : « Tu viens te faire soigner en France, hein ? Tu viens pomper la sécu, hein, c'est pratique ? Remarque puisqu'on vous laisse faire, t'aurais tort de te priver. » Elle a baissé les yeux, paralysée. Les deux types l'ont laissée partir en riant.

Jamais elle n'avait subi le racisme directement. Il a fallu deux flics pour qu'elle se rende compte que ses brûlures ne sont pas ce qui la rend différente. C'est son nom et la couleur de sa peau. Il a fallu ces deux flics – sans doute plus cons que la moyenne des flics, veut-elle bien concéder – pour qu'elle craigne que l'on ne voie plus en elle que ses origines maghrébines. À l'école ou plus tard au lycée, personne n'a jamais relevé la tonalité de son nom ou le bronzé de sa peau, les gamins étaient plutôt étonnés par ses stigmates. C'est en général ce qui retient l'attention des gens. Parfois des connards l'affublent de noms de monstres. Mais parce qu'elle ne s'apitoie pas sur son sort, ses cicatrices lui permettent souvent d'être entourée de gens qui l'apprécient, de vrais amis. À l'exception de l'année où elle a été déscolarisée pour cause de soins intensifs puis de convalescence, Vanessa a toujours été populaire – disons, normalement populaire. Son visage et son corps, les cheveux qui ne repousseront plus sur le côté de son crâne ne seront jamais un frein à sa sociabilité : elle se l'est promis dès la sortie de l'hôpital. Ce n'était pas formulé de cette manière, à dix ans les mots ne traduisent pas facilement les pensées.

Quand les deux flics lui ont parlé de la sorte, elle a eu envie de leur cracher que son père aussi était flic. Et arabe. Mais ces deux cons auraient pu lui demander son affectation ou son grade. Elle aurait été incapable de répondre. Dans le pire des cas, ils auraient pu l'emmener au poste et appeler son père après quelques recherches. Imaginer les retrouvailles avec son père dans un commissariat de la banlieue parisienne lui a été insupportable. Elle s'est donc tue.

Elle ne savait pas grand-chose de son père, encore moins de son métier. Même aujourd'hui, alors qu'ils discutent longuement quand il l'invite au restaurant chaque semaine ou presque, elle a du mal à comprendre ce qu'il fait au juste. Il travaille surtout à l'étranger. Après l'incendie, il est parti en Algérie, ça elle le sait. Elle a regardé sur une carte où se trouvent Blida et Alger. Mais avant l'Algérie, c'est flou, son père reste évasif. Il lui a parlé de Beyrouth, du Liban. Ça, c'était peu de temps après sa naissance.

Les flics, elle ne les aime pas. Et en aidant son père, elle a l'impression d'aider le flic qu'il est. Mais elle l'aidera. Elle a dit à sa tante qu'elle aimerait bien s'isoler pour les vacances d'été, qu'elle a envie d'écrire un roman, pas vraiment autobiographique, mais qui parlerait de sa mère et de Nathy, du retour du père aussi, « quelque chose de cathartique, tu vois ? » Sa tante a trouvé qu'elle était peut-être un peu jeune pour s'enfermer seule pendant plusieurs semaines. Vanessa a immédiatement contré l'argument : Papa sera là. Sa tante a paru réfléchir quelques secondes avant d'accepter. « Cette maison est aussi la tienne, je te l'ai déjà dit, Vanessa », a-t-elle rappelé en souriant.

Sa grand-mère est morte deux ou trois ans avant sa mère et sa sœur. Elle s'en souvient vaguement. Elle se rappelle surtout que la vieille femme n'aimait pas son père. La « maison de Paimpol », comme disaient ses parents, se trouve donc à Plouézec. Elle n'en a que peu de souvenirs. Elle n'y est pas retournée depuis l'incendie. Il y a trois étés, sa tante a émis l'idée d'aller y passer un peu de temps, et puis ça ne s'est pas fait, son oncle et ses cousins préféraient le sud de la France. Leur argumentaire tenait en deux phrases : « On peut s'y baigner et il fait soleil, au moins, là-bas. »

Sa tante lui a donné les clés de la maison de Paimpol.

Vanessa ne peut s'empêcher de sourire. Elle se demande si Gaspar l'y rejoindra. Si les regards qu'il lui lance veulent dire ce qu'elle croit qu'ils veulent dire, elle n'aura pas de mal à le convaincre. Elle lui expliquera qu'elle veut écrire un roman, et le père de Gaspar écrit des bouquins. En tout cas, c'est ce qui se dit au lycée. Gaspar ne veut pas en parler, il donne l'impression d'être gêné par ce métier d'écrivain qui n'en est pas vraiment un. Un jour, il a grogné quelque chose comme : « Heureusement que ma mère bosse, sinon on crèverait de faim à la maison. » Tant pis, elle jouera les idiotes : « Tu dois savoir deux ou trois trucs sur les romans, tu ne voudrais pas venir m'aider ? » Mais elle cesse aussitôt de sourire en pensant à son père et à l'amie qu'il veut protéger. Son père est capable de ne pas accepter la venue de Gaspar. Il en est capable, c'est un flic après tout.

La sonnerie de la fin des cours la tire de ses pensées.

La perspective des vacances semble rendre amorphes les élèves. Ceux qui sont présents le sont par désœuvrement – c'est le cas de Vanessa – ou parce qu'en seconde ils suivent encore le règlement jusqu'aux derniers jours. La moitié des effectifs est absente. Les profs ne peuvent rien contre cet absentéisme, ils attendent que le temps passe sans en rajouter dans la coercition.

Vanessa n'ira pas à la prochaine heure de cours. Elle décide que l'année est finie.

L'entrée du lycée est gardée par deux pions qui vérifient les emplois du temps sur les cahiers de correspondance. Quelques terminales les charrient : par l'arrière, ils peuvent sortir quand ils veulent. Les pions haussent les épaules. Pour eux non plus, l'année n'en finit pas de se terminer.

De fait, à l'arrière de l'ancien bâtiment du lycée, il n'y a pas de pion et les élèves entrent et sortent à leur guise. Il y a même des têtes inconnues, des gars qui ne sont pas scolarisés à Van Dongen. Vanessa ne les aime pas. Elle baisse les yeux en les croisant.

— Salut John Merrick, lui balance l'un d'eux, un grand connard de rebeu aux yeux bleus.

Vanessa se tait. Elle sait qui est John Merrick. Comme elle sait qui est Frankenstein – même si tout le monde se trompe sur la laideur de Frankenstein – ou Freddy

Krueger, et ce que sont Freaks et Alien. Depuis l'incendie, elle connaît tous les noms des monstres de la littérature et du cinéma.

— Je ne suis pas un animal, je suis John Merrick, bafouille-t-il en tremblant sous les rires de ses potes qui, eux, ne semblent pas savoir de quoi il parle, mais trouvent marrant de se foutre de la gueule d'une fille au visage brûlé.

Elle se retourne et tant pis s'il lui colle une baffe.

— Si tu regardes des films de David Lynch, t'es peut-être moins con que t'essaies de le faire croire à tes abrutis de potes.

Le type s'arrête. Il a de beaux yeux, vraiment. Mais là, il a l'air complètement crétin. Il est soufflé.

— C'est nous les abrutis, pétasse ? éructe l'un des abrutis.

Le grand type aux yeux bleus le retient par l'épaule.

— Laisse tomber.

— Mais t'as vu ta gueule, pétasse ? grogne l'autre.

Vanessa s'éloigne. Elle hâte le pas, ces connards peuvent la rattraper et là, dans la rue, loin du lycée, ils seraient capables de lui défoncer la gueule. Ce qu'elle sait des types comme eux, c'est qu'ils supportent très mal la frustration. Elle espère que le grand aux yeux bleus saura retenir les autres. Sinon, elle pourrait passer un sale quart d'heure.

Un jour, elle a reçu une claque dans la rue. Comme ça, sans préliminaire. Un type lui a envoyé une claque en gueulant : « T'es moche ! » Elle n'a rien pu répondre. C'est elle qui était soufflée. La douleur est une chose, la déception face aux hommes en est une autre, bien plus terrassante.

Elle marche vite. Mais une cinquantaine de mètres plus loin, elle se retourne et croise le regard bleu du grand type.

***

Les flics, les historiens, les journalistes et tous ceux qui écrivent l'histoire officielle retiendront que le 11 juillet 1995 la folie algérienne a traversé « la mer blanche du milieu ».

Le grand roman national français a besoin de dates pour se construire et fédérer les citoyens entre eux. Qu'importe si la violence algérienne avait déjà germé depuis longtemps en France.

Le 11 juillet 1995, dans l'après-midi, peu après la prière de l'*assr*, deux hommes ont remonté la rue Myrha, dans le 18e arrondissement. L'un d'eux dissimulait à peine un fusil à pompe Winchester modèle 1300 Defender sous son manteau, l'autre était équipé d'un semi-automatique à silencieux. Ils ont pénétré dans la mosquée Khalid Ibn El-Walid, ils devaient connaître les lieux, car ils se sont aussitôt dirigés vers la salle de prière.

L'homme au fusil a visé l'imam Abdelbaki Sahraoui et l'a abattu d'une balle en pleine tête. Son complice a fait feu à deux reprises sur Ahmed Omar, l'assistant de l'imam.

Puis les deux tueurs sont sortis en courant de la mosquée. Ils ont foncé dans les petites rues de la Goutte-d'Or en tirant des coups de feu en l'air pour écarter les passants. Ils ont arrêté une Ford Orion noire, viré sa conductrice et disparu.

Une page du grand roman national venait ainsi de s'écrire. Il s'en écrit une chaque jour, parfois plusieurs. Voilà en tout cas celle qu'ont racontée à Fell et Canivez les témoins de l'assassinat de l'imam Sahraoui.

À la DST, le commissaire Laureline Fell et son adjoint, l'inspecteur principal Philippe Canivez, émargent à la division de la surveillance du monde musulman et contre-terrorisme. Fell en est un des chefs. Alors, quand un imam qui a participé à la création du Front islamique du salut en 1989 – même s'il en a été depuis exclu – se fait assassiner en pleine salle de prière, c'est elle et son adjoint que le directeur de la DST en personne envoie rue Myrha.

C'est à eux maintenant. Ils s'y sont préparés depuis de longs mois, depuis presque un an. Lorsque cinq Français se sont fait tuer à la Cité Ain-Allah à Alger, la DGSE s'est tournée vers la DST – statutairement, c'est la DST qui s'occupe du territoire français. Fell et Canivez se souviennent d'avoir vu leurs homologues de l'extérieur pas très heureux à l'idée de leur refiler le problème algérien. Tous avaient alors convenu que le problème algérien n'avait que très peu de chances de toucher la France.

C'était une erreur.

Un peu en retrait, le regard sombre, le lieutenant Tedj Benlazar est le seul à ne pas être étonné. Il paraît qu'à la DGSE, avec son mentor, le commandant Bellevue, il alertait depuis quelque temps ses supérieurs sur l'éventualité d'une internationalisation du conflit algérien. Bellevue avait une théorie très développée sur ce sujet. On le surnommait le Vieux, il est mort au début de l'année.

— On dit que l'imam faisait la guerre aux trabendistes, peut-être que ça n'a rien à voir avec le FIS ou le GIA, propose l'inspecteur Canivez.

Il propose uniquement pour rompre le silence, parce que les trabendistes, ces petits trafiquants venus d'Algérie pour refourguer des fringues et des montres contrefaites, ne tirent pas au fusil de guerre. Le pincement de nez de Laurine Fell prouve que la théorie de la DST est bien différente : l'imam s'est fait assassiner par un commando du GIA.

— Les petits dealers du quartier n'ont rien à voir là-dedans. Tu oublies les cinq types venus d'Algérie qui ont disparu de nos radars il y a un mois, retoque Fell en observant le corps caché sous la couverture, dans la salle de prière.

Elle grimace : oui, cinq types considérés comme des tueurs du GIA posent le pied sur le territoire français et la DST les laisse filer. Une erreur, une honte.

— Tu oublies que Sahraoui était partisan du dialogue avec le pouvoir algérien, continue-t-elle. Et tous les partisans du dialogue ont été condamnés par le GIA. Cet attentat est clairement destiné à menacer ceux qui tentent de négocier. En plus, Pasqua avait fait appel à cet imam lors de l'enlèvement des époux Thévenot et de Fressier.

Tedj Benlazar connaît parfaitement la scène algérienne. Il lance un regard au commissaire Fell qui se veut amical, mais reste froid.

— À moins que la piste du GIA soit un leurre, dit-il.

À son côté, Berthier se mord les lèvres, détourne les yeux, visiblement mal à l'aise.

— Nous avons pris connaissance des théories du commandant Bellevue, lieutenant, répond Fell en parvenant, elle, à mettre de l'empathie dans son regard.

— Et si le DRS était dans le coup ? continue Benlazar.

La flic secoue ses longs cheveux, elle adresse un sourire plein d'ironie à son collègue. Benlazar se doute que sa réputation le précède et que les flics doivent se foutre de sa gueule. Ce qu'il aime moins, c'est qu'ils se foutent de la gueule de Bellevue. Il y a quelque chose de l'ordre du blasphème à railler un mort.

— Vous pouvez vous marrer, commissaire, j'ai vu le DRS à l'œuvre. Je ne dis pas qu'ils ont directement armé les assassins, mais je sais que là-bas les militaires jouent leur survie.

Fell ne sourit plus.

— Supposons que les services secrets algériens soient derrière tout ça. Quel serait leur but ? Ils viendraient de tuer un dignitaire islamique partisan de la paix. Ça serait contre-productif, non ?

— Oui, mais non. Ils cherchent le chaos, l'impossibilité du dialogue…

— Putain, lieutenant… lâche Fell comme essouflée.

Benlazar la surplombe de sa grande taille.

— C'est aussi un message adressé au gouvernement français. Plus de marche arrière, plus de dialogue possible : ça y est, les islamistes attaquent sur le sol français.

Berthier recule de quelques pas, l'air désespéré. Il fait mine de s'intéresser aux prélèvements des gars de la scientifique puis s'éloigne et rejoint le colonel Chevallier qui discute avec Philippe Parant, le directeur de la surveillance du territoire, l'un des boss de la DST, le supérieur direct de Fell.

Il y a passation de pouvoir entre les deux hommes, comprend Benlazar – Bellevue n'aurait pas aimé ça. Sans doute Chevallier assure-t-il à son homologue que la DGSE continue son travail en Algérie, et que ses hommes seront toujours en appui des flics sur le territoire français. Mais il n'en pense pas un mot : un soldat de son rang doit avoir du mal à avaler qu'un civil enfile son costume au moment de charger pour la dernière bataille.

Le commissaire Fell glisse quelques mots à l'oreille de l'inspecteur Canivez. Puis elle se tourne vers Benlazar.

— Khaled Kelkal, ça vous dit quelque chose, lieutenant ?

Benlazar a lu ce nom dans les dossiers de Bellevue. Il secoue la tête.

— Et Ali Touchent ? continue la flic.

Ce nom aussi, il l'a vu passer, un soir où il tentait de comprendre pourquoi Bellevue avait la certitude que tout était joué, que le bordel était semé en France, qu'il avait peut-être déjà germé, qu'il allait se répandre comme du chiendent sur la pierre humide.

— Non, jamais entendu.

— Vous connaissez Djamel Zitouni ? demande à son tour Canivez.

Là, il se ferait griller s'il secouait de nouveau la tête.

— Oui, c'est l'émir du GIA. C'est lui qui est derrière l'enlèvement des Thévenot et de Fressier, et derrière le détournement du vol 8969 d'Air France.

— Et qu'est-ce qui vous fait croire qu'il n'est pas derrière ça ?

Benlazar la fixe. Elle doit avoir quelques années de moins que lui, mais elle fait beaucoup plus jeune que lui. En fait, il ressemble à un vieux à côté d'elle. Forcément, elle ne doit pas avoir reçu un building sur la tête, perdu sa famille dans un incendie, et vu trop de types torturés à la gégène... Elle doit encore croire que la vie n'est pas une saloperie dorée sur tranche.

Une saloperie dorée sur tranche... Benlazar retient un sourire : c'est Vanessa qui lui a sorti ça, l'autre jour. Sa fille aime les expressions à l'emporte-pièce, c'est de son âge. Elle dit « mourir pour des idées, d'accord mais de mort lente » ; elle dit « la vie est une maladie sexuellement transmissible et mortelle » ; elle dit « l'homme est un loup pour l'homme et la femme est sa chèvre de monsieur Seguin » ; elle dit « plutôt mourir debout que vivre à genoux ».

— Je ne dis pas qu'il n'est pas derrière ça. Je dis qu'il n'est pas tout seul, derrière ça.

— Les généraux algériens sont responsables, c'est ça, hein ? lâche Canivez avec un demi-sourire.

Il se peut que Canivez soit un con, qu'il déteste les militaires français. Beaucoup de flics deviennent flics parce qu'ils n'ont pas eu les couilles de risquer de se retrouver sur un champ de bataille.

— Certains pensent que Zitouni est la marionnette des militaires, oui, inspecteur.

Benlazar quitte la mosquée.

Sur les trottoirs, une foule de curieux s'est amassée derrière le cordon de flics. Benlazar l'observe un instant et, si ce n'étaient les quelques journalistes blancs de peau, cette foule pourrait être algéroise. L'Algérie ne lui manque pas, les Algériens, il n'en est pas certain.

— À la DST, les idées de Bellevue, personne n'y croit.

Fell l'a suivi à l'extérieur.

— Mais, bon, moi je veux bien vous croire, et croire Bellevue. Aucune piste n'est à écarter. Par contre, il faut me convaincre. Vous pouvez me convaincre, lieutenant ?

— J'ai essayé de trouver des témoins là-bas. Ils se font tous descendre.

Benlazar s'allume une Gitane, il semble peser le pour et le contre.

— Bellevue a monté des dossiers qui pourraient peut-être vous convaincre, dit-il.

— Mais ?

— Mais peut-être faut-il avoir vu ce que les militaires font là-bas pour envisager la possibilité que les islamistes ne soient pas seulement leurs ennemis. Mais leur outil.

Les lèvres de Fell se tordent. Ce mouvement lui donne beaucoup de charme, trouve Benlazar.

— Je ne sais pas, lieutenant. Quoi qu'il en soit, jamais je ne pourrais officiellement vous suivre sur cette piste. Mes chefs me cloueraient au pilori, vous voyez ?

Benlazar sourit, il sourit franchement.

— Je vois. Mes chefs aussi sont à deux doigts de m'y clouer.

Berthier apparaît à la porte de la mosquée. Il s'avance d'un pas décidé vers eux, sans doute le même pas qu'il a employé pour s'enfuir de Constantine.

— Tedj, on rentre à la Boîte. Ordre du colonel.

— J'arrive.

Berthier se plante devant lui.

— Tout de suite, Tedj, tout de suite. Ordre du colonel.

Benlazar lui mettrait bien son poing dans la gueule. Il salue la commissaire d'un hochement de tête.

— À deux doigts, je vous disais…

Et les deux hommes traversent la rue entre deux voitures de police garées, leur gyrophare scintillant. Toute la Goutte-d'or semble s'être rassemblée rue Myrha. Sur le trottoir, ils se frayent un passage au milieu des spectateurs.

Une femme, un voile cachant à moitié son visage ridé, retient Benlazar par le bras.

— الرجل العجوز ميت

Benlazar retire doucement son bras de ses doigts noueux. Il a un regard tendre pour la vieille.

— Oui, le Vieux est mort.

Berthier observe la scène, l'air méprisant, il n'a jamais parlé l'arabe, lui. Il n'a jamais rien compris aux Arabes, en réalité.

— Tous les vieux finissent par mourir un jour, murmure Benlazar.

***

En bas, Fadoul lit ses livres : elle n'a pas perdu espoir de reprendre des études en France.

Benlazar lui a fortement conseillé de ne pas sortir. Elle peut aller dans le jardin en prenant garde que personne ne l'aperçoive de la rue. Fadoul est sous le coup d'un arrêté de reconduite à la frontière, et sa peau noire éveillerait rapidement les soupçons des gens du coin.

Vanessa, elle, peut aller faire les courses. Elle va boire un café ou une bière au bar sur la place de l'église, en fin de matinée. Là, elle peut fumer tranquillement quelques cigarettes. Son père ne sait pas qu'elle fume : il n'accepterait pas, alors que lui, il fume comme un pompier.

Hier, il les a quittées précipitamment : un imam a été assassiné dans le 18e arrondissement. Elles ont vu ça aux informations du soir. Fadoul a dit :

— Ton père est sur le coup…

Vanessa ne comprend pas ce qui se passe : les généraux, les islamistes, le FIS, le GIA. Les assassinats là-bas – à Paris – succèdent aux attentats là-bas – en Algérie. Elle ne savait pas qu'il y avait encore la guerre en Algérie. Les informations ont parlé de guerre au Rwanda, il n'y a pas longtemps. Elle croit se rappeler qu'il y a eu un génocide, un million de morts à coups de machettes. Elle sait aussi qu'il y a une guerre dans les Balkans, même si elle ne parvient pas à faire la différence entre Serbes, Croates, Bosniaques, et Bosno-Serbes. Parfois, à la télé, on voit de longues files de femmes, d'enfants et de vieillards sur le bord des routes, des hommes amaigris derrière des grillages dans des camps de concentration, et d'autres qui tombent sous les balles de snipers au milieu de larges avenues. Mais une guerre en Algérie, elle ne savait pas.

Leur problème à elles, ce ne sont pas les guerres en Afrique, en Algérie ou aux confins de l'Europe. Leur problème, c'est que Fadoul risque d'être renvoyée dans son pays d'origine si les flics lui mettent la main dessus. Son père lui a assuré qu'il était en train de régler le problème. Vanessa aime l'idée que son père, un flic, passe par-dessus les lois pour aider Fadoul. Quelque part au fond d'elle, elle est fière de lui.

Pourtant, elle n'est pas dupe : il a accepté qu'elle reste dans la maison de Paimpol parce qu'elle pouvait faire les courses sans éveiller les soupçons des voisins. Même avec son visage, elle se fond dans la masse des touristes arrivés pour les vacances. Les voisins ne s'étonnent pas qu'une petite Parisienne occupe la maison de sa grand-mère. Certains savent qu'elle a perdu sa mère quelques années plus tôt, voilà pourquoi elle est seule : les souvenirs doivent être douloureux.

Elle pense à Gaspar, certains soirs. Elle ne l'a pas encore appelé, elle le fera peut-être dans quelques jours. Et merde si son père lui a ordonné de ne parler à personne de sa présence à Plouézec ! Gaspar, elle est attirée par lui, c'est sûr. Ça fait presque deux ans qu'ils se tournent autour, et jamais elle n'a pu apercevoir la moindre lueur de dégoût lorsque ses yeux fixent son visage. Gaspar est sans doute le mec le plus cool qu'elle connaisse, mauvais élève, mais cultivé. À Plouézec, le soir, elle pense aussi au grand type aux yeux clairs qui l'a traitée de John Merrick à la sortie du bahut, deux semaines auparavant. Lorsqu'elle y pense, une agréable sensation lui chauffe le bas-ventre. Si elle avait son numéro de téléphone, lui, elle l'aurait déjà appelé.

Quand il fait soleil et que la marée n'est pas trop basse, elle va se baigner à Boulgueff. Elle descend la route en vélo et la remonte à pied en poussant son engin. L'eau est froide et il faut s'allonger sur les galets, mais l'endroit est très beau. Son père lui a dit que sa mère adorait cette plage, qu'elle y venait même l'hiver.

Il y a beaucoup de familles et quelques groupes de jeunes.

Hier, deux filles l'ont saluée en repartant. Elle les avait déjà vues plusieurs fois. En temps normal, elle aurait voulu s'en faire des copines, mais elle sent qu'elle ne pourra pas assurer : les inviter à la maison est impossible, les empêcher de passer à l'improviste aussi. Les amitiés de vacances, forcément trop courtes, vont vite, plus vite que pendant l'année. On se permet d'empiéter sur l'intimité de l'autre, comme on se permet de se rapprocher sur une plage trop peuplée. C'est ça, une amitié de vacances, les formes, la politesse et les préliminaires n'ont pas lieu d'être. Ça pourrait être dangereux pour Fadoul. Alors, Vanessa s'est contentée de répondre vaguement au salut des deux filles. Elle est passée pour une connasse, c'est certain. Les deux filles ont dû déballer sur sa peau brûlée, sur ses cheveux… Elle s'en fout : elle savait bien que ces vacances dans la maison de Paimpol ne seraient pas de vraies vacances. Elle s'en fout parce qu'elle ne se sent pas seule, il y a Gaspar dans sa tête et le type aux yeux clairs – elle l'appelle Lynch à défaut de connaître son vrai nom. Le type aux yeux clairs, elle le sent dans son ventre, lui.

***

Khaled a rejoint Bron le lendemain.

Il est assis sur le sofa du salon de l'appartement. Il soupèse le fusil Winchester. Un rictus de contentement déforme ses lèvres, mais il n'a pas dit un mot depuis le retour de Paris.

Khelif et Karim, sur les deux fauteuils qui lui font face, ont l'air plus tendu, moins serein. Désormais, ils sont passés de l'autre côté.

Ali est debout, dos à la fenêtre. Il regarde les garçons tour à tour avec affection – ou ce qui s'en approche, pour un type comme lui.

— Ce n'est qu'un début, lance-t-il en claquant des mains.

Il s'assied à côté de Khaled.

— Les trains, Khaled.

Le jeune homme lève un regard indécis vers lui.

— Quoi, les trains ?

— Ta mission, Khaled, ta mission : le TGV Paris-Lyon.

Khelif et Karim se sont redressés, soudain concernés : une nouvelle mission et cette fois, l'attaque va faire mal.

Khaled dépose doucement le fusil contre l'accoudoir.

— Le TGV, tu veux qu'on fasse sauter le TGV ?

— Pas moi, Khaled, c'est Djamel et tous nos frères là-bas qui le veulent. Ils comptent sur toi.

Ali se relève et reprend sa place, cette fois face à la fenêtre. Il jette un coup d'œil sur les véhicules qui remontent le boulevard périphérique.

— Vous allez devoir vous débrouiller tout seuls. Moi, je dois rentrer au pays. La police française est sur mes traces, ça devient trop dangereux pour nous.

Les trois autres restent interdits quelques secondes.

— Tu rentres ? fait Karim. Tu… tu nous laisses…

Ali se retourne, s'avance vers lui et serre les poings sous son nez.

— Oui, je vous laisse. Je vous laisse parce que vous êtes des guerriers maintenant. Je vous laisse parce que j'ai confiance en votre foi. Nos frères en Algérie et moi, nous avons une confiance inébranlable en votre foi. Vous êtes nos meilleurs soldats, ici, en France.

Il secoue Karim par l'épaule.

— Nous avons tort ?

— Non, vous pouvez avoir confiance, répond Khaled.

Un large sourire fend le visage d'Ali.

— Je n'en ai jamais douté. Et Djamel non plus.

Il ramasse sa veste et en sort un téléphone portable qu'il tend à Khale ; celui-ci le soupèse comme il a soupesé la Winchester. Karim et Khelif contemplent l'appareil, impressionnés.

Puis Ali se dirige vers la porte.

— Le TGV, ce n'est qu'une étape. On vous transmettra les autres objectifs. Tout va aller très vite, maintenant. *Barak Allahou fik.*

— *Wafik el Baraka*, répond Khaled.

Ali referme la porte derrière lui et les trois « soldats » restent immobiles une longue minute.

— Le TGV Paris-Lyon, c'est pas rien, dit enfin Khelif.

Khaled hoche la tête.

Karim regarde toujours le téléphone portable.

— Un téléphone portable, c'est la classe…

***

Il rit aux éclats.

Ses lunettes à monture dorée repoussées sur le front, le colonel Bourbia rit aux éclats.

C'est nerveux. La situation n'est pas comique, mais il attendait ce moment depuis tant d'années. Dans son bureau du ministère de l'Intérieur, les images de la télévision française provoquent son rire nerveux. On voit le rideau de fer baissé de la mosquée Khalid Ibn El-Walid. Des policiers français empêchent les badauds de s'approcher. Un habitant du quartier explique que deux hommes armés sont entrés et ont tiré sur l'imam Sahraoui avant de prendre la fuite. En plein Paris, l'un des fondateurs du FIS, qui critiquait autant les militaires au pouvoir en Algérie que les islamistes du GIA, s'est fait exécuter. Les Français ne vont plus pouvoir reculer cette fois. La panique doit être complète à l'Élysée et place Bauveau.

Les images montrent des flics menottant un pauvre type qui a tenté de se lancer à la poursuite des tueurs, explique la journaliste. C'est dire s'ils doivent être dépassés !

Ça y est, la dernière phase du plan a commencé. Ses chefs vont être contents de lui. Et il recevra ces rétributions qu'il attend depuis si longtemps.

Ali a fait du bon boulot. Et ce n'est qu'un début, sourit Bourbia. La folie des dirigeants du GIA, leur jusqu'au-boutisme, celui de Zitouni particulièrement, tout ça n'est qu'un début.

Oui, bien sûr, il y a Djamel Zitouni. Bien sûr.

Le colonel repositionne ses lunettes sur son nez. Il ne rit plus. Depuis quelque temps, il n'arrive plus à se cacher qu'il n'est pas à l'aise avec Zitouni. L'émir du GIA, sa créature, se transforme chaque jour un peu plus en un monstre enragé, à la tête du groupe islamiste le plus puissant d'Algérie. Bourbia commence à envisager la possibilité que Zitouni puisse lui échapper, et que le GIA aille au bout de sa logique nihiliste. Il préfère ne pas penser à ce qu'il adviendrait alors.

Il se concentre sur Ali. Il fait du bon travail, mais il ne faut surtout pas qu'il tombe entre les mains de la police française. Ce serait une catastrophe. Peut-être devrait-il le faire éliminer ? Mais Ali a prouvé qu'il était compétent au-delà de ce que l'on pouvait imaginer. L'avenir n'est pas écrit, dit-on, et Ali peut encore servir. Mieux vaut le faire rentrer au pays. On lui trouvera un endroit tranquille, sous surveillance. Il dispose d'un appartement à cet effet non loin de la caserne de Châteauneuf. C'est bien, ça : il aura Ali sous la main et, le cas échéant, il pourra s'en débarrasser.

L'interphone sonne.

— Le général souhaite s'entretenir avec vous, colonel, dit sa secrétaire.

— Immédiatement ?

— Oui, colonel : il vous attend.

Bourbia attendait l'appel de Toufik. Le patron du DRS et les autres vont vouloir se couvrir, savoir si ceux qui ont abattu l'imam Sahraoui risquent de faire remonter l'enquête de la police française jusqu'à eux. Rien que de très normal : Bourbia a l'habitude de rassurer ses chefs, ils sont dans le politique, lui est encore dans le fonctionnel. Mais ça va changer : il espère qu'une étoile viendra bientôt orner son képi.

Tout va bien, se rassure-t-il.

Un sentiment diffus et désagréable l'assaille pourtant tandis qu'il pose sa casquette sur son crâne. Cette sensation déplaisante qui l'envahit quand ses pensées se tournent vers Zitouni ou Ali, ses chefs l'éprouvent-ils quand ils pensent à lui ? Sont-ils capables de le mettre à l'écart, comme il s'apprête à le faire avec Ali ? Envisagent-ils même de le « sortir du jeu », comme il pourrait l'envisager pour Djamel ?

Le colonel aux lunettes d'or n'a plus du tout envie de rire.

***

Le commissaire Fell est face au bureau de son soi-disant subordonné. L'inspecteur principal Canivez n'a pas donné signe de vie depuis qu'il a quitté la rue Myrha. Ça fait quelque temps qu'il disparaît comme ça. Et lorsqu'il réapparaît, il hausse les épaules : un indic l'a appelé, ça n'a rien donné. Fell préférerait que son second la joue franc-jeu avec elle.

Elle a un peu l'impression de ne pas jouer franc-jeu non plus quand elle saisit un crayon à papier et le bloc de Post-it à côté du téléphone. C'est un truc de mauvais film d'espionnage, mais lorsqu'elle noircit délicatement le papier jaune, quelques mots se dessinent en filigrane : « Tarek gare montparn 16 h 30 ».

— Qu'est-ce que tu fous, Philippe ? murmure-t-elle.

Elle regagne son bureau. Elle décroche son téléphone et appelle boulevard Mortier. Elle demande à parler au lieutenant Benlazar. On lui dit de patienter.

— J'écoute.

C'est Tedj Benlazar.

Fell se racle la gorge.

— Tarek, ça vous dit quelque chose, lieutenant ?

À l'autre bout du fil, le silence est un aveu.

— Benlazar, arrêtez vos conneries, reprend Fell. On est du même côté. Les trucs de Bellevue, peut-être, je dis bien peut-être, que ça peut m'intéresser. Mais je vous répète qu'il me faut des preuves.

— Qu'est-ce que vous voulez savoir, commissaire ?

— Vous connaissez un Tarek ? Ce nom, c'est quelqu'un du GIA ou du DRS ?

Benlazar a un petit rire. C'est bon, il fend l'armure.

— OK, je n'ai pas été tout à fait honnête avec vous, hier. J'ai vu passer le nom d'Ali Touchent dans les dossiers de Bellevue. Et son pseudo, à Touchent, c'est Tarek.

— Putain, Benlazar…

— Oui, je sais, mais on me prend pour un dingue à la DGSE. Alors chez vous, je n'ose même pas imaginer pour quoi je passe.

— Je vous dis que les idées de Bellevue, moi, je ne les refuse pas en bloc. J'ai une enquête à mener, si vous m'aidez, je…

— Touchent est soi-disant étudiant en architecture. Selon Bellevue, il est peut-être aussi un membre haut placé du GIA qui a des contacts étroits avec le DRS.

Cette fois, c'est elle qui laisse le silence devenir aveu.

— Qu'est-ce qui se passe, commissaire ? Vous avez repéré Touchent ?

Fell se racle à nouveau la gorge. Puis :

— On peut se voir discrètement ?

— Si vous y tenez.

— À 16 heures, gare Montparnasse.

Elle hésite une demi-seconde.

— Venez armé, lieutenant, parce que, oui, je crois que j'ai repéré Tarek.

— On appelle du renfort ?

— Non, surtout pas. C'est, comment dire ? Ça doit rester entre nous. Pour l'instant. Vous pouvez faire ça ?

— Pas un problème pour moi.

Elle raccroche. Le sang bat à ses tempes et elle doit garder la bouche entrouverte une longue minute. C'est ça ou elle se met à crier. Putain de Canivez ! Et qui d'autre est au courant à la DST ?

Cette impression de servir des intérêts qui la dépassent, ce n'est pas la première fois qu'elle la ressent. Même si son grade la remplit de fierté, même si ses hommes lui obéissent – Canivez le premier – et lui font confiance, elle a toujours su que son sexe posait problème. Être femme à la DST, même commissaire, demande d'avaler des couleuvres plus souvent qu'à son tour. L'idée que Canivez œuvre dans l'ombre alors qu'on lui a confié, à elle, l'enquête sur les réseaux français du GIA et, de fait, sur l'assassinat de l'imam Sarhaoui, n'est pas qu'un délire paranoïaque. C'est une possibilité.

Il est 15 h 30. Elle s'imagine que les collègues qu'elle salue dans le couloir se foutent de sa gueule, qu'ils savent pour Touchent et Canivez. *Ça, c'est de la parano*, convient-elle. La rue Nélaton n'est pas loin de la gare Montparnasse, elle ira à pied. Tout se bouscule dans sa tête : que fera-t-elle si elle tombe sur Canivez en train de discuter avec Ali Touchent ? Bon, d'accord : la gare Montparnasse va être bondée, ce serait un miracle de tomber sur Canivez.

Elle jette un coup d'œil sur le parking, la bagnole de Canivez n'y est pas.

Elle marche rapidement sous la chaleur de l'été. Sa décision est prise. D'ailleurs, elle n'a jamais douté d'elle : si elle trouve Canivez et Touchent à la gare, elle fera son boulot, elle sortira son flingue et leur passera les menottes à tous les deux.

Elle sourit : elle n'a pas pris ses menottes. Un commissaire n'utilise pas ses menottes, elle a des subordonnés pour ça. Sauf que là, ses subordonnés ne l'accompagnent pas…

Paris a l'air calme. Laureline Fell a toujours aimé Paris au mois de juillet : les habitants ont déserté la ville et les touristes ne l'ont pas encore envahie. Au mois d'août, elle préfère les touristes, même nombreux, aux Parisiens. Ça fait une dizaine d'années qu'elle n'a pas pris de vacances aux mois de juillet et d'août pour jouir de ce changement. Ce n'est pas grand-chose, les trottoirs sont pleins de passants et les rues résonnent des Klaxons des véhicules bloqués dans le trafic. Seul un vrai Parisien peut s'apercevoir que la tension est pourtant descendue d'un cran.

Pour être franche, ça fait une dizaine d'années qu'elle n'a pas pris de vacances l'été parce qu'elle n'a personne avec qui les prendre et qu'elle se voit mal être la proie de tous les dragueurs en maillot de bain.

Lorsqu'elle arrive en vue de la gare Montparnasse, elle aperçoit Benlazar qui vient vers elle : il est grand, les yeux trop clairs pour être algérien, mais la démarche trop souple, presque trop chaloupée, pour être français. Des archétypes qui confinent au racisme, reconnaît-elle.

— Alors, on fait quoi, ici ? attaque-t-il.

— Mon collègue, l'inspecteur principal Canivez, celui qui était avec moi, rue Myrha… il doit rencontrer un certain Tarek.

— Ali Touchent ? Il rencontre Ali Touchent ? Attendez,

ne me dites pas que Touchent est un de vos honorables correspondants ?

— Nous, on n'a pas d'« honorables correspondants ». Tout au plus des indics. Mais calmez-vous, je ne suis sûre de rien : je suis tombée sur un papier qui mentionnait un rendez-vous avec Tarek. Un papier sur le bureau de l'inspecteur Canivez.

Elle lui adresse un regard qu'elle voudrait amical, pour lui faire comprendre qu'elle est la première baisée s'il s'avère que Tarek est bien Ali Touchent.

— La DST fricote avec le GIA depuis quand ?

Son regard n'a pas fonctionné, apparemment.

— Je n'en sais rien, je vous dis : je suis tombée sur ce papier par hasard. Si la DST est en relation avec des membres du GIA, je ne suis pas au courant.

— Et qu'un commissaire en charge du contre-terrorisme et de la surveillance du monde musulman ignore si la DST fricote avec le GIA, ça devrait me réconforter ?

Cette fois, le regard de Fell signifie : « Pauvre con, tu te crois plus fort que moi. » Et il porte, Benlazar perçoit son mépris.

— Bon, ça veut dire qu'on est dans le même bateau, commissaire. Un tout petit bateau, rien que tous les deux, au milieu d'un bordel sans nom.

Il lui sourit et elle trouve qu'il a du charme quand il sourit.

— La DST a des relations avec les milieux islamistes en France, bien entendu. Les RG ont sans doute aussi quelques indics bien placés dans les groupes radicalisés. Mais de là à en avoir au sein du GIA…

Ils pénètrent dans la gare.

— Ça va être un coup de chance de tomber sur eux, lui glisse Benlazar à l'oreille.

De fait, la gare est bondée de vacanciers qui quittent la capitale. Des valises et des sacs de voyage encombrent les passages qui mènent aux quais. Des parents hurlent à leurs gosses de ne pas s'éloigner. Un jeune type s'énerve contre un employé de la SNCF parce que « c'est vraiment la merde, votre truc, là », et que les fonctionnaires font chier.

— Et votre adjoint, il pourrait jouer les agents doubles ?

Fell s'arrête en retenant Benlazar par le bras.

— Si c'est le cas, collègue ou pas, Canivez est dans la merde.

Benlazar s'allume une Gitane et tire une bouffée de cinéma, trop épaisse.

— Mais vous, son supérieur, vous n'auriez rien remarqué ?

La flic reste muette, rien à répondre. C'est vrai : comment se fait-il que rien ne l'ait intriguée dans le comportement de Canivez ? Canivez n'est pas un agent double, elle ne peut y croire. Qu'il travaille en solo, c'est possible. Et ça, Fell ne l'acceptera pas non plus.

Ils observent quelques instants le flot des passagers en attente. Personne qui ressemble à Canivez. L'horloge au-dessus d'eux indique 16 h 15.

— On devrait se mettre à l'abri, propose Fell en montrant un Relais H qui fait face au quai.

Ils font mine de lire les gros titres des quotidiens disposés sur le tourniquet. Fell se retrouve devant le *Charlie Hebdo* qui titre « À quoi servent les milliards de l'armée ? », le dessin de Charb montre un soldat tenant un jeune type par le col : « À arrêter des pacifistes », répond celui-ci.

— Tiens, on parle de votre famille, dit Fell en montrant le journal.

Benlazar la regarde, étonné.

— C'est marrant ça, commissaire.

Elle hausse les épaules et reprend sa surveillance. Oui, c'est complètement con. C'est complètement con, parce qu'elle ne devrait pas baisser sa garde face à Benlazar. Rien ne prouve qu'il soit fiable. Peut-être les rumeurs qui courent sur son compte ne sont-elles pas entièrement bidon…

Les minutes passent. Des clients les bousculent parfois pour saisir un journal ou une revue, mais toujours pas de Canivez à l'horizon. De temps en temps, deux ou trois soldats accompagnés d'un gendarme fendent la foule d'un pas lent. Fell a entendu parler de la mise en place du plan Vigipirate : il n'est pas encore officiellement déclenché, mais manifestement il a commencé. En haut lieu, on s'attend donc à ce que la France soit la cible de terroristes.

— On ne le verra pas, dit Benlazar.

— Avec un peu de chance, peut-être.

— Vous avez vu le monde qu'il y a ? Et puis « gare Montparnasse », ça doit vouloir dire quelque part autour de la gare. Quelque part où ils ont l'habitude de se rencontrer. Pas dans la gare même.

Fell sait qu'il a raison. Elle ne peut pas se mentir, si elle est là, c'est qu'elle veut autant mettre la main sur Ali Touchent que coincer Canivez. Peut-être plus encore coincer ce connard.

— Si ça se trouve, il a un indic qui s'appelle Tarek machin-chose, lâche-t-elle sans parvenir à y croire une seule seconde. Une coïncidence, rien à voir avec Touchent.

Benlazar ricane.

— Je pourrais voir les dossiers de Bellevue ? demande-t-elle pour lui faire ravaler son ironie.

Il lui adresse un regard de biais, il ne parvient pas à la lire, on dirait qu'elle est transparente. Puis il repose son regard sur la foule.

— C'est votre Canivez, là, non ?

Canivez, salopard, c'est bien lui qui slalome entre les vacanciers !

Fell s'apprête à bondir à sa poursuite, mais Benlazar la retient.

— Il est seul. Soit il a déjà rencontré Tarek, et on s'est fait avoir ; soit il y va, et on va le choper.

Ils le laissent prendre quelques dizaines de mètres d'avance et se lancent derrière lui.

L'inspecteur principal Canivez dévale l'escalator et débouche sur le parvis. Il traverse en direction du boulevard de Vaugirard.

— On dirait qu'il a le diable aux trousses, votre adjoint, dit Benlazar.

Mais Fell a repéré la voiture de Canivez garée à cheval sur un trottoir un peu plus loin. Elle le voit s'asseoir derrière le volant.

— Merde, grogne-t-elle. Vous avez une bagnole ?

— Dans le parking, là-bas…

— Merde de merde !

Ils restent comme deux cons au milieu de la place Raoul-Dautry, les bras ballants.

— Je pense qu'il a vu Tarek. On l'a loupé.

Fell regarde Benlazar.

— J'aime pas du tout ça.

Benlazar acquiesce d'un signe de tête. Il pourrait presque ajouter « Bienvenue au club ! »

— Il faudrait peut-être que vous jetiez un coup d'œil sur les dossiers de Bellevue.

***

Lorsque sa tante ouvre la porte à l'une des invitées, une fois sur deux, elle dit :

— Mais quel malheur, c'était un homme bon.

L'invitée répète « Quel malheur ! » et salue à la ronde.

L'assassinat de l'imam Sahraoui est sur toutes les lèvres. La communauté algérienne en France a été bouleversée par cet acte odieux.

Gh'zala observe l'appartement, ses décorations, ses meubles qui rappellent un appartement de Climat de France en moins insalubre, en moins bruyant, en plus spacieux. À Sarcelles, il y a une forte communauté juive : Gh'zala a même croisé des hassidim dans la rue. Ça l'a étonnée. En ce moment, à Alger, les quelques juifs qui y vivent encore se cachent, ils risquent leur vie à se promener dans la rue coiffés d'une kippa. On parle d'ailleurs de « juifs clandestins ».

Elle a accepté l'invitation au repas du *el taâliq* qui précède le mariage de sa cousine M'barka ; ce week-end, elle épousera un homme venu d'Oran pour l'occasion. Depuis son arrivée en France, Gh'zala n'a passé que peu de temps avec sa tante, son oncle et ses cousines. Elle a rencontré quelques fois M'barka, mais toujours entre deux métro, pendant une pause déjeuner à la fac. Ce mariage, c'est l'occasion de ressentir un peu Alger, de parler de ses parents. Elle ne porte pas de jupe comme elle aime le faire en France, mais un pantalon sombre, un chemisier boutonné jusqu'au cou, une coiffure stricte.

Lorsqu'elle entre dans l'appartement, M'barka lui glisse :

— C'est bon, le studio est libre. Je crois que tu pourras t'y installer bientôt.

Gh'zala serre dans ses bras sa cousine. M'barka a été la première à se réjouir de sa venue en France. « Belle et intelligente comme tu es, les Français vont t'aimer », lui répétait-elle. L'étreinte est longue, pleine de tendresse. Ça lui rappelle l'enterrement de ses parents à Alger des années plus tôt : son oncle, sa tante et M'barka avaient fait le déplacement depuis la France. Il y avait eu beaucoup d'étreintes.

M'barka se marie. Elle a l'air heureux. Difficile de savoir si la jeune fille l'est réellement. Gh'zala pense qu'elle connaît trop peu son futur mari pour être vraiment heureuse. Elle ne le dira à personne, mais elle voit cette union comme un mariage arrangé entretenant une tradition qui traverse la Méditerranée. Son oncle et sa tante vivent en France depuis le début des années soixante-dix, M'barka y est née, et pourtant rien ne change. Elle, elle ne se mariera jamais comme ça, elle n'y arriverait pas. Cette tradition n'est-elle pas le lisier sur lequel a prospéré l'islamisme radical ? Ne conforte-t-elle pas les hommes dans l'idée qu'ils sont en droit de contraindre leur femme ? Ne pousse-t-elle pas la femme algérienne à l'autocensure ? L'avocate et féministe Wassyla Tamzali a dit un jour que l'Algérie n'offre aucune solution de rechange à la société centrale conservatrice. *Peut-être qu'il est temps*, pense Gh'zala. Et peut-être qu'en retournant dans son pays, elle pourra participer à la construction d'une solution de rechange.

Les femmes présentes rient de bon cœur. Les plus vieilles racontent une anecdote sur un mariage là-bas au bled, il y a bien longtemps. Les femmes rient, mais il y a de la nostalgie dans ces rires.

Le *el taâliq*, la fête du henné, est une fête à laquelle Gh'zala n'aurait jamais cru participer – surtout pas en France. Elle est là, comme les autres, pour aider la future mariée à préparer son trousseau. Elle se tait, observe et sourit parce que la bonne humeur est contagieuse.

M'barka apparaît soudain vêtue d'une robe magnifique brodée de rouge et fleurie d'or, tombant sur les chevilles mais sans manches et échancrée sur la poitrine, ornée d'un collier de pièces d'or. Elle est resplendissante.

Sa tante met un disque dans le lecteur CD.

Les femmes cessent de parler. M'barka est debout, elle ferme les yeux et balance doucement la tête lorsque le *qanun* commence. Gh'zala reconnaît la chanson, c'est « Kenza » de Matoub Lounès. Près de la chaîne hi-fi, la mère de la mariée regarde sa fille avec fierté. Cette chanson porte le nom de la fille de Tahar Djaout. Ici tout le monde sait que Lounès l'a écrit en hommage au poète assassiné en juin 1993.

— Si tu te tais tu meurs, et si tu parles tu meurs, alors dis et meurs… murmure Gh'zala.

« Nous succombons sacrifiés pour l'Algérie de demain », chante Lounès.

On sert le café et le thé. Un long plateau est déposé sur la petite table basse au milieu du salon : les invitées se servent, les *tcharel el ariyane* et les baklava collent aux doigts. Les rires reviennent. M'barka sourit à nouveau.

— *Chokran bezaf*, dit-elle en serrant les mains alentour.

Seule Gh'zala semble écouter le chanteur : « Si le corps se décompose, la pensée, elle, ne meurt pas. »

On sonne à la porte. Sa tante va ouvrir d'un pas pressé : voilà la famille du marié. Elle accueille une vieille femme et trois plus jeunes avec des « *marhaba* », des « *assalamu alaykum* ». La mère et les sœurs du futur marié apportent le *jehaz*, le trousseau, une petite valise blanche qui contient des sous-vêtements, des parfums, des savons que seule la future mariée a le droit de voir ou de toucher.

Gh'zala salue, elle sourit mais continue d'écouter Matoub Lounès : « Notre descendance sera nombreuse, fût-ce dans le giron des épreuves. »

M'barka est allée se changer. Les sœurs de son futur époux préparent le henné pour l'appliquer sur ses mains en signe de bienvenue dans la famille. M'barka s'assied sur une chaise au milieu du salon, elle attrape un baklava et l'avale en éclatant de rire. Elle tend ses mains à l'une de ses belles-sœurs qui commence à dessiner sur ses paumes. Les deux autres restent au côté de M'barka en tenant une bougie allumée à la main.

Gh'zala ne peut s'empêcher de trouver sa cousine attachante. Elle se dit que le bonheur est peut-être quelque chose qui s'apprivoise, qui s'apprend. Comme l'amour. Si tel est le cas, M'barka sera heureuse avec son mari. Il y a du cynisme dans ses réflexions, Gh'zala ne s'aime pas cynique. Elle se lève, prend le large plateau de cuivre des mains de sa tante.

— *Chokran* Gh'zala, *chokran*.

Puis elle pose le plateau aux pieds de M'barka et y dépose un billet de cent francs – les cent francs qu'elle a réclamés à Tedj ce matin. Les autres invitées l'imitent, et bientôt le plateau est recouvert de billets et de pièces.

M'barka rit. Ses belles-sœurs gardent leur sérieux : leur rôle est important, elles sont les gardiennes de la tradition. Une fois les mains entièrement peintes, la mère du marié dépose le *jehaz* sur les genoux de sa bru. M'barka embrasse sa future belle-mère :

— *Chokran*, Mama, sanglote-t-elle.

Que d'étreintes, que de remerciements !

— Le repas est prêt ! crie une adolescente, Souad, la plus jeune sœur de M'barka qui s'affairait à la cuisine.

M'barka se lève, embrasse encore une fois la mère et les sœurs de son futur époux. Les autres invitées se lèvent à leur tour, des youyous fusent, stridents, joyeux, comme avant, il y a longtemps, à Alger.

— Et toi, Gh'zala, c'est quand que tu vas te marier ?

Gh'zala préfère prendre sa tante dans ses bras plutôt que de lui mentir. Elle ne veut pas se marier, elle veut être libre. Elle accepte son cynisme : le mariage pour la femme algérienne, c'est la prison. Cette question, toujours : « Que vais-je faire pour ne pas avoir la vie de ma mère ? » Cette seule réponse : refuser d'abdiquer. Comme M'barka va abdiquer.

— Elle est très belle, ta fille.

Sur la table de la salle à manger, une pléthore de plats a été servie : Souad est fière, elle se tient debout au bout de la table, souriante, les mains dans le dos.

— Allez-y, servez-vous, dit-elle.

Gh'zala s'assied, elle se sent flottante, fatiguée de tous ces cris, de ces youyous, de cette tradition. Épuisée par ses émotions contradictoires.

Les larmes roulent sur ses joues lorsqu'elle goûte la *chorba*. La soupe est trop épicée, trop mentholée, mais la menthe et la coriandre lui rappellent l'Algérie de son enfance, lorsqu'elle accompagnait ses parents aux mariages des amis, de la famille. Avant la violence, avant les barbus, avant que ses parents ne meurent, avant Raouf.

On ne finira pas tous les plats, c'est ainsi qu'un repas est apprécié. Gh'zala mangera un peu de *chetitha elhem*, le ragoût de viande de mouton, et un peu de *lham lahlou*, le tajine sucré aux pruneaux. Le dilemme auquel elle fait face lui coupe l'appétit : elle a décidé de retourner en Algérie, et c'est en partie pour retrouver les odeurs et les couleurs de son enfance – même si c'est la tradition dont elle se souvient. Mais elle voudrait être libre, cesser d'avoir peur ; or en Algérie, aujourd'hui, la peur et la soumission sont le lot de toutes les femmes.

Elle a un petit vertige, demande un verre de thé et se laisse aller à écouter les discussions trop fortes qui se fondent en un brouhaha constant.

Tout est contradiction aujourd'hui en Algérie. Gh'zala elle-même n'est que contradictions. Sa place, sa vie, son avenir sont pourtant en Algérie, là où les jeunes femmes se soumettent à la tradition quand bien même les islamistes veulent les soumettre plus encore, là-bas où elle ne pourra pas porter de jupe comme elle l'aime tant. Mais là-bas, elle pourra combattre, à sa manière, cette interdiction de porter une jupe.

***

Khaled est assis à l'avant de la Seat Ibiza, le pistolet 7,65 mm à la main. À l'arrière, Boualem a le fusil Winchester. C'est Karim qui conduit.

La voiture a été « prêtée » par un de ses amis. Il est quasi certain que c'est une voiture volée. Alors, le barrage, les flics, ce n'est pas possible.

Le temps qui passe n'a plus d'importance. Khaled ne sait plus si une minute ou une heure vient de s'écouler. Il ordonne au conducteur :

— Fonce !

Karim écrase l'accélérateur, et le flic qui se tenait au milieu de la route roule sur le capot.

Ses collègues sautent dans leur bagnole et engagent immédiatement la poursuite.

Le temps ne veut plus rien dire, mais Khaled sait qu'elle ne durera pas longtemps, la poursuite.

— Attends-les, ordonne Boualem.

La Seat pile brutalement au milieu de la route.

Les flics arrivent à une vitesse incroyable dans la lunette arrière.

Khaled tire.

Boualem tire.

Khaled tire encore.

Boualem tire encore.

La Seat redémarre sur les chapeaux de roue.

Dans son rétroviseur, Khaled voit le véhicule avec des flics paniqués autour. Ils ont eu leur compte.

***

— C'est quoi ton nom ?

Fadoul Bousso est éduquée, elle a vécu pendant une dizaine d'années comme une Occidentale, avec un officier français, ses vêtements sont européens – pas de boubous ou de sandales. Pourtant le gendarme la tutoie. Le ton qu'il emploie ne laisse pas de doute : il demande son identité à une délinquante. À moins qu'il demande ses papiers à un être inférieur, une citoyenne de dernière catégorie. À une femme à la peau noire.

Elle tend sa carte de séjour temporaire.

— Vous faites l'objet d'une reconduite aux frontières, madame.

Il cesse le tutoiement. Peut-être s'est-il emporté, peut-être n'était-ce pas forcément du racisme, mais seulement de la maladresse, de la crainte.

Fadoul se laisse glisser sur la chaise du patio. Les fleurs d'agapanthes qui parsèment le sol de galets retiennent un instant son regard. Elle est épuisée et ne veut plus se battre.

Trois autres gendarmes pénètrent dans la maison de Paimpol sans demander l'autorisation. Ils ont toutes les autorisations, Fadoul n'en a aucune.

— Vous vivez seule ici ? reprend le gendarme.

C'est vrai, son ton s'est adouci.

— Oui.

Elle espère que Vanessa ne rentrera pas de la plage avant qu'ils l'aient emmenée. Elle ne veut pas qu'elle ait des problèmes, et son père non plus.

Elle ne résistera pas. Elle voudrait que tout aille vite. Elle est fatiguée de devoir se battre, d'attendre. Et puis, maintenant, elle peut se l'avouer : elle en veut à Rémy d'avoir trop fait traîner les choses. L'Algérie, le GIA, les généraux, Tedj Benlazar même : tout ça était donc plus intéressant que la mettre à l'abri ? Se croyait-il immortel ? D'une certaine manière, baisser les bras et se laisser expulser vers le Tchad, c'est une manière de lui dire qu'il n'aurait pas dû trop attendre. Une revanche puérile, mais c'est comme ça qu'elle le garde dans son cœur, en le traitant comme s'il était encore vivant, comme s'il pouvait culpabiliser et reconnaître ses erreurs. Ne plus résister, c'est aussi se punir de ne pas avoir pressé le mariage. Rémy n'est pas le seul fautif, elle est tout autant responsable.

— Monsieur Benlazar m'a prêté sa maison et…

— Nous savons cela, madame. M. Benlazar sera entendu plus tard.

Alors ça se finit comme ça, Rémy, vieil imbécile ?

Fadoul ferme les yeux, elle voudrait être déjà à N'Djamena quand elle les rouvrira. Elle sait que la procédure administrative peut durer, même en France, même aujourd'hui.

— Tout va bien, madame ? s'inquiète le gendarme.

Elle hoche la tête : tout ira bien.

Rémy, Benlazar, la France, les Français. Ils lui auront promis des choses, donné de l'espoir, c'est déjà ça. Peut-être que l'espoir fait vivre, après tout. Elle rit au nez du gendarme.

Les trois hommes ressortent dans le patio et d'un signe de tête indiquent qu'il n'y a personne à l'intérieur. Le gendarme en face de Fadoul l'observe encore quelques instants, il n'apprécie pas de la voir rire doucement.

— Vous allez devoir nous accompagner, madame Bousso.

Il empoche la carte de séjour et fait grincer le portillon en fer. Un des gendarmes sort ses menottes et les passe à Fadoul.

Oui, à n'en pas douter, elle est une délinquante, un être inférieur, une citoyenne de dernière catégorie. Une femme à la peau noire dans un monde blanc.

***

Il devrait être dans la maison de Paimpol avec Fadoul et Vanessa. Il comptait y passer le week-end, mais samedi trois flics se sont fait allumer à Bron, dans la banlieue lyonnaise. Benlazar est persuadé que les noms des occupants de la Seat Ibiza abandonnée près d'un bois, à Ternay, 15 kilomètres au sud de Bron, se trouvent dans les dossiers de Bellevue.

Laureline Fell partage cette intuition.

Ensemble, ils ont épluché des centaines de pages couvertes de l'écriture méticuleuse de Rémy. Certains documents officiels sortis de la Boîte sans autorisation font sourire Benlazar.

Les noms d'Ali Touchent, de Boualem Bensaïd et de Khaled Kelkal sont parfois soulignés nerveusement dans le texte. Fell prend des notes sur un ordinateur portable chaque fois que ces noms apparaissent. Bensaïd et Kelkal sont des gamins de la banlieue lyonnaise, pas très loin de Bron, donc. Bellevue avait un correspondant à Mostaganem qui a vu aller et venir les jeunes Français. Benlazar aimerait bien mettre la main sur ce contact très bien renseigné.

Une note à propos d'un certain Rachid Ramda attire son attention : Bellevue a griffonné en haut de la première page un « *Follow the money* » ironique. Ramda peut être considéré comme un dirigeant du GIA en Europe. Il a été condamné à mort par contumace en Algérie pour sa participation à l'attentat contre l'aéroport d'Alger en 1992. Il est aussi rédacteur d'*Al-Ansar*, l'organe de presse londonien du GIA. Dans la marge, au crayon à papier, Bellevue a écrit : « Financement en France ».

Benlazar tend le document « Rachid Ramda » à Fell. Elle parcourt rapidement le texte et se remet à taper sur le clavier de son ordinateur.

— Et le capitaine Gombert, il est toujours à Alger, non ? Il ne pourrait pas vous éclairer un peu ?

Benlazar secoue la tête.

— Non, il ne pourrait pas.

— Qu'est-ce qu'il fait là-bas, alors ?

— Présence de la France à l'étranger. De la représentation, quoi.

La jeune femme continue son travail, sans commentaire.

Ça fait dix jours qu'il n'est pas retourné à Plouézec, songe Benlazar. Chaque soir, il appelle Vanessa.

— Demain et après-demain, je ne serai pas à Paris, dit-il soudain.

Fell continue à retranscrire les notes de Bellevue dans son disque dur.

— Vous allez à Paimpol ?

Benlazar serre les dents.

— Pourquoi vous dites ça ?

Elle s'arrête de taper et retire ses lunettes.

— Je ne pouvais pas faire ce que nous faisons sans

prendre quelques précautions. Vous avez une sale réputation, Tedj, vous savez ?

Elle sourit amicalement, très amicalement.

Il allume une Gitane.

— Alors, j'ai un peu fouillé le cas Benlazar, reprend la commissaire. Je ne crois pas que vous soyez ou que vous ayez été un agent double, si ça peut vous rassurer.

Elle repousse l'ordinateur sur la table basse, se passe une main dans les cheveux. Elle doit réfléchir à ce qu'elle va dire.

— Les RG savent que Fadoul Bousso, l'ex-compagne du commandant Bellevue, se cache dans la maison de votre femme, du côté de Paimpol.

Benlazar se concentre pour s'empêcher de bondir sur le téléphone, afin de prévenir Vanessa et Fadoul, de leur crier de se tirer de cette putain de baraque. Son visage doit trahir son tourment.

— Je vais essayer de calmer le truc, j'ai quelques bons potes aux RG. Et puis, ce n'est pas la priorité en ce moment, de renvoyer Mme Bousso dans son pays.

Des cris retentissent dans la rue et Benlazar sursaute.

— Je dois bien ça à Bellevue, murmure-t-il.

Fell incline la tête.

— On va arranger ça. Je vous dis qu'il y a d'autres priorités en ce moment, ça peut nous aider.

***

Il est 17 h 26, on est le 25 juillet. Khaled marche vite.

Il jette un coup d'œil vers le boulevard Saint-Michel. Il tente de visualiser la bonbonne de gaz bourrée d'un mélange de poudre noire et de chlorate de soude, de clous et de boulons. Il voit dans son esprit la banquette sous laquelle elle est cachée. Il voit le réveil dont le retardateur est réglé sur 17 h 30.

La veille, il a dormi dans une chambre d'hôtel du 14e arrondissement en compagnie d'Abdelkader. Ils se sont séparés ce matin : ils doivent rentrer à Lyon, chacun de son côté, pour ne pas se faire remarquer.

Lui, il ira à pied jusqu'à la gare de Lyon. Il a la dégaine d'un beur de seconde génération, comme ils disent. Rien ne le distingue des rebeus de son âge, on peut juste penser de lui qu'il est au chômage et qu'il revend sans doute du shit pour se faire de l'argent. C'est toujours ce que pensent les blancs, les Français. Pas grave : Ali lui a souvent répété qu'il fallait se fondre dans la masse. Il lui a expliqué que la dissimulation est une vraie théologie qui remonte aux premières heures de l'islam, lorsque Mahomet et ses disciples cachaient leur foi pour ne pas être martyrisés. On appelle ça la Taqiya et il faut l'accord d'une autorité religieuse – un imam ou un émir – pour la pratiquer. Il ne faut pas pour autant devenir athée, surtout pas. Boire une bière de temps en temps, mais jamais se saouler, par exemple. C'est pour ça que Khaled a arrêté de fumer et de vendre du shit. Il n'a pas de barbe, pas de *qamis,* pas de signe extérieur de sa foi inébranlable.

S'il ne diffère pas des rebeus qui ne respectent pas l'islam, Khaled ne veut pas risquer qu'un chauffeur de bus ou de taxi puisse le reconnaître. Après ce qui va se passer dans le métro, on recherchera des musulmans, et il est déjà fiché. Alors, il traverse Paris à pied.

Il est serein.

Et puis les quais de la Seine sont agréables en été.

***

Vanessa rentre de la plage un peu plus tard que d'habitude. Tout à l'heure, elle s'est finalement assise à côté des deux filles qui l'avaient saluée l'autre jour.

La veille encore, son père a réitéré son interdiction d'inviter qui que ce soit dans la maison de Paimpol. Il a réussi à sentir quelque chose. C'est dingue, c'est comme s'il avait lu dans ses pensées et compris qu'elle voulait appeler Gaspar pour lui proposer de venir. L'image du grand type, Lynch, s'efface et ne lui procure plus les mêmes sensations qu'au début des vacances. Gaspar est donc revenu au premier plan. Il revient toujours au premier plan, celui-là…

L'autre jour, son père a fait un aller-retour rapide – pour voir si tout allait bien, a-t-il expliqué – et il lui a dit d'un air un peu trop sérieux de ne pas faire de conneries. Vanessa a répondu qu'elle ne faisait pas de conneries, au contraire : elle discute de la pluie et du beau temps avec les voisins pour donner le change. Elle fait les courses. Elle arrose les fleurs dans le patio qui donne sur la rue. C'est elle qui permet que Fadoul soit en lieu sûr, ici. Son père a eu un sourire avant de préciser qu'elle ne devait pas proposer à ses amis de passer. Ça l'a soufflée : il avait deviné.

Elle n'a pas eu le temps d'appeler Gaspar. Ni quiconque, d'ailleurs. Non, ce n'est pas sa faute si deux véhicules de gendarmerie stationnent devant la maison lorsqu'elle débouche au coin de la rue.

Son père. Elle pense à lui. La colère, d'abord : il n'a pas pu empêcher que les flics viennent chercher Fadoul. Son boulot de merde, ses années passées en Algérie à risquer sa peau, à oublier sa fille, ça n'aura servi à rien. Pourtant, il est encore le seul à pouvoir arrêter ce qui se trame.

Elle continue son chemin devant la maison et, d'un rapide coup d'œil, voit un gendarme en vive discussion avec Fadoul dans le patio. Trois autres sortent de la maison. En s'efforçant de garder un pas normal, Vanessa remonte vers la place de l'église. Dans le café, elle demande si elle peut téléphoner. La bonne femme derrière le comptoir la connaît : c'est la petite Parisienne qui a perdu sa maman dans un incendie, celle qui passe ses vacances dans la maison de sa grand-mère. Elle lui indique un téléphone mural.

Son père lui a donné un numéro en cas d'urgence.

À l'autre bout du fil, quelqu'un lui demande de patienter. Une voix de femme. « Ça m'étonnerait que le lieutenant soit dans les locaux, avec ce qui vient de se passer, mais je vais voir. »

Qu'est-ce qui vient de se passer ? a envie de demander Vanessa, mais elle se tait, répond : « Merci, j'attends. »

Après deux minutes de silence, la voix féminine déclare que le lieutenant Benlazar doit être sur place, tous les services sont mobilisés, forcément.

Forcément, pourquoi ? s'interroge Vanessa en raccrochant.

Elle n'arrive pas à maudire son père de l'abandonner encore une fois. Pas maintenant, mais ça viendra, elle le sait. Elle devine que quelque chose de grave s'est produit à Paris. Elle pense un instant que son père a peut-être des ennuis. Elle lui laisse cette possibilité de s'en sortir : si tu es blessé, je te pardonne. Elle compose le numéro de l'appartement de la rue du Douanier-Rousseau. Personne ne répond. Elle dit « merde », un peu trop fort. La patronne lui sourit derrière le bar, il y a de l'empathie dans son regard. Cette empathie qu'elle croise parfois dans les yeux qui se posent sur ses cicatrices et ses cheveux épars.

Vanessa la remercie et sort. Elle descend la rue, une boule d'angoisse au ventre.

Les deux véhicules de gendarmerie ont disparu.

Elle court vers la maison et lorsqu'elle pénètre dans le patio, un vide immense l'envahit.

Elle tire son paquet de cigarettes de son sac de plage et se laisse tomber sur la chaise bancale. Ses pieds repoussent délicatement les fleurs bleues qui se faufilent entre les galets de la terrasse.

Elle aimerait que quelqu'un soit là, que Gaspar lui dise que ce n'est pas grave, que tout peut s'arranger pour Fadoul. Elle sent une colère froide monter en elle. Ça y est, elle veut casser la gueule à son père.

***

Une onde de choc est un phénomène difficile à expliquer quand on ne l'a pas subie.

Quelques images viennent à l'esprit : un raz de marée ou un tsunami qui s'écrase, une explosion surpuissante, une déflagration de forte intensité. Benlazar croit savoir que, même d'un point de vue scientifique, une onde de choc est compliquée à définir. Il a entendu dire que toute définition se heurte au « principe de Leibniz », selon lequel la nature ne fait pas de saut ; et si la nature ne fait pas de saut, il ne peut y avoir d'onde de choc. Mais Benlazar n'y comprend rien, à ces théories.

Pour le moment, il roule vite sur l'A 81 en direction de Rennes. C'est une onde de choc plus personnelle, plus intime, qui l'a poussé à foncer au volant de sa voiture sur l'autoroute de la Bretagne.

Tôt ce matin, Laureline Fell l'a réveillé d'un coup de fil. Elle l'avait débusqué boulevard Mortier, dans un bureau vide où il s'était endormi sur un canapé quelques heures plus tôt. Berthier l'a secoué par l'épaule en lui tendant le combiné.

— Ta copine de la DST, lieutenant.

Il y avait beaucoup d'ironie dans le ton de Berthier.

Benlazar n'était pas sur le pont : lui, Berthier, et les gars de la cellule Algérie étaient simplement en veille. Au cas où. Le colonel Chevallier les avait affranchis tard dans la nuit : la DGSE continuait son taf mais n'était plus en première ligne.

— Le E de DGSE, ça veut dire extérieur, non ? avait-il grincé. Désormais, c'est la sous-direction antiterroriste de la Police judiciaire qui s'attelle au problème islamique sur le territoire français.

Benlazar était allé s'allonger, harassé de fatigue.

Les potes de Fell aux RG venaient de la prévenir : la veille, Fadoul Bousso s'était fait embarquer par la gendarmerie. Décision préfectorale, décision politique. Fell n'a rien pu faire, ses potes des Renseignements généraux non plus.

Benlazar a raccroché et a passé dans la foulée quelques coups de téléphone, mais il n'a eu que confirmation de l'information : Fadoul s'est fait coincer. Peut-être était-elle déjà en rétention à Saint-Brieuc, a concédé son contact au ministère de la Justice. Il a gueulé que c'était la femme d'un officier français qu'on traitait comme une criminelle. On lui a répondu que, selon son dossier, Mme Bousso n'était pas mariée au commandant Bellevue.

Lorsqu'il a appelé la maison de Paimpol, c'est Vanessa qui a décroché.

— Tu vas faire quoi, maintenant ? a-t-elle questionné d'une voix glaciale.

Il n'a rien pu répondre. Sa fille a craché : « Va te faire foutre ! » avant de raccrocher. Il a rappelé aussitôt, mais le téléphone sonnait occupé.

Benlazar a pris le volant de sa voiture.

Quand il arrive à une trentaine de kilomètres de Rennes, juste après le péage de La Gravelle, une trouille glacée lui serre la gorge : il a peur de perdre sa fille à nouveau. Une gamine de quinze ans est capable d'une rancune sans limite.

Rien n'est acquis avec Vanessa. Elle vit toujours chez sa tante et elle continuera d'y vivre à la rentrée. Peut-être lui proposera-t-il de s'installer rue du Douanier-Rousseau quand elle fera des études, dans deux ans. Quelques repas ensemble le midi et une soirée chaque week-end n'ont pas créé de liens suffisants. D'ailleurs, il craint que les mots et le ton employés par Vanessa tout à l'heure au téléphone ne soient pas simplement une impulsion, mais le symptôme d'une rancune qui vient du passé. Dans les faits, Benlazar restera à jamais ce père qui a fui ses responsabilités de père après l'incendie.

Dans les faits, connard ? Seulement dans les faits, tu es

certain ? Même dans ta putain de tête de taré, tu la fuyais, connard !

« Et ne fais pas cette gueule de chien battu ! » hurle-t-il en se lançant un coup d'œil dans le rétroviseur intérieur.

Je te rappelle que tu appelais sa mère… sa mère morte depuis des années ! Et tu demandais même des nouvelles de Nathalie !

Connard ! Combien de fois tu l'as appelée, Évelyne, quand elle était morte, hein ?

Tu ne la fuyais pas, ta fille ? Ah ouais, et comment tu appelles le fait de te persuader qu'elle allait avoir son bac puis devenir journaliste ?

Et tu te souviens pas que tu inventais aussi l'école d'infirmière de Nathalie et…

Le panneau « Rennes » apparaît sur le bord de la voie rapide.

Quelque chose se rallume en lui. Il n'a même pas remarqué qu'il avait atteint Rennes. Comme s'il avait conduit endormi. Il se redresse, se colle une claque sur la joue, allume une cigarette, triture le bouton de l'autoradio et trouve de la musique qui le calme : un mec scande « J'ai pas fait 500 mètres que les keufs m'arrêtent et me prient de me mettre sur le côté afin de me soumettre à un contrôle d'identité simple formalité quand on a ses papiers mais voila là je les avais pas sur moi j'ai donc été invité au commissariat où là ils m'ont mis la fièvre pendant, pendant des heures. »

Il remonte à la surface. Putain, ça le tuerait de perdre à nouveau sa fille.

Il pense à Gh'zala pour éviter de penser à Vanessa. Comment pourra-t-elle croire, maintenant, que grâce à lui elle est en sécurité en France ? Comment peut-elle ne pas imaginer qu'un jour des flics l'arrêteront, elle aussi, pour la mettre dans un de ces charters en direction de l'Algérie ?

Vanessa, Gh'zala, et maintenant Fadoul… Des échecs à répétition. L'avenir s'est tellement obscurci qu'il lui semble que rien de pire ne pourra arriver.

Pour éviter que l'angoisse le saisisse, il tourne le bouton de fréquence de la radio et trouve France Info. Il y a une pub pour une émission politique à venir et, alors que le programme suivant va débuter, l'annonce d'un flash spécial se fait entendre.

Machinalement, Benlazar monte le son.

Ça dit : « Attentat à la bombe à la station Saint-Michel-Notre-Dame du RER B. »

Benlazar fixe la route comme si son cerveau s'était mis en berne. Rideau. Ses neurones ont peut-être disjoncté.

Mais son cerveau fonctionne parfaitement. Et il enregistre : huit morts et 117 blessés selon la Préfecture de Paris ; une bonbonne de gaz de camping truffée de boulons et de clous, déposée sous une banquette du RER ; les premiers éléments de l'enquête laissent penser que le GIA est responsable ; Chirac et Juppé se sont rendus immédiatement sur les lieux de l'attentat ; un million de francs est promis à celui qui permettra d'arrêter les coupables.

Le bordel a touché la France. Le pire est arrivé.

L'onde de choc n'a pas fini de se répandre : en ce moment, elle doit gagner toutes les strates de la société, tous les sexes, tous les âges, toutes les confessions – ou presque – et plonger chacun dans une profonde stupeur. Ce jour-là et les jours suivants seront ceux de la stupéfaction.

Tedj Benlazar est peut-être le seul Français à résister à l'onde de choc. Bellevue n'aurait pas été surpris non plus. Mais qu'importe ce qu'ils avaient compris avant les autres ?

— C'est arrivé. Putain, c'est arrivé…

Le pire est arrivé, mais il est presque soulagé. Il roule un peu en dessous de la vitesse autorisée, détendu. Il a l'étrange impression que sa vie reprend son cours normal. Une impression fausse, il le sait.

Tout à l'heure, il retrouvera Vanessa et, en fin de compte,

c'est tout ce qui lui importe en cet instant. Sa fille lui lancera un regard de tueuse, il parviendra à la serrer dans ses bras après qu'elle lui aura envoyé quelques petits coups de poings bien insignifiants, et il la sentira sangloter contre sa poitrine. Il lui dira qu'il est désolé, que jamais il ne pourra se racheter de l'avoir abandonnée, d'avoir échoué à aider Fadoul, d'avoir espéré que le pardon viendrait avec sa fuite au-delà de la Méditerrannée. Vanessa hochera la tête et plus tard, dans la soirée, elle lui dira qu'ils ont le temps de se retrouver, mais que le temps, c'est aussi quelque chose de cruel, il faut faire attention : lorsque trop de temps passe, le pardon est impossible.

Plus tard, dans la nuit, Tedj Benlazar rêvera. Il verra deux immenses oiseaux de feu percuter des tours moyenâgeuses plantées au milieu d'une ville immense. Les tours s'écrouleront et creuseront sous elles un trou sans fond qui aspirera lentement l'humanité.

Il se réveillera en sueur avec cette phrase au bord des lèvres :

— Al Harb Khoudaa…

FIN

Glossaire

Acronymes et principaux personnages réels apparaissant dans *La guerre est une ruse* (ceux qui ne sont pas référencés ci-dessous sont, soit suffisamment connus des lecteurs, soit des inventions de l'auteur).
Une chronologie succincte suit, elle couvre le récit de *La guerre est une ruse*.

Les Français.

DGSE : Direction générale de la Sécurité extérieure, service de renseignement extérieur de la France créé en 1982. Ses locaux se trouvent boulevard Mortier à Paris, on dit aussi « la Boîte ».

DST : Direction de la Surveillance du territoire, service de renseignement du ministère de l'Intérieur, au sein de la direction générale de la Police nationale, chargé du contre-espionnage en France, de la lutte anti-terroriste, de la lutte contre la prolifération (matériels sensibles ou militaires) et de la protection du patrimoine économique et scientifique français. Ses locaux se trouvent rue Nélaton, à Paris.

Marchiani, Jean-Charles (né à Bastia en 1943), ancien officier du SDECE durant les années soixante, puis haut cadre dans de grandes entreprises françaises (Peugeot, Air France, Servair, Méridien), il devient un proche de Charles Pasqua, ministre de l'Intérieur de la première cohabitation (1986-1988). Conseiller de l'ombre, il participera à de nombreuses négociations : par exemple, avec le Hezbollah pour la libération des journalistes Marcel Carton, Michel Seura, Marcel Fontaine et Jean-Paul Kauffmann alors otages au Liban. Lors de la seconde cohabitation (1993-1995), il négociera la libération de deux pilotes français prisonniers en Bosnie. Il est nommé préfet du Var en 1995. En 1996, on lui interdira pourtant d'entrer en négociation avec le GIA lors de l'enlèvement des moines de Tibhirine en Algérie.

François Barthelet et **Emmanuel Didion**, géomètres de la société Herkiq en poste sur le chantier de la ligne à haute tension entre Ghazaouet et Tlemcen, enlevés en septembre 1993. Leurs corps, décapités, seront retrouvés près de Sidi Bel Abbès, dans l'ouest de l'Algérie.

Alain Fressier, **Michèle Thévenot** et **Jean-Claude Thévenot**, fonctionnaires français en poste en Algérie, pris en otage le 24 octobre 1993. Les deux hommes sont retrouvés sains et saufs une semaine après l'enlèvement. Quelques jours plus tard, Michèle Thévenot est, elle aussi, libérée par ses ravisseurs.

Christophe Magnier, Fabrice Descamps, Jean-Michel Serlet et Stéphane Salomon, gendarmes, **Gérard Tourreille**, fonctionnaire du ministère des Affaires étrangères, et **Armand Bard**, fonctionnaire du ministère du Budget, en poste à Alger, abattus en août 1994 à l'intérieur de la cité Ain-Allah, une enclave sécurisée où vivent des Français. Seul Christophe Magnier survivra à ses blessures.

Les Algériens au pouvoir.

DRS : Département de renseignement et de sécurité, services secrets algériens dépendant du ministère de la Défense, dissous en 2015. Le DRS deviendra le Département de surveillance et de sécurité (DSS) en janvier 2016.

FLN : Créé en novembre 1954 pour obtenir l'indépendance de l'Algérie, le Front de libération nationale est un parti politique algérien qui a longtemps été le parti unique, celui du pouvoir.

CD : Conseil de défense, instance clé de décision en Algérie qui a sans doute nommé tous les présidents de la République depuis l'Indépendance, en 1962. Les membres du conseil varient et ne sont pas officiellement nommés : le ministre de la Défense nationale, le chef d'état-major de l'armée, les commandants des forces terrestres, maritimes et aériennes, les deux principaux responsables du DRS, le commandant de la gendarmerie, d'autres encore…

GPRA : Gouvernement provisoire de la République algérienne, instance politique du FLN pendant la guerre d'Algérie. C'est le GPRA qui a négocié avec les Français les accords d'Évian en 1968.

CLAS : Centre de commandement de lutte antisubversive, situé à Beni Messous, dans la banlieue d'Alger.

CTRI de Blida : Centre territorial de recherche et d'investigation de la 11re région militaire, situé à Zabana, au centre de Blida. Appelé aussi « Haouch-Chnou », le CTRI est commandé depuis l'été 1990 par le commandant Mehenna Djebbar, placé sous les ordres directs de « Smaïn » Lamari.

Médiène, Mohamed Lamine, dit « Toufik » (né à Alger en 1939 ou 1941), général de l'armée algérienne et tout-puissant patron du DRS de 1990 à 2015. C'est l'un des chefs du clan des janviéristes, il est l'un de ceux qui ont décidé l'interruption du processus électoral en janvier 1992 alors que le FIS allait emporter les élections législatives. Il est l'un des tenants de la ligne dure du « clan des éradicateurs », partisan de l'élimination physique des terroristes.

Tartag, Athmane, dit « Bachir » (né à El Eulma au début des années 1950), général à la tête de la lutte anti-terroriste pendant la période 1990-2000 en Algérie. En septembre 2015, il sera nommé à la direction du DRS, à la place de l'inamovible « Toufik ».

Zéroual, Liamine (né à Batna en 1941), président de l'Algérie de 1994 à 1999. Général en 1988, il prend la tête des forces terrestres en 1989 et devient ministre de la Défense en 1993. L'année suivante il accède à la fonction de chef de l'État.

Nezzar, Khaled (né à Batna en 1937), général major et ministre de la Défense de 1990 à 1993.

Lamari, Mohammed (né en 1939 à Alger et décédé en 2012 à Biskra), général et chef d'état-major de l'armée de 1993 à 2004. Ancien officier de l'armée française, il déserte en 1961 et rejoint l'Armée de libération nationale.

Lamari, Smaïn, dit « El-Hadj » (né en 1941 à El-Harrach et décédé en 2007 à Alger) général major et numéro 2 du DRS en charge du contre-espionnage.

Djebbar, M'henna, colonel, chef du DRS à Blida, responsable de la prise en charge des GIA et AIS. Proche de Smaïn Lamari qui lui confiera le commandement du CTRI de Blida.

Allouache, Hafid, capitaine, bras droit de Djebbar, chef du service « Exploitation et analyse » au CTRI de Blida.

Les islamistes en Algérie

FIS : Le Front islamique du salut (*al-Jabhah al-Islāmiyah lil-Inqādh*) parti politique algérien dont l'objectif est la mise en place d'un État islamique, créé en février 1989 et dissous en mars 1992 par le tribunal administratif d'Alger. À sa tête se trouvent Abassi Madani et Ali Benhadj.

AIS : Armée islamique du salut, branche armée du FIS, qui s'est opposée au gouvernement de 1993 à 2000.

GIA : Groupes islamiques armés (*al-Jama'ah al-Islamiyah al-Musallaha*), organisation armée créée par Mansouri Meliani et Abdelhak Layada alors en lien avec le FIS. En mai 1992, Djafar « el Afghani » prend la tête du GIA. Il ordonne aux étrangers de quitter le pays et déclare que « ceux qui le combattront par les mots ou les écrits périront par le sabre ». El Afghani est abattu par l'armée algérienne non loin d'Alger. Chérif Gousmi lui succède. Puis Djamel Zitouni.

MIA : Mouvement islamique armé, organisation armée qui apparaît au début des années quatre-vingt lorsqu'elle affronte les forces armées algériennes. Après une pause de plusieurs années, le MIA a repris les armes dans les années 1990.

Abassi Madani (né en 1931 à Sidi Okba) et **Ali Benhadj** (né en 1956 à Tunis) : président et vice-président du FIS, arrêtés à Alger en juin 1991. Relâchés en juillet 2003.

Zitouni, Djamel (né en 1964 à Birkhadem, décédé en 1996 à Tamesguida), chef du GIA d'octobre 1994 à juillet 1996. Il a revendiqué les attentats commis en France en 1995.

Les islamistes en France

Kelkal, Khaled (né en 1971 à Mostaganem en Algérie, décédé en 1995 à Vaugneray, France), combattant islamiste algérien membre du GIA et le principal responsable des attentats sur le sol français durant l'été 1995.

Touchent, Ali, dit « Tarek » (né en 1967 à Alger, décédé en mai 1997), responsable du GIA en Europe, considéré par certains témoins comme le parfait exemple de l'infiltration des GIA par le DRS.

Chronologie des évènements en Algérie.

1988 : soulèvements à Alger (octobre) lors desquels la jeunesse algérienne descend en masse dans la rue. La répression fera 500 morts parmi les manifestants.

1989 : tentative de démocratisation en Algérie. Adoption par référendum d'une nouvelle Constitution (février) qui garantit la liberté d'association et la constitution de formations politiques.

1990 : les islamistes du FIS remportent des élections municipales (juin).

1991 : mouvement d'occupation des places d'Alger (juin) déclenché par le FIS, alors parti légal. Les forces de sécurité interviennent, la répression est encore une fois terrible, il y a des centaines d'arrestations. Les généraux et l'armée reçoivent les pleins pouvoirs.

1991 : Avec 47% de suffrages, le FIS arrive en tête du premier tour des élections législatives (décembre).

1992 : L'armée interrompt le processus électoral et le président Chadli Bendjedid démissionne (janvier). Un Haut comité d'État est mis en place et l'état d'urgence instauré (février).
Une décennie de guerre civile va alors suivre. Selon les estimations, il y aura entre 60 000 et 200 000 victimes, des milliers de disparus et un million de personnes déplacées.

1995 : en France, de juillet à octobre, vague d'attentats attribués aux GIA algériens (huit morts et près de 200 blessés).

Termes en arabe :

Kahlouch : noir

Assalamu alaykum : que la paix soit sur vous

Wa alaykum assalam : Et que la paix soit sur vous

Assalamu alaykum wa rahmatoullahi wa barakatouh : Que la paix, la miséricorde et la bénédiction de Dieu soient sur vous

Déjà parus chez Agullo Noir :

La Ferme aux poupées
Wojciech Chmielarz

Les Ombres de Montelupo
Valerio Varesi

188 mètres sous Berlin
Magdalena Parys

Pyromane
Wojciech Chmielarz

La Pension de la via Saffi
Valerio Varesi

Le Fleuve des brumes
Valerio Varesi

Spada
Bogdan Teodorescu

Déjà parus chez Agullo Fiction :

Prodiges et Miracles
Joe Meno

Le dictateur qui ne voulait pas mourir
Bogdan Teodorescu

Le Dernier Rêve de la raison
Dmitri Lipskerov

Héros Secondaires
S.G. Browne

Espace Lointain
Jaroslav Melnik

Bagdad, la grande évasion !
Saad Z. Hossain

L'Organisation
Maria Galina

Le Blues de La Harpie
Joe Meno

Le Dernier Amour du lieutenant Petrescu
Vladimir Lortchenkov

L'Installation de la peur
Rui Zink

La Destinée, la Mort et moi,
comment j'ai conjuré le sort
S. G. Browne

Refuge 3/9
Anna Starobinets

Achevé d'imprimer en novembre 2018
sur les presses de
l'imprimerie nouvelle laballery
pour le compte de Agullo Éditions.
N° d'impression : 811152
A00243/63

ISSN : 2551-5861
ISBN : 979-10-95718-43-7
Dépôt légal : septembre 2018